帕斯卡尔

心灵与理性

［法］让－马克·夏特朗 主编
丁若汀 译

生活·讀書·新知 三联书店

图书在版编目（CIP）数据

帕斯卡尔：心灵与理性 /（法）让 - 马克 · 夏特朗主编；丁若汀译. —北京：生活 · 读书 · 新知三联书店，2022.1
（彩图新知）
ISBN 978－7－108－07180－4

Ⅰ. ①帕…　Ⅱ. ①让… ②丁…　Ⅲ. ①帕斯卡（Pascal, Blaise 1623-1662）－传记
Ⅳ. ① B565.23

中国版本图书馆 CIP 数据核字（2021）第 110643 号

特邀编辑　王爱玲　张艳华
责任编辑　徐国强
装帧设计　康　健
责任校对　龚黔兰
责任印制　徐　方
出版发行　生活 · 讀書 · 新知 三联书店
（北京市东城区美术馆东街 22 号 100010）
网　　址　www.sdxjpc.com
图　　字　01-2017-6876
经　　销　新华书店
印　　刷　天津图文方嘉印刷有限公司
版　　次　2022 年 1 月北京第 1 版
2022 年 1 月北京第 1 次印刷
开　　本　720 毫米 × 1020 毫米　1/16　印张 22
字　　数　302 千字　图 78 幅
印　　数　0,001－6,000 册
定　　价　138.00 元
（印装查询：01064002715；邮购查询：01084010542）

出版缘起

近几十年来，各领域的新发现、新探索和新成果层出不穷，并以前所未有的深度和广度影响着人类的社会生活。介绍新知识，启发新思考，一直是三联书店的传统，也是三联店名的题中应有之义。

自 1986 年恢复独立建制起，我们便以“新知文库”的名义，出版过一批译介西方现代人文社科知识的图书，十余年间出版近百种，在当时的文化热潮中产生了较大影响。2006 年起，我们接续这一传统，推出了新版“新知文库”，译介内容更进一步涵盖了医学、生物、天文、物理、军事、艺术等众多领域，崭新的面貌受到了广大读者的欢迎，十余年间又已出版近百种。

这版“新知文库”既非传统的社科理论集萃，也不同于后起的科学类丛书，它更注重新知识、冷知识与跨学科的融合，更注重趣味性、可读性与视野的前瞻性。当然，我们也希望读者能通过知识的演进领悟其理性精神，通过问题的索解学习其治学门径。

今天我们筹划推出其子丛书“彩图新知”，内容拟秉承过去一贯的选材标准，但以图文并茂的形式奉献给读者。在理性探索之外，更突显美育功能，希望读者能在视觉盛宴中获取新知，开阔视野，启迪思维，激发好奇心和想象力。

“彩图新知”丛书将陆续刊行，诚望专家与读者继续支持。

生活·讀書·新知 三联书店

2017 年 9 月

作者簡介

让 – 马克 · 夏特朗（Jean-Marc Chatelain）

让 – 马克 · 夏特朗是法国国家图书馆珍稀本馆藏部的主任，研究书籍历史和法国 17 世纪文化的专家。著有《绅士的藏书室：法国古典时期的书籍、阅读和收藏》（巴黎，法国国家图书馆出版社，2003 年，获 17 世纪研究协会奖）。现参与奥诺雷 · 杜尔菲（Honoré d'Urfé）所著《阿斯特》（*Astrée*）一书的注疏版出版工作（已出版两卷，巴黎，H. Champion 出版社，2011—2016 年）。

多米尼克 · 德斯科特（Dominique Descotes）

多米尼克·德斯科特是克莱蒙 – 费朗，布莱斯 – 帕斯卡尔大学的文学教授、帕斯卡尔作品和法国 17 世纪思想史专家、布莱斯 – 帕斯卡尔国际研究中心主任。著有《帕斯卡尔的论证》（巴黎，PUF 出版社，1993 年）、《布莱斯 · 帕斯卡尔、文学和几何学》（克莱蒙 – 费朗，布莱斯 – 帕斯卡尔大学出版社，2001 年），以及大量涉及 17 世纪科学与文学的关系的论文。他也是网站"布莱斯 · 帕斯卡尔《思想录》电子版"（www.penseesdepascal.fr）的创始人，于 2011 年与吉尔 · 普鲁斯特（Gilles Proust）共同开设该网站。

雷米 · 马蒂斯（Rémi Mathis）

雷米 · 马蒂斯是法国国家图书馆版画和照片部的管理员，在巴黎文献学院取得了博士学位，论文的研究对象为西蒙·阿尔诺·德·奔本纳（Simon Arnauld de Pomponne）。著有《隐遁者和部长》（巴黎，Nolin 出版社，2012 年），以及大量关于詹森主义的文章，并共同主办了研讨会“波尔－罗雅尔的废墟与幸存（1679—1713）”。他也是波尔－罗雅尔协会的行政委员会委员。

菲利普·瑟里耶（Philippe Sellier）

菲利普·瑟里耶是巴黎－索邦大学的名誉教授，其研究对象主要是围绕在波尔－罗雅尔修道院周围的作家，以及创造性想象和文学传奇。著有《帕斯卡尔和圣奥古斯丁》（第二版，巴黎，Albin Michel 出版社，1995 年）、《波尔－罗雅尔和文学》（两卷本，巴黎，H. Champion 出版社，2010 年和 2012 年），以及《论古典时期的想象》（相同出版社，2005 年）。瑟里耶版本的《思想录》（巴黎，Classiques Garnier 出版社，2011 年）为《思想录》的权威版本。

劳伦·苏西尼（Laurent Susini）

劳伦·苏西尼曾经是巴黎高等师范学院（Ulm）的学生，现在是巴黎－索邦大学的副教授。著有《帕斯卡尔的书写》（巴黎，H. Champion 出版社，2006 年，法兰西学院杜梅泽尔奖），主要研究古典时期的宗教文学。

本书是借着法国国家图书举办的“帕斯卡尔：心灵与理性”这一展览的契机出版的。该展览于 2016 年 11 月 8 日到 2017 年 1 月 29 日在弗朗索瓦 - 密特朗馆一号长廊举行。

目　录

敬告读者：

除了特殊情况，所有的展品在本书中都有说明文字。部分展品的图片没有在书中展示，其对应文字均注明有“本书未展示其图片”。

展品目录的说明文字均由让-马克·夏特朗撰写。

身体的秩序

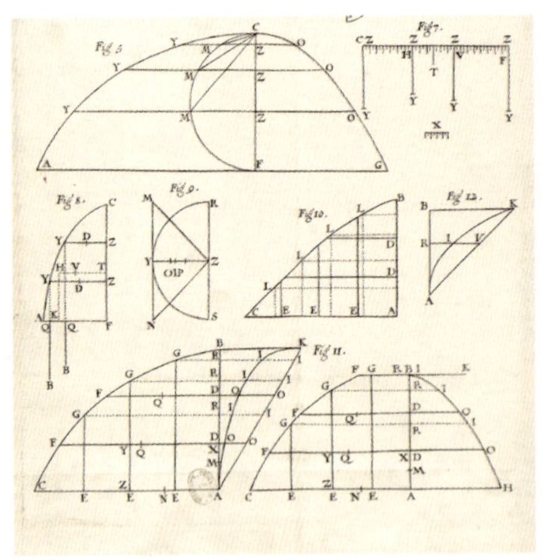

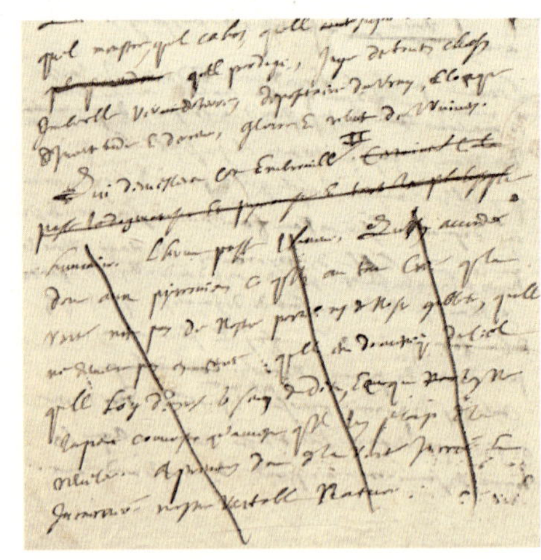

精神的秩序

心灵的秩序

前言

法国国家图书馆有着举办文学类的展览，尤其是关于某一位作家的展览的历史。我们可以说这属于一种传统，一种美好的、令人自豪的传统，因为它热烈而恰当地承担了图书馆的基本职责之一，即突出馆藏的价值，并保证让更多人了解和欣赏它们；也因为它能够展示我们国家历史中一个深刻的部分，一个融合了文学史与思想史的部分。保存这段历史的工作不仅仅在于通过一系列技术手段保证历史资料的长期存档，还在于让档案成为记忆，使过去的沉淀成为一种传承，成为一种当下可寄托的处所。

在国家图书馆也逐渐形成了另一种传统，即把承担了这个使命的展览与特殊的纪念日相结合。不过这种行为可能会带来一种风险，我们可能会在一种庆祝仪式中放弃了批评工作，而后者正是所有真正文化的重要组成部分。法国国家图书馆今天意图突破这个局限，因为文化的需要存在于每时每刻，与时机无关。尤其是对于杰出的作品而言，即使它们不是最有名的。帕斯卡尔的作品则属于这一类。国家图书馆保存着最为丰富的帕斯卡尔作品的手稿和印刷制品，其中，他亲笔书写的《思想录》手稿更是散发出特别的光彩。

我们希望这次展览能成为让参观者发现这些丰富馆藏的契机；对于

那些熟知帕斯卡尔的名字却对他的作品了解不多的人，我们希望这次展览能让他们认识到他的作品——在这里人类理性的活动极其丰富并异常集中——是我们科学遗产、文学遗产和哲学遗产的核心组成部分。在这里有着对自我的回归，对当下的、充满力量的世界的回归；这里激荡起一种任何人都不应错过的情感。

洛朗斯·昂吉尔（Laurence Engel）
法国国家图书馆馆长

Domat

1 ~~Cest...~~
ce

Mon pere sest servi de ce corps
de droit pour son ouvrage
des loix civiles

portrait de Mr pascal fait par mon pere

引 言

让 – 马克 · 夏特朗

“我的弟弟于1623年6月19日出生在克莱蒙。我的父亲叫埃蒂安·帕斯卡尔（Étienne Pascal），他是间接税审理法庭（cour des aides）的庭长。我的母亲叫安托瓦内特 · 贝贡（Antoinette Begon）。我的弟弟自能同人交流的年龄开始就显示出非凡的才智，他能对所有话题都给出巧妙的回应，更会就事物的属性提问题，这让所有人都很惊讶。这样的开端让人期待，对他抱以厚望，而事实上也从未令人失望。随着年龄的增长，他的理性思辨的力量越来越强，这使他始终远远超过他的同龄人。”帕斯卡尔的姐姐，吉尔贝特，在她所著的《帕斯卡尔先生的一生》（*Vie de Monsieur Pascal*）中如此开头。帕斯卡尔于 1662 年 8 月 19 日去世，这本书在他死后的数月之内写成。吉尔贝特用极其简约的笔触道出了不争的事实：帕斯卡尔是个天才。他超乎寻常的才智在这里显得那么自然而然，使他在双重意义上“远远超过他的同龄人”：不仅他的早熟程度令人惊叹，而且他的智慧凌驾于他的时代之上。从一开始，一切似乎都已经明了了，他的一生只不过是完成了他的童年所许下的承诺。帕斯卡尔的一生便是不断增长的“理性思辨的力量”，他不但在科学领域也在人文领域对之运用自如；然而这理性的力量最终致力于在超验力量面前消解自身，因它从中看到了自身的源头和希望是那么的遥不可见，或者说

← 图 2

遥不可及。莫里斯·布朗肖[①]在研究《思想录》（*Pensées*）的随笔中这样形容语言和话语："真正的语言必然会检举自身，必然会承受非语言（non-langage）的折磨和语言缺失（absence de langage）的顽固念头——言说中的人知道他的话能表达出他所期望的意义，正是因为这个念头的存在。"［引自《火的作品》（*La Part du feu*）］用这段文字形容帕斯卡尔式的理性和思想再合适不过了。

从那些理性试图论证、说服、证明和自我检验的胜利时刻，到那些理性降低身段、意识到它的力量是无足轻重的，并放弃它的批评的时刻，要展现出这个置于永恒理性之光下的人生，最好的办法便是利用帕斯卡尔自己为规范思维练习而创造的工具，即三个"秩序"（ordres）的理论：肉体或者身体的秩序，它由自然和习俗所决定；精神的秩序，它置身于理性的判断之下；最后便是心灵的秩序，它遵守爱的法则[②]。我们认为，严格地依照事件的时间顺序来组织材料是不可能的，这只能把一个生命的意义湮没在错综复杂的茫茫事件之中；而帕斯卡尔式的对三个秩序的划分，对应的是人通过习惯、知识和欲望等不同的模式所认知的事实的不同层面。采用这种划分能够构建最为合理的框架，它能够清晰明了地组织那些与帕斯卡尔的一生相关的物质材料，并且尽可能地达到"让帕斯卡尔自我表达"——当然，一个展览以此为目标是可能的，但却无法办到；从这个意义上说，没有什么能够替代对作品的阅读，但是，展览能够通过空间安排，制造出并列和比较的效果，从而有利于更好地展示出作品诞生的历史背景，以及作品如何从这背景中抽离出来。这个历史的外壳，或者说"体"（corps），部分地支配着思想的运动，启发我

"心灵有它自己的秩序。精神也是，它的秩序是依照原则和论证。心灵的秩序是不同的。人们不能通过陈述爱的原因来证明他值得被爱，这将是非常可笑的。"（《思想录》，S. 329）

① Maurice Blanchot（1907–2003），法国著名作家、思想家、哲学家。——译者注

② 关于这些概念，参见 Mesnard 1992 b（《〈思想录〉文本构架中三个秩序的主题》）。

们用批评的眼光来考察“天才”帕斯卡尔这个概念，并不是为了否认这一事实，而是为了更好地描画出它的背景。

展览从几个广为人知的帕斯卡尔的肖像画开始——它们的共同点在于，它们都是直接或者间接地参考了帕斯卡尔的死亡面具。展览首先致力于介绍他前前后后居住的地点和接触的圈子，它们都是能培养出影响一生习惯的“体”：克莱蒙费朗（Clermont-Ferrand），他在那里出生于一个财政官员的世家；在巴黎，他的父亲很早就把他引荐到他自己往来的学者圈，圈里所感兴趣的话题将长时间地影响帕斯卡尔未来的几何学和物理学研究所选择的对象；鲁昂（Rouen），他自 1640 年至 1647 年居住于此，在此地他深入他的科学研究，发明了彰显他作为工程师才华的加法器，并皈依了圣西朗（Saint-Cyran）的精神学派——这是一个决定性的时期，帕斯卡尔建立起了新的圈子，它的很大一部分成员和他回到巴黎后所出入的贵族沙龙和上流社会有所重合。

“有才华之人的伟大之处，国王、富人、长官这些肉体上的大人物是看不到的。智慧的伟大就是上帝的伟大，血肉之躯和有才华的人都是看不到的。这是三种不同类型的秩序。”（《思想录》，S. 339）

展览的第二部分介绍帕斯卡尔的理性研究工作：一方面是他的物理学和数学研究，它们奠定了他在 17 世纪科学革命史上的重要地位；另一方面是他对逻辑学和辩论法的思考，这使他成了掌握论辩力量的大师，最好的例子便是宗教论战之作《致外省人信札》（*Provinciales*）。这部作品诞生于双重背景之下——神学背景，即自特伦托公会议①以来，欧洲教会对如何阐释奥古斯丁的恩典（grâce）理论分歧不断；政治背景，即法国从 17 世纪 40 年代起，耶稣会士（jésuites）和詹森派成员（jansénistes）相互对抗。这部分将同时展现帕斯卡尔精神秩序中的科学与修辞学两个方面，也是为了突出两者的共同原则，即把理性推向它自

① Concile of Trent，天主教会于 1545—1563 年在特伦托举行的宗教公会议，目的在于回应马丁·路德的宗教改革。——译者注

身的极致，让它面对挑战它自身的问题：真空的问题、偶然的问题、无限的问题，或者，在另一个层面上，恩典的问题。

这一历程最终超越了精神的秩序而进入到心灵的秩序，杰作《思想录》完成了这一超越。展览首先忆及几件与作品问世有关的生平事件，其中包括《追思》（*Mémorial*）一文诞生的那个著名的1654年11月23日的夜晚。展览着重介绍写作计划本身，围绕帕斯卡尔的亲笔手稿展开讨论其思想的重要主题，尤其是“隐蔽的上帝”（Dieu caché）的主题。最后，我们将介绍1662—1678年间的遗著出版情况。这部未完成作品的奇特命运在此时已显露一二：它成为了人类精神遗产的重要篇章，却始终建立在一个不稳定的文本之上。帕斯卡尔的死亡面具将本次展览推向最高潮，不是因为它标志着生命无可避免的终点，而是因为它是帕斯卡尔作品的一种象征：就像面对作者的容颜一样，我们不能通过直接的形象了解他的作品，而只能通过充满编辑者选择印记的文本，通过一种阅读。这种阅读，就像在帕斯卡尔眼中的所有“肖像画”一样，“同时怀有在场（présence）和不在场（absence）”。

“从所有的肉体之中，我们都不能提炼出一小点思想。这是不可能的，是属于另一个秩序的。从所有的肉体和精神之中，我们不可能获得真正的爱德。这是不可能的，爱德属于超自然的秩序。”
（《思想录》，S. 339）

本书在结尾处提供了一份书目，它罗列了本次展览的准备工作中和撰写说明文字时主要参考的资料。我们的目的在于表明我们对帕斯卡尔研究领域的专家们的参考和感谢，并且便于读者识别展品目录中引用的专著和文章。我们在展品的介绍文字中只注明了作者姓名和发表年份，具体出版信息请参考该书目。

所有《思想录》的引文出处均采用字母S加片段编号的形式，参考的是菲利普·瑟里耶（Philippe Sellier）的版本（巴黎，Classiques Garnier出版社，2011年）。

本次展览能够顺利实现也离不开两个极其宝贵的研究工具。一是多米尼克·德斯科特（Dominique Descotes）和吉尔·普鲁斯特（Gilles

Proust）制作的《思想录》电子版（www.penseesdepascal.fr），它用信息技术使得文本切换得以实现，丰富了阅读体验。二是让·梅纳尔（Jean Mesnard）编写的《帕斯卡尔全集》。这套四卷本的全集提供了大量的资料和解读思路。让·梅纳尔在法国国家图书馆 1962 年举办的帕斯卡尔展览中起到了决定性的作用。他于 2016 年 8 月 9 日逝世。法国国家图书馆也想借此展览缅怀梅纳尔先生。

图 1

帕斯卡尔无法找寻的肖像

拉辛（Racine）在他的《波尔－罗雅尔简史》（*Abrégé de l'histoire de Port-Royal*）中赞美帕斯卡尔有着“出色的敏捷思维”。我们很希望能够找到一幅“生动”的肖像画。我们想通过面部的轮廓或者炯炯的目光来窥见其精神和性格的力量，后者与他柔弱而被慢性疾病困扰的身体形成了鲜明对比，在当时让所有人为之惊叹。但是，是死亡捕捉到了生者的模样[①]：帕斯卡尔所有的肖像画都源自他的死亡面具（展品目录190）。于是，流传下来的帕斯卡尔的面容仅仅是一系列层层拷贝的画像。

1

弗朗索瓦·格奈尔（François Quesnel）：帕斯卡尔肖像画，半身，四分之三右侧面。布上油画，1663年？

私人藏品

这幅肖像画是已知的帕斯卡尔最早的肖像画，也可能是他的第一幅肖像画，因为我们所知道的后来所有的肖像画都源自于它。这幅画是帕斯卡尔的姐姐，吉尔贝特·贝里耶（Gilberte Périer）请人绘制的。帕斯卡尔临终时，他的家人为了日后绘制肖像画，叫人制作了他的死亡面具。我们知道画家的名字要归功于克莱蒙的一位奥拉托利会（oratorien）修士皮埃尔·盖里耶（Pierre Guerrier）。1732年他从吉尔贝特的女儿，玛格丽特·贝

---

① La mort a saisi le vif. 此处作者套用了法国著名的继承法则“le mort saisit le vif”，死亡把权力赋予生者，即在财产所有者死后，其财产立刻归属其继承人。该法则尤其为法国王位继承制度所采用。——译者注

里耶（Marguerite Périer）口中，获知并记录下了关于帕斯卡尔的几件轶事：“贝里耶小姐告诉我……当格奈尔先生，也就是格奈尔神甫的弟弟，完成了于几年前就已去世的帕斯卡尔先生的肖像后，这幅画被展示给了很多认识这位伟人的人。所有人都觉得画得非常像。”因此，这幅肖像画被认定为出自画家弗朗索瓦·格奈尔之手，他是詹森派哲学家帕基埃·格奈尔（Pasquier Quesnel）的弟弟。他生于1637年，1670年进入奥拉托利会，就像他的哥哥一样。不过在绘制日期上，玛格丽特·贝里耶的话并不十分可信：这幅画完成于帕斯卡尔去世“几年”之后的可能性非常小。

玛格丽特·贝里耶1733去世后，这幅肖像画被盖里耶神甫收藏在他建立的关于帕斯卡尔的资料库中。他后来将此画传给了他的侄子，行政法院审查官（maître des requêtes）盖里耶·德·贝让斯（Guerrier de Bezance）。直至今日，它都由盖里耶·德·贝让斯的后代收藏。

2（图见第6页）

让·多玛（Jean Domat）：帕斯卡尔肖像画，四分之三右侧面。石印红粉笔画，1677—1681年间？

法国国家图书馆，珍稀本馆藏，Rés. m. F. 8

克莱蒙初审法庭的国王律师，法学家让·多玛（1625—1696），是帕斯卡尔最亲密的朋友之一。他在1649年认识了帕斯卡尔，当时帕斯卡尔的父亲带着他的儿子在奥弗涅（Auvergne）旅行。自此以后，他便和帕斯卡尔分享他对知识的兴趣和他的精神信仰。盖里耶神甫根据玛格丽特·贝里耶的讲述写了一本回忆录，他在其中谈到了这段友谊：“他和著名的帕斯卡尔先生关系密切。他们最初的谈话和讨论是围绕着数学展开的；他们一起做过数次关于空气重量的实验，等等。之后，他们也讨论最重要的宗教事务，我们知道教会因为耶稣会的捣乱而变得混乱。没有人能像多玛先生那样与帕斯卡尔先生在宗教问题上有着共同的看法。”

二人亲密的关系赋予了多玛为其好友所作的红粉笔肖像画一种特殊的价值。他把这幅画固定在他的那本查士丁尼一世的《学说汇纂》①（《民法大全》，里昂，1583年）的内封之上部。让·多玛的儿子吉尔贝（Gilbert）在一个手写笔记中证实了这幅画的真实性。笔记提到他的父亲在编写他的巨作《根据自然秩序而加以论述的市民法》（*Lois civiles dans leur ordre naturel*，巴黎，1694年）时“用到了这部法典”，并且在肖像画下写道：“父亲所作的帕斯卡尔先生的画像。”但是，与人们长期所设想的不同，这幅肖像画表现的并不是年轻时代的帕斯卡尔，它借鉴了格奈尔的画作。

展品历史：直到1840年，这幅肖像画都属于多玛家族；后属于菲力孔德·德·维勒弗（Féligonde de Villeneuve），里永（Riom）的一名法官；1921年由图雷（Thuret）夫人赠给莫里斯·巴莱斯（Maurice Barrès）、菲利普·巴莱斯（Philippe Barrès）、让·达夫海（Jean Davray）；1961年由达夫海先生赠送给了国家图书馆。

3

夏尔·佩罗（Charles Perrault）：《法国本世纪名人录，并附精美肖像》（*Les Hommes illustres qui ont paru en France pendant ce siècle: avec leurs portraits au naturel*）。巴黎，Antoine Dezallier出版，1696年②

法国国家图书馆，珍稀本馆藏，Rés. fol. Ln^2. 11（A, 1）

---

① 《学说汇纂》（Digeste）为《民法大全》（*Corpus juris civilis*）的其中一部分，由东罗马帝国皇帝查士丁尼一世（Justinianus Ⅰ）于公元6世纪颁发。11世纪时为西方欧洲国家再度发掘。该法典在整个中世纪和文艺复兴时期被大量研究，使得罗马法律得以在欧洲传承。——译者注

② 除了标注作者和书名，旧制度下的法国出版物的封面上往往还写有出版地点、书商的名字（当时不存在现代意义上的出版社，往往是书商自己或委托印刷商印刷书籍）及其地址，最后是年份。展品目录通常将这些信息罗列出来。本书对书商名字均不作翻译。少数出版物封面上没有注明部分信息，但可推测出来，作者把它们放在了方括号中。我们在后文中可以看到，部分书商会在出版物上印上假的书商名和假的书商地址，来制作盗版书或逃避审查。——译者注

Edelinck sculp. C.P.R.
Blaise Pascal

图 4

最早是米歇尔·贝贡（Michel Bégon，1638–1710）向夏尔·佩罗提议编写名人录的。他是当时最喜好收藏的人，他狂热地搜集了很多肖像画。他尤其希望在由他提议的这本书中收录帕斯卡尔，因为帕斯卡尔母亲的名字叫安托瓦内特·贝贡（Antoinette Begon）。他在 1689 年 2 月 6 日的一封通信中写道："帕斯卡尔先生的母亲和我的姓氏一样。我对他怀有特别的崇敬之情。"他让佩罗撰写赞美之词，自己亲自搜集肖像画。在 1692 年 9 月或 10 月的通信中，他提到他已经拿到了"帕斯卡尔先生的肖像画"，随后又让热拉尔·艾德林克（Gérard Edelinck）制作了凹版版画。这里提到的肖像画是格奈尔的那幅或者是其复制品，因

← 图 3

为艾德林克复制的那幅画相对原作左右颠倒了[①]：帕斯卡尔的半身像为四分之三左侧面。然而，只有少数的几册《名人录》第一卷中有这幅插画：由于耶稣会士的攻击，大部分《名人录》中赞美帕斯卡尔和安托万·阿尔诺（Antoine Arnauld）（展品目录 103，第 233 页图）的书页都被替换成了赞美词典学家夏尔·杜·冈吉（Charles du Cange）和神学家路易·托马森（Louis Thomassin）的内容。

4（图见第 17 页）

帕斯卡尔半身画像，四分之三左侧面[②]。布上油画，晚于 1696 年

凡尔赛，凡尔赛城堡和特里亚农宫国家博物馆，MV 5527, RF 1479

这幅画是依照艾德林克的版画创作的，并且参考的是1696年版的《名人录》中的那幅（而不是后来单独印刷的颠倒过来的那版）。因而这不可能是最初人们认为的菲利普·德·尚拜涅（Philippe de Champaigne，1602–1674）的画作。

① 如若版画的版是根据已有画作制作的，则印制在纸张上之后，呈现的画面会与画作左右侧相反，呈镜像效果。——译者注

② 原文为右侧面，此处为译者修正。——译者注

Blaise Pascal

Chateau de Banas
Ruisseau qui sort de S. Alire dont leau se petrifie en pierre et pass
St. Alire, abbaye
St. Patrocle
St. Claire
Le grand Seminaire
Les Augustins
Porte de S. Pierre
place de la granville
place de la Granville
La Poterne
Porte St. Laurent
boucherie
Le Palais
N. D. du Port
Maison de Ville
Tour de la Monnoye
St. Pierre
Fontaine
Vrselines
Rue des gras
N. D.
L'Eveché
Fontaine du Terail
P. Loratoire
Monboiss
Refuge
T. N. D.
Carmes
les cordeliers

身体的秩序

蒙田写道，“应由习俗来赋予我们生活它喜欢的形式；它可以做一切这样的事情：就像瑟茜[①]的魔药一样，它把我们的本性按照它喜欢的样子变来变去”（《随笔》，Ⅲ，13）。帕斯卡尔后来回应蒙田，他宣称，“习俗的力量是如此的巨大，自然创造出人，而它创造出人的各种境况”（S. 527）。

身体的秩序便是这样一个事实的维度，习俗的力量作用于此，环境的随机因素决定了一个生命的形式，并且使他的选择——在能够自由决定的幻象背后——取决于“条件”，而这条件实际上便是环境的制约，是那些家庭传统、教育、社会地位，或者笼统地说，那些由偶然契机和生存环境所决定的东西，它们使得人的命运永远都脱离不了历史所赋予它的地位。而事实上，我们已然被裹挟其中了。

← 图 7（细节）

① Circé，也译作喀耳刻，古希腊神话中的女巫，擅长使用魔法。——译者注

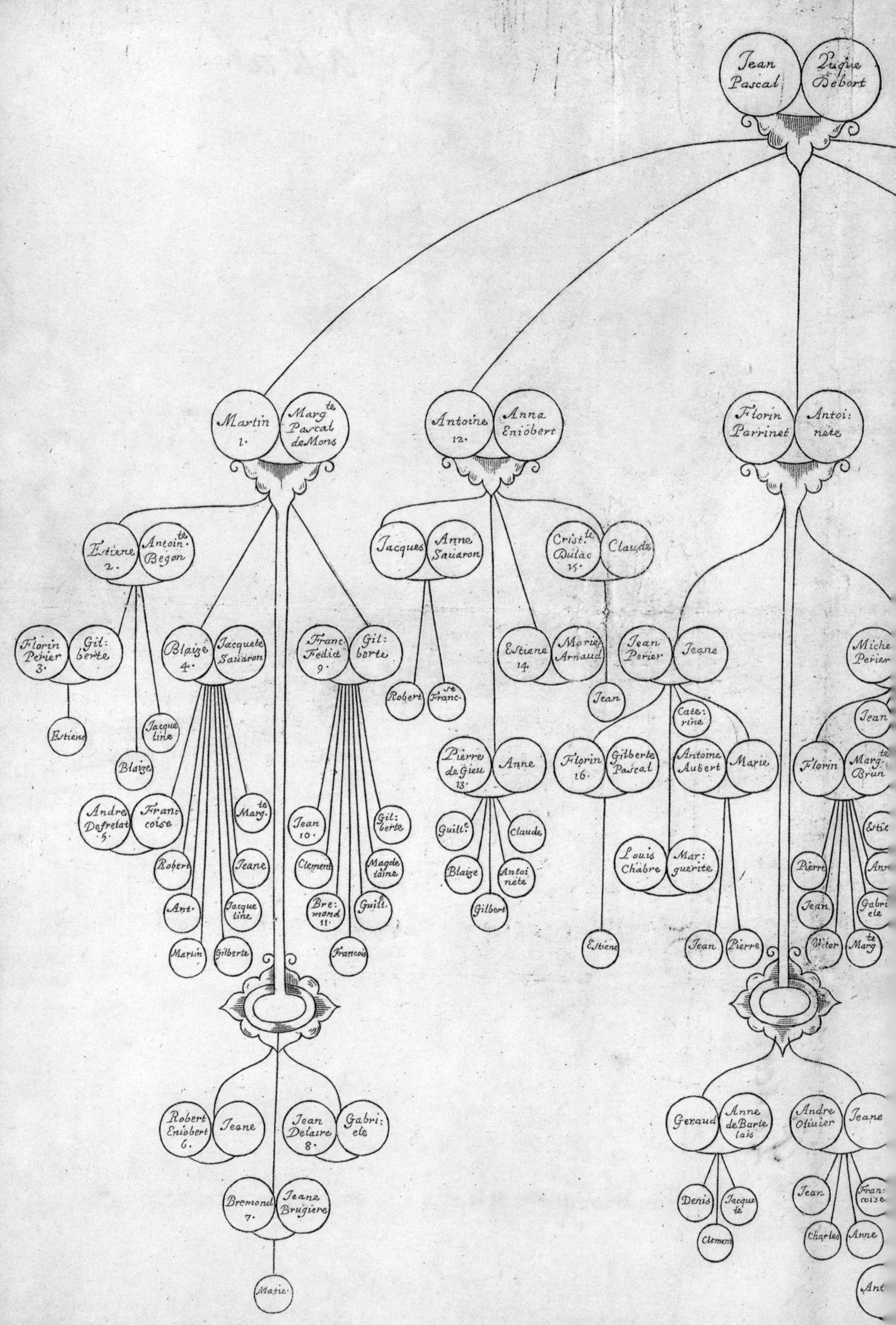
Jean Pascal
Pasque Bebert
Martin 1.
Margte Pascal de Mons
Antoine 12.
Anna Eniöbert
Florin Parrinet
Antoinete
Estiene 2.
Antointe Begon
Jacques
Anne Sauaron
Crist.te Dulac 15.
Claude
Florin Perier 3.
Gilberte
Blaize 4.
Jacquete Sauaron
Franc. Fedict 9.
Gilberte
Estiene 14
Marie Arnaud
Jean Perier
Jeane
Michel Perier
Estiene
Jacqueline
Blaize
Robert
Franc.se
Jean
Caterine
Jean
Pierre de Gieu 13.
Anne
Florin 16.
Gilberte Pascal
Antoine Aubert
Marie
Florin
Margte Brun
Andre Defrelat 5.
Françoise
Margte
Jean 10.
Gilberte
Guillte
Claude
Estiene
Robert
Jeane
Clement
Magdelaine
Blaize
Antoinete
Louis Chabre
Marguerite
Pierre
Anne
Ant.
Jacqueline
Bremond 11.
Guille
Gilbert
Jean
Gabriele
Martin
Gilberte
François
Estiene
Jean
Pierre
Vitor
Margte
Robert Eniobert 6.
Jeane
Jean Delaire 8.
Gabriele
Geraud
Anne de Bartelais
Andre Oliuier
Jeane
Bremond 7.
Jeane Brugiere
Denis
Jacquete
Jean
Françoise
Clement
Charles
Anne
Marie
Ant

帕斯卡尔的各个世界

雷米·马蒂斯

撰写帕斯卡尔的传记，或者说描述他与当时社会的各种关系，是一件费力的事情。帕斯卡尔没有自己的事业，从未买过一官半职[①]，也未曾结婚。人们会自然而然地以为他的所有精力都倾注在了——科学的、文学的、宗教的或者论战的——作品中，而不是献给了完全属于他的生活。尤其，他的思想高度很快就被周围的人所认同，他的家庭很早就开始把他的金色传奇作为官方传记一般大肆宣传。然而，一些当时的史料让我们能够更加中立地看待这个问题：让·梅纳尔的研究[②]使我们看到了一个比我们想象中的帕斯卡尔更加复杂的形象；就像旧制度下的大部分情况那样，社会关系在他的生命轨迹中扮演了重要角色。

他的思想高度很快就被周围的人所认同。

布莱斯·帕斯卡尔的人生轨迹和他的亲密家庭的轨迹密不可分。他的父亲埃蒂安在1626年失去了他的妻子。他们有三个孩子，其中布莱斯出生于1623年6月19日。30年代初，埃蒂安彻底和他在奥弗涅的旧生活一刀两断；他在1631年来到巴黎定居，1633年卖掉了在克莱蒙的

---

① 17世纪的法国采用鬻官制，即国王通过售卖官职而获取部分财政收入。——译者注

② Jean Mesnard：《帕斯卡尔与洛阿内家族》（*Pascal et les Roannez*），巴黎，Desclée de Brouwer出版社，1965年，两卷本。

← **图5**（细节） 在“帕斯卡尔家族图谱”的最左侧，可以看到布莱斯·帕斯卡尔的名字，他的姐妹吉尔贝特和雅克琳的名字，以及他们的父母，埃蒂安和安托瓦内特［贝贡］

房子，1634 年卖掉了费朗地区间接税审理法庭庭长的职务。他醉心于数学研究，加入了以马林·梅森神甫①为中心的学院。

布莱斯与他的两个姐妹一道在平静的生活中成长。他的姐姐吉尔贝特（展品目录 6）出生于 1620 年，他的妹妹雅克琳（Jacqueline）出生于 1625 年。他们的父亲是一位热情的人，特别关心他们的教育，同时他也是一个专制的人，直到他生命的最后时刻都影响着孩子们的抉择。1638 年，这个家庭有条不紊的生活被打乱了。埃蒂安·帕斯卡尔一直以来都依靠定期的年金收入维持生计。为了可以获得每年 3750 利弗尔的体面而又稳定的收入，他又把年金用于置办市政府公债。然而当时国王面临着财政困难。法国从 1635 年起公开加入了“三十年战争”（la guerre de Trente Ans），无法在满足军事供给需要的同时，还保证年金的定期发放。包括埃蒂安·帕斯卡尔在内的一些人，因为单方毁约而蒙受了损失，他们聚集在一起，对权力构成了威胁。黎塞留②决定打压骚动，并把组织者关进了巴士底狱。这时埃蒂安不得不逃回奥弗涅。

帕斯卡尔一家能回到巴黎，很大程度上依靠了他们的亲友。他们在 1635 年定居圣梅里（Saint-Merri）教区，与当地的穿袍贵族③有所往来。其中，便有巴利雍家族（Barrillon）。让－雅克（Jean-Jacques）是高等法院院长，因反对黎塞留而闻名。他的兄弟安托万·巴利雍·德·莫朗吉（Antoine Barrillon de Morangis）（展品目录 23）是行政法院审查官，笃信宗教，和圣西朗修道院院长（abbé de Saint-Cyran）（展品目录 16）以及洛阿内公爵（duc de Roannez）关系密切。莫朗吉夫人成了雅

---

① Marin Mersenne（1588–1648），法国神学家、数学家、音乐理论家，天主教最小兄弟会修士。——译者注

② Armand Jean du Plessis, cardinal duc de Richelieu（1585–1642），法王路易十三时期的首相，同时也是枢机主教，在他当政期间，法国的绝对君权制度得到巩固。——译者注

③ 在旧制度下的法国，穿袍贵族（noblesse de robe）与佩剑贵族（noblesse d’épée）相对。后者是祖辈便因军功受封的贵族，其贵族称号世袭，掌握着军事职位；而前者则常常是新晋贵族，占据了政府管理等行政职位，尤其是在法律和金融领域，他们因多数具有大学学位而着袍，故被称为穿袍贵族。——译者注

克琳·帕斯卡尔的保护人，并于1638年把她引荐给宫廷。这个女孩的优雅、机敏和诗歌天赋十分讨王后以及一些上层贵族的喜欢。埃桂雍公爵夫人（duchesse d'Aiguillon）甚至让她在乔治·德·斯库德里（Georges de Scudéry）的剧作《专横的爱情》（*L'Amour tyrannique*）中扮演一个角色，在她的舅舅、时任首相的黎塞留面前演出。雅克琳获得了召回她父亲的指令，布莱斯也面见了黎塞留。埃蒂安·帕斯卡尔终于从隐匿状态走出来。1639年秋，他被委任前往诺曼底征收人头税和实物，也就是说依照新制度征税。布莱斯和姐妹们前往鲁昂与父亲会合。其中还有他们的一位表亲，弗洛朗·贝里耶（Florin Périer）。他是一位穿袍贵族，前去协助埃蒂安，并于1641年娶了吉尔贝特。

布莱斯的身体很柔弱，他一直和家人生活在一起。他不去上大学，也不参加公学，他的教育由他的父亲及其友人完成。他的教育经历和他同时期的有才之士很不一样。科学尤其是数学是他学习的主要内容，而古代语言则只是通往其他知识的桥梁。布莱斯·帕斯卡尔经常和他父亲的学者朋友往来，尤其是那些梅森学院的成员：吉拉尔·德扎尔格（Girard Desargues）（展品目录10—11）、吉尔·德·罗贝瓦尔（Gilles de Roberval）等。

布莱斯的身体很柔弱，他一直和家人生活在一起。他不去上大学，也不参加公学，他的教育由他的父亲及其友人完成。

他的第一个社交网络也是在父亲的社交网络之上建立起来的。他为帮助父亲制造了一样东西，即帕斯卡利娜（Pascaline）加法器（展品目录13），使他立刻成名。加法器的主要目的在于简化计算，可以自动完成加法和减法，甚至通过重复的方式完成乘法和除法。之后制作的数台加法器使用了几个基底以用于直接计算钱币——利弗尔[①]、苏[②]和

① Livre，相当于一古斤（livre），约合409克的银价格：人们用一古斤的银制成240个德尼尔。——译者注

② Sou，等于1/20利弗尔。——译者注

德尼尔[1]，或者计算丈量单位——托阿斯[2]、法尺[3]、法寸[4]和法分[5]。加法器在数学家罗贝瓦尔巴黎的家中首次展示，并成了上流社会觊觎的物品：成为波兰王后的路易丝－玛丽·德·孔扎阁（Marie-Louise de Gonzague）购买了两台，热爱科学的瑞典女王克里斯蒂娜（Christina）买了一台，克里斯蒂昂·惠更斯[6]也买了一台运到荷兰。

1647年夏天，布莱斯·帕斯卡尔回到了巴黎。他继续拜访他父亲的朋友们，出入科学界，成了人们争相结交的对象：笛卡尔在1647年9月就拜访了他两次，他也和诸如罗贝瓦尔、梅森、勒巴耶尔[7]、达利布雷[8]等著名的学者保持着长期联系。他参与科学方面的各种论战，尤其是关于真空存在的争论[9]，这奠定了他在学界的地位。

他参与科学方面的各种论战，尤其是关于真空存在的争论，这奠定了他在学界的地位。1646年前后，他的信仰更加坚定了，开始对神学问题感兴趣。

1646年前后，他的信仰更加坚定了，开始对神学问题感兴趣的他，成了家里真正的精神导师。他支持妹妹雅克琳成为波尔－罗雅尔修道院的修女，并且加深与詹森派往来。于是他融入了另一个世界，并在这个世界中扮演着越来越重要的角色。

投石党运动[10]给帕斯卡尔一家带来了转折：所有的官职都被撤销后，他们在1648年8月搬到了位于玛莱区（Marais）的图兰纳路（rue de

① Denier，等于1/12苏。——译者注

② Toise，相当于1.949米。——译者注

③ Pied，相当于325毫米。——译者注

④ Pouce，等于1/12法尺，约27.07毫米。——译者注

⑤ Ligne，等于1/12法寸。——译者注

⑥ Christian Huygens（1629–1695），荷兰物理学家、天文学家和数学家。——译者注

⑦ Jacques Le Pailleur（？–1654），法国诗人和学者、数学家。——译者注

⑧ Charles de Vion d'Alibray（1590–1652），诗人、翻译家。——译者注

⑨ 参见致诺艾勒神甫的信（lettres au P. Noël），收录于《帕斯卡尔全集》（*Œuvres complètes*），让·梅纳尔版，第二卷，第509—540页。

⑩ La Fronde（1648–1653），也译作“福隆德运动”。路易十四幼年统治时期的重要政治动乱，因大贵族反对黎塞留的继任者，枢机主教马扎然的一系列政策而引发。——译者注

Touraine）（展品目录 22）。布莱斯没有任何经济来源，完全依靠父亲和家里的财产。虽然他于 1649 年 5 月 22 日获得了帕斯卡利娜加法器的专属经营权，并且得以进入例如埃桂雍公爵夫人这样地位的人举办的贵族沙龙，但是当埃蒂安在 1651 年 9 月 24 日过世的时候，布莱斯就更加脱离社会了。

不过，父亲的遗产使他获得了一定的经济独立，也让他可以出入上流社会。埃蒂安留下了 9 万利弗尔的财产，还有一些土地，总体相当于 12 万利弗尔的遗产。这个数目足够让布莱斯安然度日，据他的外甥女玛格丽特说，他甚至还想过购买一份公职并且结婚。但是他也称不上十分富裕，他得离开图兰纳路的大房子，搬到更狭小一些的波布尔路（rue Beaubourg）的房子里。为了暂时缓和他的经济状况，雅克琳给了他一部分自己获得的遗产来换取年金。这项协议看起来对雅克琳是比较有利的，但是一项条文规定了年金只提供到她成为修女的那一天，而布莱斯将获得对雅克琳所留下财产的用益权（usufruit）。在成为修女这个问题上，雅克琳一直谨慎对待父亲的意见，但是在父亲死后的不到几个月，即 1652 年 1 月 4 日，她就进入了波尔 – 罗雅尔修道院（展品目录 111）。这个暂时的退省——至少她让哥哥这么以为——很快就变成了发下誓愿[①]：6 月 5 日，她发愿成为雅克琳 · 德 · 圣尤菲米娅（Jacqueline de Sainte-Euphémie）修女。在遗产分割问题上雅克琳改变了主意：她想把财产都赠给波尔 – 罗雅尔修道院，这将让布莱斯失去用益权，也会让吉尔贝特为难，因为受赠者可以要求重新审视财产分配情况。大家最终达成了和解：布莱斯放弃了 1500 利弗尔的市政府公债，按照 5000 利弗尔的本金为雅克琳提供 250 利弗尔的年金。

吉尔贝特则和她的丈夫居住在克莱蒙。他们的儿子埃蒂安在 1651 年底进入了波尔 – 罗雅尔学校[②]。父亲埃蒂安的影响力逐步让位于雅克

① 按照天主教隐修制度，个人进入修道院时需要发下贫修、贞洁和顺从三个誓愿。——译者注

② Les Petites Écoles de Port-Royal，开办于 1637—1660 年，是聚集在波尔 – 罗雅尔修道院的一些有学识的人创办的教育系统。——译者注

琳、布莱斯和一些友人的家庭，比如阿尔诺一家。布莱斯有一段时间是在姐姐家度过的：1652 年 10 月—1653 年 5 月，他住在奥弗涅。

在这段出入上流社会的时期，布莱斯结识了一些人，并且也与其他群体有所接触，其中最重要的角色是阿尔蒂斯·古费耶（Artus Gouffier），即洛阿内公爵。洛阿内公爵是帕斯卡尔居住在布利斯米歇街（rue Brisemiche）时的邻居，也就是圣梅里教区的旧识，和阿尔诺一家以及不少所谓的詹森派人士一样。通过他们共同的朋友的引荐，如埃桂雍或者莫朗吉，帕斯卡尔一家和古费耶一家在1635年左右就有所往来。洛阿内公爵从 1651 年起就是普瓦图（Poitou）的地方长官，是一位地位显赫的爵爷，他的朝臣生涯在 1654 年路易十四加冕的时候达到顶峰。人们猜测帕斯卡尔和洛阿内小姐，也就是公爵的妹妹之间相互有所吸引，但这猜想仅仅是建立在心理学的推测上。不过可以肯定的是，洛阿内小姐和帕斯卡尔一样，认同奥古斯丁的思想，并且对波尔 – 罗雅尔修道院充满好感，甚至差点成为那里的修女。并且，当夏洛特·古费耶和她的哥哥居住在普瓦图的时候，帕斯卡尔给她写了不少信，其中谈到的一些宗教主题后来也出现在了《思想录》里面；他在一段时间内成了她真正的精神导师。确实，他与洛阿内公爵的关系从 1653 年起变得更加紧密：布莱斯经常出入公爵的宅邸，在那里他常常遇见公爵的一些才智卓绝的朋友，比如梅雷骑士[①]和达米安·弥桐[②]。不过，在他走出第一个圈子之后所建立的关系中，有一个恒定的东西，即这些关系都与他对科学和技术，或者总体来讲与他对精神活动的巨大兴趣有关。他与埃桂雍公爵夫人和克里斯蒂娜女王的生意往来也源于此：她们对他的作品有很大益处。

1654 年末，布莱斯搬离了波布尔路，住进了弗朗 – 布尔乔亚 – 圣米歇尔路（rue des Francs-Bourgeois-Saint-Michel），在卢森堡宫附近。他

① Chevalier de Méré，即 Antoine Gombault（1607–1684），法国作家，最著名的作品为《绅士》（*L'Honnête homme*）和《论真正的礼貌》（*De la vraie honnêteté*）。他也对概率论做出了很大贡献。——译者注

② Damien Mitton（1618–1690），同梅雷骑士一样，也是上流社会绅士理论的奠定者之一。——译者注

的目的在于改变他的生活习惯，因为他对“上流社会打发时间的方式[①]”产生了“彻底的厌倦”[②]。他经常去波尔－罗雅尔修道院看望妹妹雅克琳。11 月 23 日，他感受到了一次神秘的宗教体验，《追思》（Mémorial）一文便是见证。随后，他在吕纳公爵（duc de Luynes）的沃缪里耶城堡中（château de Vaumurier）居住了几个星期，与波尔－罗雅尔修道院的隐遁者（solitaires）交谈，并且受到詹森派神甫路易－伊萨克·勒梅特·德·萨西（Louis-Isaac Le Maistre de Sacy）（展品目录 152）的指引。当 1655 年 2 月他回到自己家时，他放弃了公职和婚姻。不过他仍然继续着一些科学研究，有时候用笔名发表。他的社交圈子发生了变化：他离开了学术界，所保留的与上流社会的一些关系也是为了能够带领他们皈依。

1654 年末，在对“上流社会打发时间的方式”产生了“彻底的厌倦”之后，他感受到了一次神秘宗教体验，《追思》（Mémorial）一文便是见证。

但是，他并没有彻底放弃世俗生活，继续管理他的财产，他自己说道：“我喜欢贫穷，因为他［耶稣］贫穷过。我喜欢财富，因为它能够接济穷人。”[③]他在麦子市场购买了一个商铺用于租赁。他 4 月的时候追随洛阿内公爵，参与了排干普瓦图地区沼泽地的项目（展品目录 31）。对于帕斯卡尔来说，这笔交易的数目并不大，他仅投资了数百利弗尔。他主要为了表达他的友谊，以及通过虔诚的方式改善当地居民的生活。布莱斯与洛阿内公爵一直保持往来，但是越来越转向宗教层面。他引导公爵与詹森派神甫安托万·辛格林（Antoine Singlin）结识，并且很高兴看到公爵放弃了与自己表亲的婚姻，并最终一点点地舍弃了上流社会的生活。

他的活动，不管是文学活动还是与上流社会的交往，也随着他的社交生活的变化而变化。他与波尔－罗雅尔修道院走得越来越近。布莱斯

---

① 帕斯卡尔使用了 amusement 一词。与现代的意义不同，在 17 世纪的法国，该词指代打发时间的方式（occupation qui sert à passer le temps），而不是特指娱乐活动。——译者注

② 《雅克琳·帕斯卡尔致吉尔贝特的信》，1655 年 1 月 25 日，收录于《帕斯卡尔全集》，第三卷，第 71 页。

③ 《思想录》，S. 759。

撰写了一本《几何学导论》（*Introductin à la géométrie*）和一个面向波尔－罗雅尔学校的孩子们的阅读法。他的杰作之一便是应好友的需求所著：当安托万·阿尔诺被索邦神学院赶出来之后，帕斯卡尔执笔以邀请世人见证何为不公，并发表了一系列充满智慧的辩护信——它们便是《致外省人信札》。

帕斯卡尔与波尔－罗雅尔修道院走得越来越近，他执笔以邀请世人见证何为不公，并发表了一系列辩护信——它们便是《致外省人信札》。

除了波尔－罗雅尔修道院和他的几个密友之外，家庭关系对帕斯卡尔也十分重要，尤其是从经济的角度。他的姐夫弗洛朗·贝里耶越来越多地参与管理他的财产，尤其是他拥有用益权的、在奥弗涅的那部分。1660 年 5 月，帕斯卡尔搬进了姐姐和姐夫家，即克莱蒙附近的毕安－阿西别墅（château de Bien-Assis）（展品目录 7）。他的身体状况严重下滑，从某种意义上说，他对社交生活的疏离既是出于意愿也是因为身体不允许。学者皮埃尔·德·费马[①]提出在图卢兹（Toulouse）和克莱蒙之间的某个地方与帕斯卡尔会面，被他拒绝了。不过，帕斯卡尔－贝里耶两家在克莱蒙建立起了一个对詹森主义友好的小团体：一些往往是穿袍贵族的人来到毕安－阿西别墅参加讨论，在这里重新组织起了一个注重宗教层面的上流社会群体。克莱蒙的耶稣会士在这个城市复制了他们在全法国的做法，告发了在毕安－阿西举行的“经常性的聚众活动”，并推测这是一些“秘密的罪恶活动”[②]。

帕斯卡尔一生中的最后几年也和洛阿内公爵密切相关，后者一直伴随他到生命的最后时刻。他给布莱斯介绍了两个普瓦图的朋友，菲利普·古瓦博·杜布瓦[③]和尼古拉·菲洛·德·拉雪兹[④]。他们和阿尔诺、

① Pierre de Fermat（？–1665），法国著名数学家，提出了几何光学中重要的费马原理。——译者注

② 《关于克莱蒙詹森主义目前状况的报告》（*La Relation de l'état présent du jansénisme en la ville de Clermont*），1661 年，转引自雷吉纳·普泽（Régine Pouzet）的《帕斯卡尔家族编年史》（*Chroniques des Pascal*）一书，巴黎，H. Champion 出版社，2001 年，第 207 页。

③ Philippe Goibaud Du Bois（1626–1694），法国作家和翻译家。——译者注

④ Nicolas Filleau de La Chaise（1631–1688），法国历史学家。——译者注

尼科尔[1]、吉尔·菲洛·德·毕耶特（菲洛·德·拉雪兹的弟弟）[2]、梅雷、弥桐一道，组成了被称为“帕斯卡林”（pascalins）的小团体，他们都崇拜帕斯卡尔的思想，虽然他的体力开始衰退，病也越来越严重。不过这个小团体似乎也还与上流社会有所交往，出入一些雅士沙龙（salon précieux），比如萨布雷夫人（Mme de Sablé）（展品目录 28）甚或是杜·布雷西－格纳果夫人（Mme du Plessis-Guénégaud）的沙龙：这里人们既青睐敏锐的头脑，又对波尔－罗雅尔修道院十分友好。

帕斯卡尔还同洛阿内公爵一道成功地推动了一个名为“五苏马车”（carrosses à cinq sous）的项目（展品目录 33）。17 世纪，法国主要城市之间的交通得以发展，从路易十三时期开始便有大型旅行马车连接各个主要城市，但是城市内部的公共交通却还未建立。大部分城里人靠步行，只有少数有钱人能够使用马车。因为拥有马车就意味着购买、保养、存放车辆并且有四到六匹骏马，而大城市里地皮很贵。从 17 世纪早期开始，就出现了一种租赁的交通工具：这便是著名的“出租马车”（fiacre），可供租用半天、一整天，甚至在签订并公证了合约的情况下，每年租用固定的天数。“五苏马车”的想法是空前的，它使城市交通发生了巨大变革。该项目是指让公共马车规律地行驶在一些事先规划好的线路上，任何人都可以花少许的钱乘坐它。这是最早的城市公共交通系统，它在很多方面都和今天的公交车相似。帕斯卡尔和公爵大概是在 1658 年或 1659 年萌生的这一想法。他们拉拢了一些亲友为此项目投资，比如西蒙·阿尔诺·德·奔本纳（Simon Arnauld de Pomponne）和皮埃尔·德·贝里昂（Pierre de Perrien），即柯莱南侯爵（marquis de Crenan）。奔本纳是詹森派阿尔诺

帕斯卡尔还同洛阿内公爵一道，成功地推动了一个名为“五苏马车”的项目。他们大概是在 1658 年或 1659 年萌生的建立城市公共交通的想法。

① Pierre Nicole（1625–1695），詹森派重要神学家。——译者注

② Gilles Filleau des Billettes（1634–1720），法国科学家。——译者注

家族的一员，他是阿尔诺·丹蒂耶（Arnauld d'Andilly）的儿子，也就是大阿尔诺[①]的侄子。他是圣梅里教区的成员，经常出入雅士沙龙，他的社交网——巴利雍家族、杜·布雷西－格纳果家族、果芒热主教（évêque de Comminges）吉尔贝·德·苏阿舍尔（Gilbert de Choiseul）等——与两位创业者在很大程度上重合。1661 年 10 月 29 日在枫丹白露签署的一份私署协议（convention sous seing privé）把公司分成六份：洛阿内公爵持有三份，帕斯卡尔一份，柯莱南男爵一份，奔本纳一份。帕斯卡尔几乎投入了他的全部财产。11 月 25 日，他们向最高行政法院（Conseil）递交了一份申请特权证明书的请求。后者于 1662 年 1 月 19 日研究了该申请并发放了特权证明书，这也许多亏了苏尔希侯爵（marquis de Sourches）的介入。特权证明书在市政府登记后，马车即刻投入使用。

第一条线路从圣安托万大街（rue Saint-Antoine）到卢森堡宫，经过沙特莱（Châtelet）、西岱岛（île de la Cité）和圣日耳曼集市（foire Saint-Germain）。很明显，服务对象定位为市民阶级和小穿袍贵族。值得注意的是，该路线也连接了帕斯卡尔、阿尔诺和洛阿内公爵三家的私宅。第二条以及第三条线路（展品目录 34）很快也得以开发。他们甚至改变了最初规划，因为国王希望有属于他自己的、经过卢浮宫的线路。人们争相前往乘坐公共马车，经常会出现等了好几辆却都没有空位的情况。他们于是希望利用这顾客潮："圣德尼路（rue Saint-Denis）的商贩们强烈请求新增一条线路，他们甚至提出要递交申请。"[②]为了连接各线路以及确保整个城市都有公共交通，1662 年 6 月 24 日开通了第四条线路。

然而，新线路的增加并没有增多使用人数。事实上使用者有减少的趋势，使得项目的收益受到威胁。1662 年夏天计划开通的线路最终没有付诸实施，而此时的帕斯卡尔疾病缠身，即将走到生命的尽头。柯莱南

① 即 Antoine Arnauld。——译者注

② 《吉尔贝特·贝里耶致奔本纳》，1662 年 3 月 26 日于巴黎，收录于《帕斯卡尔全集》，第四卷，第 1403—1405 页。

男爵规划的五条新线路中只有一条在 1662 年 6 月开通，这是第五条也是最后一条“公共马车线路”。

索瓦尔（Sauval）是一名研究巴黎历史的学者，他认为“在两年之内，人们觉得这些马车十分方便，审计员和审计长、沙特莱和法院的推事都毫不犹豫地使用它们去沙特莱或者司法宫”[①]……国王本人甚至叫了一辆马车到圣日耳曼（Saint-Germain），以体验乘坐马车的乐趣！吉尔贝特·贝里耶在给奔本纳的信中也提到，项目的唯一缺点在于预备的马车数量太少，她等了五辆都没能坐上去，多亏了惠更斯做中间人。里昂和阿姆斯特丹也计划引进这种系统。不过，这个项目还是有一定的风险：必须对马车租赁者的抱怨做好思想准备，是否能够改变人们骑马或者步行的习惯也是未知数，谁知道不同社会身份的人是否愿意混坐在一辆车内，质疑之声在项目获得成功之前一直存在。让·梅纳尔认为，帕斯卡尔拥有的那六分之一在最初几年给他带来了 6500 利弗尔的收益[②]。

帕斯卡尔没能继续享有这些收益，他于 1662 年 8 月 19 日去世了。他最早受到父亲的影响，热爱数学和物理，后来全身心地投向上帝，从未成家，从未担任过职务，也没有后代。他留给后世的遗产是精神上的，并深深地影响了他出入的三个世界——上流社会、知识界以及波尔-罗雅尔修道院。

帕斯卡尔于 1662 年 8 月 19 日去世了。他从未成家，从未担任过职务。他留给后世的遗产是精神上的，并深深地影响了他出入的三个世界——上流社会、知识界以及波尔-罗雅尔修道院。

① 亨利·索瓦尔：《巴黎市的历史和古代建筑研究》（*Histoire et recherche des antiquités de la ville de Paris*），巴黎，C. Moette 出版社，1724 年，第一卷，第 192 页。

② 让·梅纳尔：《帕斯卡尔与洛阿内家族》，第 806 页。

地点与圈子：从克莱蒙到巴黎

（1623—1639）

5（插图细节见第 22 页）

帕斯卡尔家族图谱。铜版画，1643 年左右

法国国家图书馆，手写本部，512 号蓝色文件，n° 13269（Pascal），f. 5

所谓的帕斯卡尔家族图谱（table pascaline），即埃蒂安·帕斯卡尔（布莱斯·帕斯卡尔的父亲）的一位堂兄弟让人制作的家谱。图谱左侧有埃蒂安·帕斯卡尔（1588—1651）和他的妻子安托瓦内特·贝贡（1596—1626）的名字，以及他们的三个孩子：大女儿吉尔贝特，出生于 1620 年，她的名字旁边是她的丈夫弗洛朗·贝里耶和他们的大儿子埃蒂安·贝里耶（1642 年出生）的名字；布莱斯，出生于 1623 年；雅克琳，出生于 1625 年。帕斯卡尔家的这位堂兄弟也叫布莱斯·帕斯卡尔，他制作家谱是想展示与他的母亲，即埃蒂安的叔叔的妻子雅娜·安若贝尔（Jeanne Enjobert）的后代相关联的众多家庭。这个材料在今天清晰地为我们展示了布莱斯·帕斯卡尔所在的社会阶层：几乎所有标出了头衔的都是国家金融机构的官员。比如，帕斯卡尔的祖父，马尔丁·帕斯卡尔（Martin Pascal），是“里永”（Riom）的财务官，埃蒂安·帕斯卡尔是“克莱蒙间接税审理法庭的庭长”，而后者的女婿，弗洛朗·贝里耶，是该法庭的推事（conseiller）。

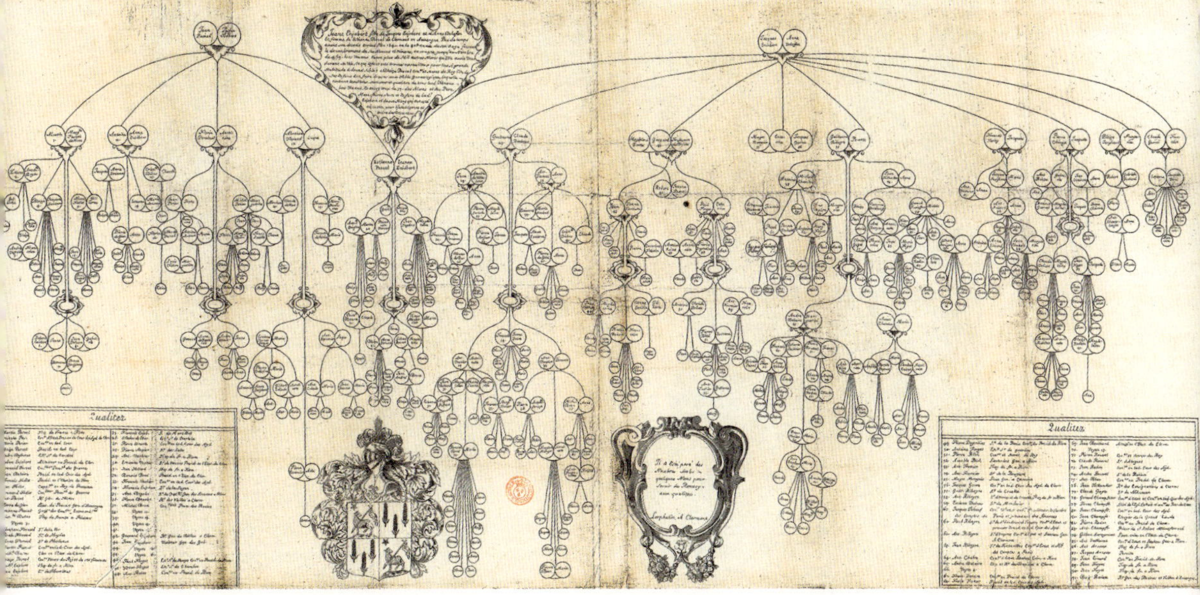

图 5 （插图细节见第 22 页）

6

吉尔贝特·帕斯卡尔肖像。布上油画，17 世纪

克莱蒙 - 费朗，罗杰 - 吉利奥美术馆（musée d'art Roger-Quilliot），Inv. 147

展品历史：由玛格丽特·贝里耶赠给克莱蒙济贫院

吉尔贝特·帕斯卡尔（1620—1687）是埃蒂安·帕斯卡尔和安托瓦内特·贝贡的大女儿。她于 1641 年，也就是帕斯卡尔一家在鲁昂定居后的第二年，嫁给了他的表兄弗洛朗·贝里耶（1605—1672）。他们共生育了六个孩子：埃蒂安（1642—1680）、雅克琳（1644—1695）、玛格丽特（1646—1733）、玛丽（出生于 1647 年，夭折）、路易（1651—1713）和布莱斯（1653—1684）。她的妹妹雅克琳 1661 年去世后，以及布莱斯 1662 年去世后，吉尔贝特便守护起他们留存在生者心中的记忆，撰写了一部《帕斯卡尔先生的一生》（展品目录 187）和一部《雅克琳·帕

图 6

斯卡尔的一生》。和她的丈夫一道，她也密切关注《思想录》第一版的出版（参见第 147—149 页，和展品目录 178）。她的孩子中，埃蒂安、路易和玛格丽特继续了他们父母的工作，守卫着他们舅舅死后的名声。因此，帕斯卡尔的家庭在他的生前身后都扮演了同样重要的角色。

7（插图细节见第 20 页）

《奥维涅省首府，克莱蒙城市地图》（*Plan de la ville de Clermont, Capitale de toute la province d'Auvergne*）。图画（羽笔和水彩），17 世纪末

法国国家图书馆，版画部，Va 63 (1) fol.

这张地图中克莱蒙大教堂的旁边便是格拉德路（rue des Grads）（其意为"阶梯"路，这里 degré 一词被写作 Gras），1623 年 6 月 19 日，帕斯卡尔在这里出生。他出生的房子已经在 20 世纪初期被毁了。地图的右侧上方画着巴纳西别墅（Banassis，意为端坐的，Bien-Assis）。该别墅在 15 世纪末期属于帕斯卡尔家族的祖先，让·帕斯卡尔。弗洛朗·贝里耶在 1652 年 9 月买下了它。从此，帕斯卡尔偶尔会住在那里。尤其是当 1659 年他的身体状况严重恶化而不得不终止所有的智力活动时，帕斯卡尔去那里休养。他的病情在 1660 年夏天得到了缓和，也许是在那时他创作了《祈祷上帝以询问如何正确地利用疾病》（*Prière pour demander à Dieu le bon usage des maladies*）（展品目录 179）并且重新开始写作《思想录》。

8

《巴黎市郊大学城地区，并附对它古代情况的描述》（*Plan de la ville cité université fauxbourgs de Paris avec la description de son*

PLAN
de la Ville de Clermont
Capitale de toute la
Province d'Auvergne.
Chateau de Banassa
S. Alire, abbaye
Lagara
S. Patrocle
Ste Claire
Le grand Seminaire
Les Carmes Dechaux
S. André
Porte de S. Pierre
Les Augustins
La Poterne
Le Palais
N.D. du Port
L'hostel DIEU
S. Pierre
Maison de Ville
Rue du gras
Porte Royalle
Les Iacobins
Vesselines
N.D.
L'Eveché
Fontaine du Trail
Monboissi
Place de Iaude
Porte des Cordeliers
Refuge
Carmes
Les P. Iesuites
Cordeliers
Filles de la Visitation
Porte du S. Esprit
Porte du Cerf
Porte des boucheries
S. Genest
S. Heren
Benedictines
Les Capucins
Chap. de Iaude
Le Tauro
Porte neuve
1 N. Dame
2 S. Pierre
3 N.D. du Port
4 Les Cordeliers
5 S. Genest
6 Monboissier
7 Carmes dechaux
8 S. Heren
9 Les Iesuites
10 Les P. Lorratoire
11 Les Capuçins
12 St. Alire
13 S. André
14 Les Benedicaines
15 La Visitation
16 Refuge
17 Les Vrselines
18 Les Iacobins
Les Augustins
19 Les Hospitallieres
20 L'hostel DIEU
21 L'hospital gnal
22 S Patrocle
23 Ste. Claire
24 Lagara
25 L'Euesché
26 Les Carmes
27 Le Palais
28 La maison de Ville
29 Tour de la Monnoye
30 Porte du gras
31 Porte Royalle
33 Porte du S. Esprit
34 Porte S. Laurent
35 Porte de la Poterne
35 Porte du Cerf
36 Place de Iaude
Porte des boucheries

图 7

antiquité）［巴黎，Melchior Tavernier 出版，1625—1635 年间］

法国国家图书馆，版画部，Réserve Qb 201 (171, 2) –Ft 5，本书未展示其图片

“1631 年，我的父亲带上我们所有人前往巴黎，并定居在那里”（吉尔贝特·贝里耶，《帕斯卡尔先生的一生》）。在布莱斯出生之时，埃蒂安·帕斯卡尔“从奥维涅地区的克莱蒙举行的选举中胜出”，换句话说，他成了克莱蒙地区管理税收及其诉讼的国王官员。1625 年，他离开这个职位，升至蒙费朗间接税审理法庭副庭长的职位，负责审理最终上诉的税收诉讼。1631 年 11 月，已经丧偶五年的埃蒂安和他的三个孩子离开奥维涅前往巴黎。他在 1634 年把一直保留的这一职位让给他的弟弟布莱斯，并在 1635 年——这一年法国正式加入“三十年战争”，与西班牙为敌——把资金用于置办“市政府公债”：这是一种政府债券，其前身可追溯至弗朗索瓦一世时期，它在路易十三治下得到大力发展，成了王权财政上的应急措施。这幅巴黎地图印刷于 1625—1635 年之间，被称作“塔瓦尔涅地图”（plan de Tavernier），更新了 1615 年出版的、由版画家马蒂约·梅里安（Mathieu Merian）绘制的地图。这个版本的问世，与帕斯卡尔家庭定居巴黎是同一时期。由于收入的变化，1631 年 11 月—1635 年 6 月间埃蒂安·帕斯卡尔常常改变住所。刚到巴黎的时候，他在圣热尔威（Saint-Gervais）教区的犹太人街（现为 Ferdinand-Duval 街）短暂居住过。1632—1634 年，在靠近市政府的拉缇让德里街（rue de la Tixanderie）待了较长时间。然后帕斯卡尔家搬到了河的另一边，于 1634 年 4 月—1635 年 6 月住在奈福圣朗贝尔街（rue Neuve-Saint-Lambert），即现在的孔德街（rue Condé），靠近卢森堡宫——梅里安在绘制地图时卢森堡宫还没有修建，塔瓦尔涅地图里则有了。正是在这个街区，也就是圣苏比思教区（Saint-Sulpice），帕斯卡尔和聚集在尚科朵夫人（Mme Sainctot）家的那些“有才之士”建立了友谊。尚科朵夫人是著名的贵妇，她的沙龙有着享乐主义的气息，聚集了很多诗人，比如说她的

兄弟维永·达利布雷（Vion d'Alibray），或者科学爱好者，比如既是美食家也是音乐家和数学家的雅克·勒巴耶尔（Jacques Le Pailleur）。

9

欧几里得：《欧几里得几何原本。一部能反映其简洁原貌的译本。第二版即修订补充版》（*Les Elements de la geometrie d'Euclides Megarien, Traduits et restituez à leur ancienne breveté. Seconde edition. Reveuë et augmentée par l'autheur*）。巴黎，Jacques le Roy 出版，1613 年

法国国家图书馆，珍稀本馆藏，V. 6040，本书未展示其图片

吉尔贝特·贝里耶在她的《帕斯卡尔先生的一生》中说道，埃蒂安·帕斯卡尔亲自操持儿子的教育，并精心制订了一个教学计划。虽然他是一流的数学家，但他却抗拒过早地教授数学，然而他儿子却等不及了。吉尔贝特在她的传记中提到（这段将成为该书最有名的部分），由于不能从别处学来知识，布莱斯“被迫自己做出定义，将圆称作圆圈，将线称作杠，等等。在做出定义之后，他又自己制定公理，做出完美的论证；由于在此类的思考中一步会导向另一步，他最终推导到了欧几里得第一部的第 32 条命题”。因此，12 岁的帕斯卡尔就已经拥有了“几何学精神”——他将在二十年后将它理论化（展品目录 145）——并且写道（除非这是吉尔贝特在写作的时候，把成年后的帕斯卡尔的叙述投射到了他儿时的经历之上）：“论证的艺术分为三个主要步骤：用清晰的概念定义我们将要使用的含义；用显著的命题或公理证明问题是什么；始终在头脑中用定义代替被定义的东西。”

不管怎样，埃蒂安·帕斯卡尔被儿子的天才所震惊，将这事告诉了他的朋友勒巴耶尔。吉尔贝特说，是在后者的建议下，“父亲把欧几里得的《几何原本》拿给他，让他在休息的时候读。他完全独自一人阅读与理解了全书，从来不需要任何解释说明”。我们不知道交给布莱斯的

是哪个版本的《几何原本》，但是很可能是法文译本，因为按照埃蒂安的教学原则，“他不想在［布莱斯］12 岁以前就让他学拉丁语，在那之后再学习会更加轻松一些”。所以，帕斯卡尔从父亲那儿得到的可能是梅森（展品目录 10）的朋友，迪迪耶·杜诺（Didier Dounot，1574–1640）的译本。该版本问世于 1609 年，并在 1616 年重版，是《几何原本》的第一部完整的法译本。它里面包含了一封有趣的“致读者信”，作者强调了在几何学写作中简洁的重要性，它能够避免“让学习者的精神活力受到影响”。成年后的帕斯卡尔对这一原则十分认同。

10

克劳德·杜弗洛：马林·梅森画像。铜版画，1700 年

法国国家图书馆，版画部，N 2

马林·梅森神甫在 17 世纪前半叶的巴黎乃至欧洲的知识界占据了十分重要的位置。是他把伽利略的论著引到了法国。他是方济各最小兄弟会的修士，对被当时称作“自然哲学”的知识，也就是说物理学和数学，十分感兴趣。他希望借助科学知识来坚定天主教信仰。他有意为科学辩护，这一目的尤其影响了他在 1652 年出版的论文《对抗怀疑论和皮浪主义的科学之真》（展品目录 66）。推动梅森的最初理想是成为“优秀的天主教徒，同时也成为优秀的数学家”。因此，他把对自然界的观察提炼成了一种原则。罗贝尔·勒诺布尔（Robert Lenoble，1943）研究了他“透过自然的偶然性法则来对上帝存在的证明”，通过改写《思想录》中的一句著名论述（S. 680），把梅森的原则总结为“对心灵的辩护词：上帝对数学家和工程师的心灵尤为敏感”。

梅森对科学的兴趣最终超越了他的出发点，使他在自己周围发展起了一个真正的学者圈。学者们从 17 世纪 30 年代中期就频繁往来，他们大量地进行书信交流，也时常聚会。在一封 1635 年写给克劳德–尼古拉·法

图 10

布里·德·贝勒斯科（Claude-Nicolas Fabri de Peiresc）的信中，梅森提到了“世界上最高尚的学院在不久前建立于这个城市”，并且指出，它是“完完全全数学的”。在 9 月写给同一个人的信中，他列举了学院中的主要人物是“帕斯卡尔先生，奥维涅地区克莱蒙市的间接税审理法庭庭长，弥多尔基先生（Mydorge）、哈尔蒂先生（Hardy）、罗贝瓦尔先生（Roberval）、德扎尔格先生（Desargues）、尚博神甫（Chambon）和其他一些人”。埃蒂安·帕斯卡尔的数学天赋为人所知，因此梅森的学者圈成了他在定居巴黎后常常出入的圈子之一，吉尔贝特也在《帕斯卡尔先生的一生》中写道：“我的父亲精通数学，因此他习惯与在数学上有造诣的人往来，他们经常到家里来。”这个“习惯”也传到了儿子布莱斯那儿。他把只有12岁的布莱斯介绍到了梅森的圈子里。吉尔贝特继续写道：“［我的弟弟］常常去那些每周举办的讨论会，巴黎所有的聪明人都会聚集在那里，分享他们的作品或者研究其他人的作品。他在那里的位置牢固，不管是在产出上还是在研究上；他是最经常带去新作的人之一。在那些聚会上，人们也常常会研究从意大利、德国或者其他国家寄来的命题。在所有问题上人们都尊重他的意见，与其他人并无二致，因为他的才思十分敏捷，甚至有几次，他看到了其他人都没有注意到的问题。”除了展示他早熟的科学天赋，年轻的帕斯卡尔在那里还遇到了几个在他生命中具有决定性作用的人，尤其是德扎尔格（展品目录41）和罗贝瓦尔（展品目录76、78）。

梅森的画像由杜弗洛制作，是夏尔·佩罗所著的《法国本世纪名人录》第二卷（巴黎，Antoine Dezallier 出版，1700年）中，赞美他的那篇文字的插图。

11

巴黎罗雅尔广场（皇家广场）地图。绘画（羽毛笔、中国墨水、红色墨水和水彩），18世纪

法国国家图书馆，版画部，Réserve Ve 53(J)–Ft 6

这幅地图绘出了巴黎最小兄弟会（minime）教堂，它在拉索瑟路（rue de la Chaussée）（17世纪称作皇家公园路，如今叫作 Béarne 路）的延伸部分，在皇家广场，也就是现在的孚日广场后方。地图也包括了圣路易路（后来成为 Turenne 路），绘制出了梅森神甫居住的修道院的部分土地。1653年6月，帕斯卡尔一家在稍稍远一点的圣梅里（Saint-Merri）教区安顿下来。埃蒂安·帕斯卡尔在布利斯米歇街（rue Brisemiche）租了一套房子，一直住到1648年10月。梅森与学界朋友们的聚会常常在最小兄弟会修道院内，可能就在门房的某一间。他们的聚会相对不那么

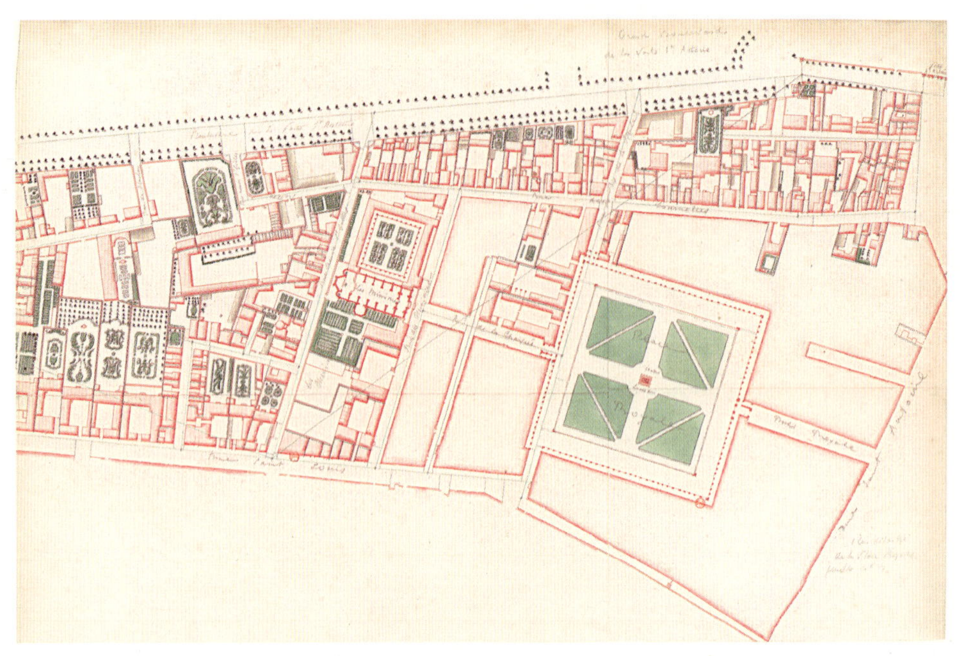

图 11

正式，既没有被固定在一周的具体某一天，也没有章程条例的管理。不过，这些聚会只能够涉及物理学和数学，要么讨论一些问题，要么一起做实验。在梅森离世后的数年间，这些"研讨会"被搬到了圣安德烈德扎尔街（rue Saint-André-des-Arts）的勒巴耶尔家。后者是埃蒂安·帕斯卡尔的朋友，是他让埃蒂安给他的儿子看欧几里得的《几何原本》的（展品目录 9）。帕斯卡尔后来继续与这个圈子频繁往来。米歇尔·德·马洛勒（Michel de Marolles）在 1656 年的《回忆录》中证明了这一点。他提到："在已故的勒巴耶尔先生家……每周六都会举行的讨论数学问题的聚会。我在那里碰到过卡桑迪先生（Gassendi）、布里约先生（Boulliau）、帕斯卡尔先生、罗贝瓦尔先生、德扎尔格先生、卡尔卡维先生（Carcavy）和其他该领域著名的人物。"正是面向这个群体，帕斯卡尔在 1654 年提出了他可能已经着手制定或者还在计划中的数学纲领，这个纲领是一个

《致著名的巴黎数学学院》（*Celeberrimæ matheseos Academiæ Parisiensi*）的名录。后来，在 1654 年勒巴耶尔去世后，帕斯卡尔与他的后继者，数学家克劳德·弥龙（Claude Mylon）交情甚好。尽管几易其貌，梅森的学术圈一直都陪伴着帕斯卡尔的科学工作。

12

马林·梅森：《宇宙和谐，第二部分》（*Seconde partie de l'Harmonie universelle*）。巴黎，Pierre Ballard 出版，1637 年

法国国家图书馆，珍稀本馆藏，Rés. V. 588 (2)，本书未展示其图片

梅森神甫开展了大量的关于音乐的重要研究。他把音乐视作数学的一部分，符合和谐定律，也与听力现象有关。在这样的精神指导下，他在 1623 年撰写《创世记问题》（*Quæstiones in Genesim*）时，便针对音乐展开了一段长篇大论，从这个时期起就考虑把他的想法发挥成百科全书式的论文。在多部准备性的作品问世后，梅森在 1636 年和 1637 年出版了他在该领域最重要的研究——上下两部分《宇宙和谐》。第二部分包含了一篇《论管风琴》，是献给埃蒂安·帕斯卡尔的——尽管由于极其复杂的出版问题，献词只存在于少量几册书中。梅森将布莱斯的父亲描述为最精通“机械操作，或是其原理，尤其是和谐原理的”人，他的数学和翻译才华为世人公认。

展出的该册的封皮为褐色小牛皮[①]，带有科奈勒姆·迪格比（Kenelm Digby，1603–1665）的纹章和首字母组成的花纹。他是英国的天主教徒，对科学很感兴趣，在 17 世纪 30 年代长期居住在法国，是梅森圈子里的人。

---

① 在当时，书籍的封皮和装订往往由买书人另外让人制作。——译者注

鲁昂时期

（1640—1647）

1638 年，国王颁布法令急剧减少市政府支付的年金，引起了激烈的抵抗活动。埃蒂安·帕斯卡尔的利益受到了严重损害，成了抵抗运动的领导者之一。塔勒芒·德·雷沃（Tallemant des Réaux）在他的《趣闻逸事集》（*Historiettes*）中记录道：他和其他一些人“闹出了很大动静，他们领导了 400 名和他们一样的年金收益者，让掌玺大臣塞吉埃（Séguier）十分担心”。为了逃避追捕，埃蒂安不得不暂时逃跑并隐藏起来。1639 年，黎塞留赦免了他，任命他为鲁昂财政区的税务特派员，其任务为在这个被“叫花子起义”（révolte des Va-nu-pieds）深深震动的地区重新建立税收秩序。布莱斯·帕斯卡尔在鲁昂待的这几年，即从 1640—1647 年，是他智力和精神发展的决定性时期：他继承了梅森圈子的精神，在那里进行了一些实验与研究；他发明了一部以他的名字命名的加法器；他发现了圣西朗（Saint-Cyran）学派的精神世界，以及由“心灵的再生”所驱动的、严格的基督教生活。1647 年，当年轻的布莱斯回到巴黎的时候，学识渊博的、作为工程师和思想家的帕斯卡尔已经成型了。

加法器的发明

13

帕斯卡尔加法器，献给掌玺大臣塞吉埃。1645 年

巴黎，工艺博物馆（Musée des Arts et métiers），Inv. 19600（361mm × 127mm × 77mm）

作为税收特派员，埃蒂安·帕斯卡尔所需承担的计算工作——他

图 13

的儿子布莱斯会帮助他——十分繁杂，因为货币的计算不是十进制的：一个利弗尔等于 20 苏，而一苏等于 12 德尼尔。为了减轻负担并且保证计算的准确性，年轻的帕斯卡尔想到了设计一个用于计算的机器。这是史无前例的。如果我们不算德国人威乐赫尔姆·施卡尔德（Wilhelm Schickard）发明的机器的话，该机器只存在了很短时间（1623—1624），并且没有得到任何宣传。

帕斯卡尔设计的加法器最初被称作“帕斯卡尔之轮”（roue pascale），后来被命名为“帕斯卡琳娜”（pascaline）。除了实用的目标，它在当时是极富创造性的杰作。帕斯卡尔想通过机器展示出创造能力和理论力量可以到达何种境界，以至于理性反而超越了思考的局限。吉尔贝特·贝里耶在《帕斯卡尔先生的一生》中写道："这件作品被认为是自然中的新生事物，把一门完全存在于精神之中的科学变成了一台机器，它找到了可以完全准确地进行计算，却又不依靠思考的方法。"因此，加法器在帕斯卡尔的思想中有着重要地位：作为一个依照指令计算的自动装置，它属于身体的秩序；作为理性的创造物，它属于精神的秩序。由此，"加法器产生的成果比一切动物的行为都更接近思想，但是它所做的并不能让我们说，它像动物一样有着意志"（S. 617）。

从1642年开始，他便投入了加法器的研究，在进行了一些令他并不满意的尝试之后，1644年，他制作出了如今已经遗失的第一件样品。它被展示给了掌玺大臣塞吉埃；2月，又被呈现给了亲王亨利·德·波旁-孔德二世（prince Henri Ⅱ de Bourbon-Condé），即"伟大的孔德"的父亲。最终的成品直到1645年才问世。它由一个长方形的箱子构成，其上方，也就是"仪表板（platine）"，分成两个部分。前面的部分为"记录器"（inscripteur），根据不同的样式，由五至十个轮子组成，每个轮子根据计算的进制拥有不同数量的轮辐（十进制有十个轮辐，十二进制有十二个，等等）。后面的部分构成一个"总和器"（totaliseur），这里并排着一些被隔开的窗口，对应着记录器的轮子，安装在仪表盘内。从每一个窗口能看见一卷裹在圆柱体上的纸，纸上有一上一下两组数字：通过将窗口边缘可移动的棍子调至高或低的不同位置，一组数字显示加法的结果，另一组显示减法的结果。记录器的轮子和总和器的圆柱之间由齿轮传动系统连接，它们被隐藏在仪表板之下，并配有链子，后者是主要的进位机制，它们保证了信息从一个计算的轮子传达到下一个：计算过程的进位便通过这种方式由机械完成。

今天，我们还保留有八个原始的帕斯卡尔加法器。献给塞吉埃的那个——机器内部粘贴的纸上有着帕斯卡尔亲笔书写的献词，足以证明机器为真品——有八个轮子，这种样式的加法器有五件，用于货币计算。其中右边的两个轮子用于苏和德尼尔的计算，另外的六个用于利弗尔的计算。在法国大革命期间，这件机器在波尔多的废金属市场上被售出，直到 1950 年都是波尔多某家族的藏品；后来被国际商业机器股份有限公司（IBM）购买，并于 1951 年收入工艺博物馆。

14

布莱斯·帕斯卡尔：《献给掌玺大臣大人的信，关于 B. P. 先生的最新发明，它仅需通过简单动作，无须借助笔或筹码便可进行所有类型的算术。另附对好奇参观与使用加法器之人的必要指导》（*Lettre dedicatoire à Monseigneur le Chancelier sur le sujet de la machine nouvellement inventée par le sieur B. P. pour faire toutes sortes d'operations d'arithmetique, par un mouvement reglé, sans plume ny jettons. Avec un advis necessaire à ceux qui auront la curiosité de voir ladite machine, et de s'en servir*）。无书商地址，1645 年

巴黎，国家自然博物馆图书馆，DD 1035，本书未展示其图片

这个小册子是帕斯卡尔的第二个出版物。它的问世比《论圆锥曲线》（展品目录 42）晚五年，却仍然只有极少册流传下来：如今我们只找到了五册。文章分为两个部分。第一个部分是一封献给掌玺大臣塞吉埃的感谢信，信中帕斯卡尔着重强调了他得到的支持，这使得他的发明在公共领域成为权威：一是掌玺大臣的政治支持，帕斯卡尔把加法器的第一个版本献给了他，而他则给予了帕斯卡尔生产最终版本的特权；二是伟大数学家吉尔·德·罗贝瓦尔（展品目录 76、78）的科学支持，他是法国皇家公学的老师，“屈尊在百忙之余抽出时间来教授加法器的构造和使用”，甚至——小册子最后几行提到——投身销售工作。

第二个部分是《必要指导》。帕斯卡尔为他的机器辩护，驳斥因为机制复杂而可能引起的批评，并且提醒大家注意可能的盗版，例如“鲁昂的一个钟表工人根据他的想法制作的错误的机器”。他的这些言论肯

定了技术之于科学的从属地位，以及理论知识相对于实践操作的优越性："对于新的发明而言，技术必须经由理论的指导。"加法器的制作不能单单交付于工人，他们"摸索着进行，不知道确切的尺寸，也不知道由技术所确定的比例"。帕斯卡尔的这些宣言不禁让人想到他的老师吉拉尔·德扎尔格（Girard Desargues）（展品目录 41）。后者在《关于建筑中切割石材线条的普遍方式之草稿》（巴黎，1640）中声明，"杰出的思考者"通过论证进行理性推导，比"仅是实践者的最好工人"高出一筹。德扎尔格在文中捍卫他在透视绘画中的"普遍方式"，因为对于所有的画师、雕塑师和他们的同行通过不断摸索才能达到的东西，普遍方式还能够给出它们所产生的效果的理由。在这段文字中已经出现了"效果之理由"这一概念，它的使用领域被扩大之后，将成为《思想录》中的核心概念之一。因此，加法器不单单是一个令人惊叹的理性的产物，它也是思想思考自身的契机。

15

《帕斯卡尔先生加法器的特权证明书》，1649 年 5 月 22 日。手抄本，17 世纪后期

巴黎，法兰西学会图书馆（biblioth è que de l'Institut），4° Rés. M. 592 b*，本书未展示其图片

尽管帕斯卡尔从掌玺大臣塞吉埃那儿已经获得了"非一般性的特权"——唯一的信息来自 1645 年的《必要指导》——他还是在 1649 年从国王那儿延长了这一特权的期限，也许是为了更好地保护他的发明。1649 年 5 月 22 日的证明书保障了他极大范围内的权利；它赋予帕斯卡尔及其继承者"从现在直到永远"的权利，不但禁止没有经过他允许便在法国制造加法器的做法，而且禁止出售进口的加法器，如有违者，将被处以 3000 利弗尔的罚金，也就是加法器售价的 30 倍。而在帕斯卡尔

的授意下，证明书将这一售价描述为“极其高昂，从而可以使它在大众看来毫无用处”。因此，帕斯卡尔获得的是一个真正的垄断。他想保留经他的努力所带来的所有收益：当时他正在研发一种“操作更加简单，却可以获得同样效果”的机器。他寄希望于这种不那么昂贵的机器，在投入商业生产后，可以带来实际收益，但是这一天并没有到来：他的加法器始终都是装饰贵族收藏室的奢侈品。

1649 年特权证明书的原件已经遗失了——这里展示的手抄本后来被合并到了一册 1645 年的《献给掌玺大臣大人的信》上，它的抄写者是服务于帕斯卡尔的外甥，路易·贝里耶神甫——它很可能是 1711 年路易·贝里耶在送给法兰西科学院的加法器时附在其中了。

“第一次皈依”（1646）

16（图见第 53 页）

菲利普·德·尚拜涅（Philippe de Champaigne）：圣西朗修道院院长让·杜威尔吉·德·奥拉纳（Jean Duvergier de Hauranne）。布上油画，约 1647—1648 年

凡尔赛，凡尔赛和特亚侬城堡国家博物馆，MV 4195, Inv. 1143

这幅肖像是菲利普·德·尚拜涅在圣西朗死后数月绘制的。他使用了波尔－罗雅尔的一位“隐遁者”，克劳德·朗斯洛（Claude Lancelot），在圣西朗去世时（1643）请人制作的死亡面具。画家留下了两幅圣西朗的画像，一幅绘于 1648 年以前，是一个半身四分之三左侧像，靠在一块石头上；另一幅便是这幅画像，它依照之前的肖像，扩大了背景，设计了新的情境：神甫的右手放在两卷书上，它们分别是《圣经》和圣奥古斯丁的著作。这个姿势表达了他信仰的两个来源。这是一个精神的肖像，在人的画像背后展示的是奥古斯丁神学的领袖。波尔－罗雅尔修道院正是这思想在 17 世纪法国的主要传播据点。

圣西朗（1581—1643）经过神学学习，成了教父哲学的专家。他于 1618 年成了神甫，并很快变得更加虔诚，采用更为严苛的基督教徒的生活模式。圣西朗在 1620 年认识了丹蒂耶家族的长子，罗贝尔·阿尔诺·丹蒂耶（1589—1674）。在后者的介绍下，他接触到了昂热利克·阿尔诺（Angélique Arnauld）嬷嬷，波尔－罗雅尔修道院的女院长和改革者。圣西朗从 1634 年至 1635 年起，便在波尔－罗雅尔扮演了重要角色：他成了那里的讲道者以及听修女们忏悔的神甫。他对帕斯卡尔的影响主要通过两位具有外科天赋的诺曼底绅士，即阿德里安·德尚·德·拉布特耶里（Andrien Deschamps de La Bouteillerie）和让·德尚·德·兰德（Jean Deschamps des Landes）两兄弟。在 1642 年至 1645 年间，两兄弟在隶属于鲁昂教区的卢维勒区（Rouville）的本堂神甫，也是圣西朗的追随者让·吉耶贝尔（Jean Guillebert）的影响下，放弃了好斗而动荡的绅士生活，使自己的人生符合福音的训令。吉尔贝特·贝里耶在《雅克琳·帕斯卡尔的一生》中写道："1646 年 1 月，我的父亲在冰面上滑倒，一条大腿脱了臼。在这个事故中，他只能拜托拉布特耶里和兰德先生，他们好意在家中连续住了三个月，陪伴父亲并帮助他处理各类突发事件。所有人都因这两位先生的暂住而获益匪浅。他们充满教益的言语和他们良好的生活，让我的父亲、弟弟和妹妹对那些使这些先生们达到如此状态的书深感兴趣。便是从那时起，他们开始接触詹森先生、圣西朗先生和阿尔诺先生的作品。"在 1646 年 1 月至 1647 年夏天的这段时间，我们通常称作"第一次皈依"的转变发生了：皈依不是指现代意义上的从不信者变为信者，而是圣西朗和 17 世纪宗教作家笔下意义的皈依，即重新肯定内心的基督教信仰。

图 16

17

圣西朗修道院院长让·杜威尔吉·德·奥拉纳（Jean Duvergier de Hauranne）：《家庭神学手册，附关于虔信的各类小论文。第六版新增订版》（*Theologie familiere, avec divers autres petits traitez de devotion. Sixiesme edition reveuë et augmentée de nouveau*）。巴黎，Jean Le Mire 出版，1645 年

法国国家图书馆，哲学、历史和人文科学部，D. 33402，本书未展示其图片

《家庭神学手册》是一本对基督教总体教义的简短介绍的册子。它撰写于 1637 年，采取了问答课的形式，面向的是一位 10 岁的孩童，即巴黎高等法院代理检察长热罗姆·毕依（Jérôme Bignon）的长子，同时也构成了波尔 – 罗雅尔学校最初一批学生教育的一部分。这本册子的初版于 1639 年问世，1642 年再版时对文本做了改动。借助于多次再版，出版商勒·米尔（Le Mire）也在《家庭神学手册》中加入了多个讨论虔诚的小作品，比如《对弥撒仪式的解说》《为加强对弥撒的理解而进行的祈祷和练习》《全新的心灵》和《将圣体悬置于大祭台之上的这一古老仪式的缘由》。

第六版的卷首插图用综合性的形象暗示了后面的三部小作品：在一个教堂的殿内，一个圣体盒悬挂在祭台上方，祭台上放着一颗燃烧的心脏，旁边的经匣上写着 Dabo vobis cor novum（“我也要赐给你们一个新心”）——这句话出自《以西结书》（36:26），很好地总结了将皈依视作基督教生命的复苏或者“重生”的想法。帕斯卡尔在第十八封《致外省人信札》（展品目录 129）中也提到了这个观点。

帕斯卡尔的第十六封《致外省人信札》（展品目录 126 和 135）提到了 1642 年版《家庭神学手册》中的大部分作品，因此可以推断，帕斯卡尔使用的要么是这个版本，要么是这之后的版本。在帕斯卡尔对圣西朗的阅读中，《全新的心灵》占据了独特的地位，因为里面着重讨论

了“心灵的割礼”这一问题。这个概念来源于《圣经》，圣奥古斯丁在注释《申命记》时对它尤为注意，而奥古斯丁主义者将它引入了波尔-罗雅尔修道院。《思想录》中多次提到了这个概念，例如在题为“永生”的这一编中我们读到：“来源于大卫或者摩西的一个词，比如上帝将对他们的心灵施行割礼，可以让人评判他们的精神。即使他们的其他言论模棱两可，并让人疑惑他们是哲学家还是基督徒，但最终，这样性质的一个词决定了所有其他的词的意思，就像爱比克泰德[1]的一个词决定了余下所有的词。到此处，含糊不清终止了，之后不再会有了。”（S. 311）

18

圣西朗修道院院长让·杜威尔吉·德·奥拉纳：《基督教的和心灵的信札》（*Lettres chrestiennes et spirituelles*）。巴黎，Martin Durand 之遗孀，Sébastien Huré，Jean Le Mire 和 Rolet Le Duc 出版，1645 年

法国国家图书馆，哲学、历史和人文科学部，D. 3717，本书未展示其图片

圣西朗的《信札》首版于 1645 年。封面上印有皮埃尔·达雷（Pierre Daret）根据达尼埃尔·杜蒙思迪耶（Daniel Dumonstier）绘制的作者肖像画（现存卢浮宫博物馆）而创作的版画。这部书信集也同样描绘了作者的精神世界。罗贝尔·阿尔诺·丹蒂耶是这些书信的编辑者，并在 1647 年补充发表了第二卷。他在序言中写道，这是“他的精神和他的心灵的忠实画像”。

1645 年出版的这一卷包含了大量的、用以抚慰失去亲人者的信件。帕斯卡尔从中看到了一段十分独特的对死亡的理解：它就像“一种牺牲，……履行对上帝的最后一个义务”（第十四封信，1642 年 5 月 5 日。

① Epictetus（55- 约 135），斯多葛学派哲学家。——译者注

帕斯卡尔在第16封《致外省人信札》中再度使用了这个描述）。通过死亡，犯有原罪的人把自己作为牺牲交付给上帝。1651年，帕斯卡尔在《关于父亲之死的书信》（展品目录21）中，对这一主题进行了深入而权威的阐释。

19

皮埃尔·德·贝鲁勒（Pierre de Bérulle）：《耶稣的状态及其伟大，其实现了神性与人性之间不可言喻的融合》（*Discours de l'estat et des grandeurs de Jesus, par l'union ineffable de la Divinité avec l'Humanité*）。巴黎，Antoine Estienne出版，1623年

法国国家图书馆，珍稀本馆藏，Rés. D. 18410

圣西朗的神学思想受到了他的老师兼朋友，皮埃尔·德·贝鲁勒（Pierre de Bérulle，1575–1629）的深刻影响。1620年他结识了贝鲁勒，并成为他的合作者，参与了他多项作品的出版，其中便包括他最重要的作品之一，《论耶稣的状态及其伟大》。圣西朗在其中贡献了他的博学多才，并且在付诸刊印前进行了校对。通过圣西朗的文字，帕斯卡尔间接地受到了贝鲁勒的影响：这尤其表现在《耶稣基督简传》（展品目录174）中的耶稣中心主义和对道成肉身的思考上，也表现在《论原罪者的皈依》（*Écrit sur la conversion du pécheur*）——这篇短文大概撰写于1657—1658年，因后来的抄本而为人所知——中关于回归虚无的讨论。

展出的是初版中献给法王路易十三的那个册子，用红色摩洛哥皮做封皮，上面散布着象征王室的鸢尾花图案，封面的中间为国王的纹章，四个角上则是带着王冠的国王首字母图案。

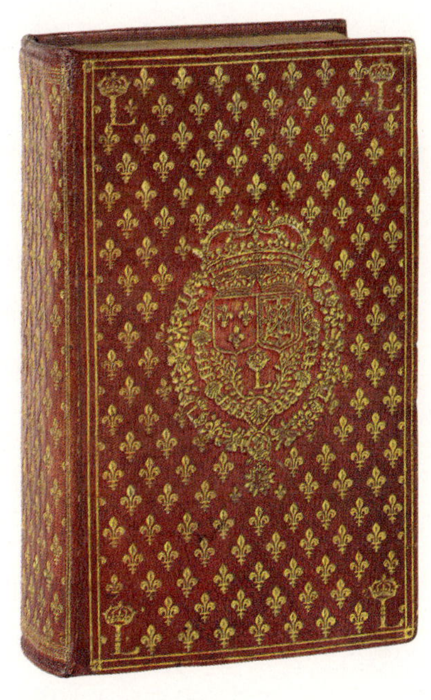

图 19

20

雅克 · 福尔东 · 德 · 圣昂热（Jacques Forton de Saint-Ange）：《对自然判断的引导：不论男女，凡是理性之人均能容易地从中汲取纯净的知识》（*La Conduite du jugement naturel où tous les bons esprits de l'un et l'autre sexe pourront facilement puiser la pureté de la science*）。巴黎，Pierre Blaise 出版，1637 年

法国国家图书馆，哲学、历史和人文科学部，R. 10947，本书未展示其图片

雅克 · 福尔东 · 德 · 圣昂热原来是嘉布遣会修士（capucin），后来成了俗间神甫①。他主张一种神学的理性，《对自然判断的引导》便是最好证明。这部作品是一部哲学通俗读物，分为三个部分，分别发表于1637年、1641年和1645年。作品将人类的理性视作认识上帝的主要途径，

① 俗间神甫（prêtre séculier）与修会神甫（prêtre régulier）相反，不受修道誓约（贫穷、贞洁和顺从）约束。——译者注

而将信仰置于次要地位，后者只是简单的“支持”。这样的理论意味着否定了奥古斯丁关于恩典的教义[①]，自然会激起圣西朗的新追随者，例如帕斯卡尔和他的鲁昂朋友阿德里安·奥朱尔特（Adrien Auzoult）和拉乌尔·哈雷·德·蒙弗拉内（Raoul Hallé de Monflaines）的愤慨。他们在1647年2月1日和5日会见了圣昂热。当后者在几星期后欲意谋求鲁昂主管教区下一个本堂神甫的职位时，他们向大主教揭露了他们从圣昂热处所听到的12项主张。在他们看来，圣昂热极力降低信仰在认识上帝中的作用，这使他不能够胜任由圣西朗在贝鲁勒之后所定义的神甫的任务，即皈依心灵，而不只是教化精神。

由于鲁昂大主教要求起诉人在他们的陈述后附上他们当时谈话的“日志”，我们得以知晓2月与圣昂热交流的详细内容。帕斯卡尔显然在撰写这篇记录时起到了决定性作用，因为他后期的作品发挥了其中的好几处观点。比如，在对圣奥古斯丁的阐释中，谁的观点才是“最合乎真理的，是詹森还是耶稣会士？”这宣告了《致外省人信札》的诞生。对论证过程中所使用的概念进行严格定义的严谨逻辑则宣告了《论几何学精神》（展品目录145）的诞生。他揭露了圣昂热力求解释一切的企图，认为这是错误的思考方法，混淆了信仰与对自然现象的解释，混淆了理性主义和对神的神秘性的认识：这为帕斯卡尔区别精神的秩序与心灵的秩序做了准备工作。

21

布莱斯·帕斯卡尔：关于父亲之死的书信。手抄本，19世纪初期

巴黎，波尔－罗雅尔协会图书馆（Bibliothèque de la Société de Port-Royal），P.R. 270 bis，

本书未展示其图片

1648年，布莱斯和雅克琳回到巴黎的几个月后，埃蒂安·帕斯卡尔

① 奥古斯丁认为，人因犯下原罪，自由意志已经被污染，丧失了择善避恶的能力。而只有依靠上帝的恩典，人类才能坚定信仰，摆脱原罪的奴役而获得救赎。——译者注

也回到了巴黎。他在三年后，也就是1651年9月24日，去世了。他的离世意味着帕斯卡尔失去了精神成长中最重要的人；而对于雅克琳而言，失去的则是情感生活中最重要的人。我们可以想见，正是在对父亲，这个帕斯卡尔在身体、精神和心灵上都最熟悉的人的死亡的经历中，帕斯卡尔展现了他自己的精神世界，把它写在了10月17日寄给姐姐吉尔贝特和姐夫弗洛朗·贝里耶的、对他们表示安慰的信中。这封信表达了重新思考肉体上和精神上的亲属关系的意愿，而这个意愿在1648年4月1日布莱斯和雅克琳寄给吉尔贝特的信中就曾提及：皈依被“圣西朗先生称为生命的开端”，以这个事件为起始点，“我们应当把我们视作真正的亲属”，因为“上帝愿意将我们聚在一起，既通过肉体把我们联系在尘世之中，又通过精神把我们联系在他的新世界中”。

就像1648年4月的那封信一样，1651年10月的这封家书构成了他在1646年所经历的那场皈依的续章：“《关于父亲之死的书信》表明了帕斯卡尔熟读圣西朗、詹森和圣奥古斯丁的书。他在这些作者的启发下解读宗教文本，我们可以猜想他浸泡在这些作者的思想中，充分掌握了它们，并且常常模仿他们的风格”（Mesnard，1964–1992）。人们很早便认识到了这篇文字的重要性。《思想录》初版（展品目录178和181）的编辑者们甚至挑取了很大一段节选，把它编为记录帕斯卡尔遗愿的一章。

帕斯卡尔亲笔书写的手稿长期被贝里耶家族保存在家族档案中，但是在法国大革命之后遗失了。现存波尔－罗雅尔协会图书馆的抄本制作于它遗失的几年前。

回到巴黎：在上流社会的帕斯卡尔

（1647—1662）

传统研究历来把帕斯卡尔的一生划分出一个“上流社会时期”。这段时期从1652年1月他父亲去世及随后他妹妹雅克琳进入波尔-罗雅尔开始，到1654年11月23日那“火之夜”（展品目录148）结束。这“第二次皈依”似乎让他放弃了当时令他依恋上流社会的东西——与人交流或者交流知识。而事实上要复杂很多。1650年初，帕斯卡尔更频繁地出入沙龙和贵族圈，但是，与上流社会缔结的这些关系在更早的时期便已经成形了，并且在这之后也保持着。他的数学研究在1654年之后仍有重要的突破（展品目录79—90）。同样地，直到他去世之前，帕斯卡尔都积极参与各类研究计划，例如制作加法器：工程师的好奇与经济利益均夹杂其中。因此，帕斯卡尔对上流社会的拒绝更多的是一种灵魂的运动，而不是生命中的一个具体时刻：不是人生经历的割裂，而是对割裂的内心体察。就像吕西安·戈德曼（Lucien Goldmann，1959）所说的那样，这是“在上流世界之内的对上流世界的拒绝”。

出入贵族和上流社会圈

22

克劳德·夏蒂雍（Claude Chastillon）：《法兰西门、广场及其街道之精彩绘画，它们在法国和纳瓦尔国王、伟大的亨利四世统治下的1610年开始修建，位于巴黎的堂普勒沼泽区》（*L'admirable dessein de la porte et place de France avec ses rues commencée à construire es marestx du Temple à Paris durant le regne de Henry le Grand 4me du nom*

Roy de France et de Navarre l'an de grace mil six cens et dix）。巴黎，1640 年

法国国家图书馆，珍稀本馆藏，Rés. fol. L15. 7，本书未展示其图片

这幅图画的上面部分为铜版版画，表现了亨利四世时期的第三个大型城市规划项目：在皇家广场、太子广场和法兰西广场之后，在玛莱的东北部，重新建造一个新的城门，称作“法兰西门”。版画的文字说明解释道：“从星形中心法兰西门辐射出的大路应该用王国中最著名的省份命名，比如诺曼底、香槟、庇卡底、布列塔尼、圭亚那等。第二圈的较小的横向道路，也应该用较小的省份命名，比如都兰、安茹、曼恩、奥尼斯、利木赞、佩里戈尔等。”该项工程开工于亨利四世统治的最后一年，并没有彻底完成，不过一个新的街区得以修建。1648 年 10 月从鲁昂回来后，埃蒂安・帕斯卡尔带着布莱斯和雅克琳定居在这里，直到 1651 年 9 月去世，他都一直住在都兰路的一所宅邸里（现在的 Saintonge 路第 13 号）。不久之后，1651 年 12 月，布莱斯和雅克琳便离开了这里，在波布尔路租了一栋没有那么昂贵的房子。

23

罗贝尔・南特耶（Robert Nanteuil）：安托万・巴利雍・德・莫朗吉肖像画。铜版画，1661 年

法国国家图书馆，版画部，Réserve Ed 55c fol，本书未展示其图片

安托万・巴利雍・德・莫朗吉（1599—1672）是巴黎高等法院的审查官，在帕斯卡尔家族的社交生活中扮演了重要角色。同是奥弗涅人，又同属穿袍贵族，这些因素自然促使他与埃蒂安之间建立友谊。真正起决定性作用的事件则是埃蒂安在 1635 年举家迁到布利斯米歇街。埃蒂安的教区成了圣梅里（Saint-Merri）教区，而巴利雍则是该教区的首席财产管理委员。安托万・巴利雍的妻子在 1638 年 5 月将年幼的雅克琳

引荐到宫廷，让人们领略她早熟的诗歌天赋；随后，当埃蒂安需要逃亡时，她又对帕斯卡尔家族施以援手。似乎也是多亏了安托万·巴利雍的介绍，帕斯卡尔家族得以结识了他的表亲洛阿内公爵，尽管是在多年以后，也就是1653年后，布莱斯和洛阿内公爵阿尔蒂斯·古费耶（Artus Gouffier，1627–1696）之间的关系才发展为亲密的友情。

24

［米歇尔·拉纳？（Michel Lasne?）］：埃桂雍公爵夫人玛丽·玛德莱娜·德·维涅洛（Marie Madeleine de Vignerod）骑马像。铜版画（雕刻法）。巴黎，Le Blond 出版，1638 年以后

法国国家图书馆，版画部，N 2

埃桂雍公爵夫人（1604—1675）是黎塞留的外甥女。正是在她的帮助下，埃蒂安·帕斯卡尔获得了赦免。1639年4月，黎塞留观看了一场由孩子们演出的乔治·德·斯库德里的剧作《专横的爱情》，雅克琳扮演了其中一个角色。演出过后，埃桂雍公爵夫人在其舅舅面前为埃蒂安求情，后者遂被任命为鲁昂的税务特派员。埃蒂安有可能从1634年起便认识埃桂雍公爵夫人。他入住奈福圣朗贝尔街（展品目录8）时便紧邻公爵夫人的官邸小卢森堡宫。总之，根据洛雷（Loret）1652年4月14日所作的《历史缪斯》（*Muse historique*）记载，正是在这个官邸里，帕斯卡尔于1652年4月向“高贵的听众，既有公爵夫人们又有圣灵骑士团的骑士们”，介绍了他的加法器和他关于真空的研究。

25

让·马洛（Jean Marot）：《根据皇家建筑师麦尔希尔先生的图纸设计的利昂古尔官邸建成后之图景》（*Veue et perspective de l'hostel de*

MADAME LA DVCHESSE D'AIGVILLON.
L'ingenieux Graueur auec vn foible traict,
Ne peut bien mettre au jour dedans cette figure,
L'admirable Beauté dont tu vois le portrait,
Qu'en nous representant la Vertu toute pure.
Ses hautes qualitez qu'vn chascun doit louer
Comme dons qui du Ciel tirent leur origine;
Produisent des effets qui nous font advoüer,
Que dans vn si beau corps loge vne Ame diuine.
le Blond excud.
Auec Priuilege

图 24

Liancourt lors qu'il sera parachevé, du dessein de Mr Mercier architecte du Roy）。巴黎，Pierre Mariette 出版，［无出版时间］。铜版画，17 世纪中叶

法国国家图书馆，版画部，Va 69k fol.，本书未展示其图片

身为利昂古尔侯爵和拉罗什－圭雍公爵（duc de La Roche-Guyon）的罗歇·杜·布雷西（Roger du Plessis，1598–1674）年轻时并不笃信宗教，后来在圣西朗的影响下于 1638 年至 1640 年间皈依，并加强了他早在 1630 年便与波尔－罗雅尔建立起的联系。帕斯卡尔与公爵的结识也是借助了梅森的学术圈。帕斯卡尔的朋友皮埃尔·德·卡尔卡维（展品目录 83）在公爵家担任总管一职，在他的引荐下，帕斯卡尔在 1648 年得以出入公爵位于圣日耳曼区塞纳路（rue de Seine，即现在的 Beaux-Arts 路）的官邸。

26

克劳德·夏蒂雍：《坐落于巴黎宽敞而庄严的讷韦尔宅邸，展示的是其东侧部分以及惹人注目的附近的景色》（*Le grand etmagnifique bastimans de l'hostel de Nevers dans la ville de Paris representé en sa partie d'orient avec le paisaige prochain et chose plus remarquable*）。巴黎，1641 年

法国国家图书馆，珍稀本馆藏，Rés. fol. L^{15}. 7

杜·布雷西－格纳果夫人（Mme du Plessis-Guénégaud，1610–1677）的沙龙在讷韦尔宅邸举行。帕斯卡尔常出入于此，《致外省人信札》（展品目录 138）在上流社会的巨大成功与这沙龙密切相关。耶稣会拉般神甫（Rapin）在他于 17 世纪 60 年代末着手撰写的《回忆录》中也有所提及："讷韦尔宅邸位于圣日耳曼近郊这边，在新桥入口附近……是巴黎

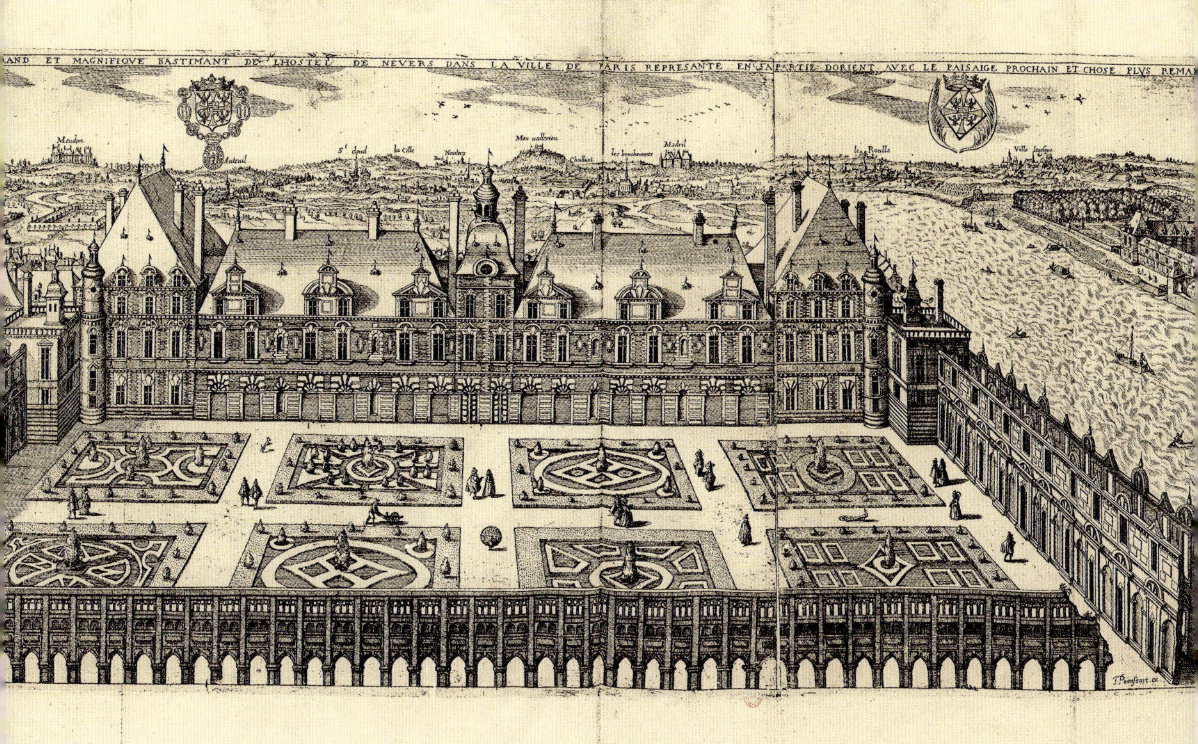

图 26 讷韦尔宅邸花园一侧（展出版本，法国国家图书馆，地图与平面图部，Ge Dd 4871）

最令人愉悦的寓所，因为出入此地的人大都聪慧机敏，他们被女主人优雅、礼貌和慷慨的品质所吸引……由于她的品质很容易感染接触到她的人，她又与波尔－罗雅尔关系密切，所以波尔－罗雅尔请她出面将这些短小的信件给那些名流雅士，让他们借助自己获得的信任，来加强这些信件在上流社会取得的认同。”另外，最早认可初版《思想录》（展品目录 181）的宗教人士之一，果芒热主教吉尔贝·德·苏阿舍尔（Gilbert de Choiseul），是杜·布雷西－格纳果夫人的堂弟。

27

达尼埃尔·杜蒙思迪耶（Daniel Dumonstier）：隆格维尔公爵夫人（duchesse de Longueville）公爵夫人安娜－热纳维埃夫·德·波旁－孔德（Anne-Geneviève de Bourbon-Condé）肖像。绘画（黑笔、红粉笔、彩色粉笔、蜡笔、擦笔和水墨），1642 年左右

巴黎，卢浮宫博物馆，图画部，RF 1423 recto，本书未展示其图片

早在 1644 年，帕斯卡尔便被引荐到了孔德官邸，在那里他向波旁－孔德亲王亨利二世，也就是大孔德和隆格维尔公爵夫人（1619—1679）的父亲，展示了第一台加法器（展品目录 13）的用法。在 17 世纪 50 年代，他常常出入公爵夫人的沙龙。后者在这段时间和波尔－罗雅尔建立了不少联系，为 1661 年以后她与修道院间直接而紧密的关系做了铺垫。

28

达尼埃尔·杜蒙思迪耶：萨布雷侯爵夫人（marquise de Sablé）玛德莱娜·德·苏弗雷（Madeleine de Souvré）肖像。绘画（黑笔、红粉笔、彩色粉笔、蜡笔、擦笔和水墨），1621 年

巴黎，卢浮宫博物馆，图画部，RF 1424 recto

萨布雷侯爵夫人（1598—1678）曾经是女雅士（précieuse），在她的情人阿尔芒蒂耶尔侯爵（marquis d’Armentières）死后不久，也就是 1640 年左右，她便“皈依”了。塔勒芒·德·雷沃写道：“在这次痛失爱人之后，侯爵夫人便不再追逐爱情；她觉得是时候成为虔诚的信徒了。”她从此与波尔－罗雅尔往来密切，于 1656 年获允许在巴黎的波尔－罗雅尔修道院的围墙内修建了一个住所，并在那里组织沙龙，“充满象征意义地，这住所既借助布尔贝街（rue Bourbe）通往尘世，又通往波尔－罗雅尔修道院”（Lafond 1984）。就像其他那些头脑敏锐之人、学者或

图 28

者文人一样，帕斯卡尔常去这沙龙，他们在那里可以接触到宫廷最显赫的贵族。

萨布雷侯爵夫人对帕斯卡尔关爱有加，两人之间关系密切。在帕斯卡尔死后，1662 年 8 月 22 日，波尔 – 罗雅尔修道院的女院长阿涅斯·阿尔诺嬷嬷（Agnès Arnauld）在一封信中提到了这点。她尤其谈到了侯爵夫人感受到的“可怕的孤独”，“她看到自己如此忠诚的朋友离她而去，并且再无人可与他比拟”。不过，这种密切的关系可能是在帕斯卡尔最后的几年才建立起来的。

29

梅雷骑士（chevalier de Méré）安托万·龚博（Antoine Gombault）：《书信集，第一部分》（*Lettres...Premiere partie*）。巴黎，Denis Thierry 和 Claude Barbin 出版，1682 年

法国国家图书馆，阿瑟纳尔馆（Arsenal），8° BL 31731（1），本书未展示其图片

梅雷骑士（1607—1684）是一位“时尚”之人，也是一位决断上流社会沙龙中何为优雅品位和头脑之人。他在《论文集》和《书信集》里化身为理论家，解释如何令人愉悦，而后者是“绅士”（honnête homme）这一社会理想的关键所在。很可能是在 1653 年，帕斯卡尔通过洛阿内公爵的朋友结识了梅雷骑士。因为这个爱好赌博的朋友，帕斯卡尔对计算概率（展品目录 64—71）产生了兴趣。1654 年 7 月 29 日，帕斯卡尔给皮埃尔·德·费马（Pierre de Fermat）的信中说道，“是他向我提出了这些问题”。在同一封信中，帕斯卡尔还补充道，梅雷骑士“非常聪明，但不是名几何学家……他甚至不理解一条数学意义上的线可以被无穷分割，他相信线是由一定数量的点所构成的。我难以将他从谬误中摆脱出来”。无穷分割的问题在梅雷和帕斯卡尔的交流中具有重要分量，这点在梅雷给帕斯卡尔的一封信中也有所体现。这封信在很久以后，

直到 1682 年，才在梅雷的《书信集》中出版（第十九封信）。在让·梅纳尔看来，这封信写于 1679—1682 年间，是梅雷虚构的一封信，但是却建立在对一场真实讨论的回忆基础之上。不管是偶然还是无限的问题，帕斯卡尔和梅雷之间的交谈似乎交汇了数学和哲学问题。梅雷作为“智慧头脑”（bon esprit），很可能为《思想录》对“敏锐头脑”（esprit de finesse）和“几何头脑”（esprit de géométrie）的著名区分做出了一定贡献：梅雷便是那些“拥有敏锐头脑却又不是几何学家”的人的典范，因为“他们不会依赖几何学的原则”（S. 670）。

30

达米安·弥桐（Damien Mitton）：《论礼貌》《对绅士的描述》和《关于几个问题的意见和想法》，收录于圣艾弗尔蒙（Saint-Évremond）《文集，第六部分》。巴黎，Claude Barbin 出版，1680 年

法国国家图书馆，文学和艺术部，Z. 20484（2），本书未展示其图片

梅雷骑士给弥桐（1618—1690）写的一封信有助于我们确立圣艾弗尔蒙《文集》的第六部分中《论礼貌》《对绅士的描述》和《关于几个问题的意见和想法》这三章的源泉。帕斯卡尔是通过洛阿内公爵的朋友认识弥桐的，很可能与认识梅雷是同一时期。弥桐和梅雷一道，是当时人们眼中能够代表理想绅士的人。与弥桐的谈话促使帕斯卡尔对他关于幸福的处世哲学，即讨人喜爱的“我”的哲学提出批判。《思想录》中最有名的片段之一证明了这点：“我是令人厌恶的。而弥桐您掩盖了这个我，却并不因此消除它。所以您始终是令人厌恶的。”（S. 494）参照《论礼貌》的开头被询问者的话，这些句子的意思便非常清楚了：“为了少费力便能使自己幸福，为了确定自己是幸福的，并且不用惧怕这幸福的状态会被打扰，便需要让其他人和我们一样幸福。因为如果我们只想着自己，我们始终会遇到阻力，而如果我们在只有别人也幸福的时候

才希望获得幸福，所有的障碍便消失了，并且所有人都会向我们伸出援手。这个为了自身和他人的幸福而做出的努力便称作礼貌，确切地说，它事实上就是被正确调节的自尊心。”

排干普瓦图的沼泽地

31

勒内·西耶特（René Siette）：《小普瓦图地区排干后的沼泽地之地图与说明。沼泽地之分割出自西耶特先生》（*Plan et description particuliere des maraits desseichés du petit Poictou. Avecq le partaige sur icelluy faict par le sieur Siette*）。铜雕版地图，1648 年

法国国家图书馆，地图与平面图部，Ge D 5132

年轻的阿尔蒂斯·古费耶，也就是洛阿内公爵，在 1651 年从拉罗什福科公爵（duc de la Rochefoucauld）那里获得了普瓦图省的总督职位，其后不久，他便对普瓦图的沼泽地排干计划显示出浓厚的兴趣。该计划从十多年前就开始了。自 1641 年起，驻防工程师皮埃尔·西耶特便获得了开发小普瓦图，也就是吕松（Luçon）附近的一片沼泽地的北面部分的特权。因此，所有投资了项目的人聚集在一起，建立了“小普瓦图公司”。皮埃尔的兄弟，勒内·西耶特的版画制作于 1648 年 8 月 6 日，建立了小普瓦图的地籍册：属于公司成员的每块土地均被精确地绘制出来，并且用数字进行编号区分。建立在小普瓦图模式的基础之上，普瓦图东部、临近马耶泽（Maillezais）的大片沼泽的排干计划也于 1654 年提上日程。洛阿内公爵对此十分上心，这便解释了为什么帕斯卡尔也投资了该项目：从前一年开始，帕斯卡尔便成了公爵十分亲近的人。帕斯卡尔与公爵的卫队长联合，在 1654 年 4 月获得了一份参与份额。如同

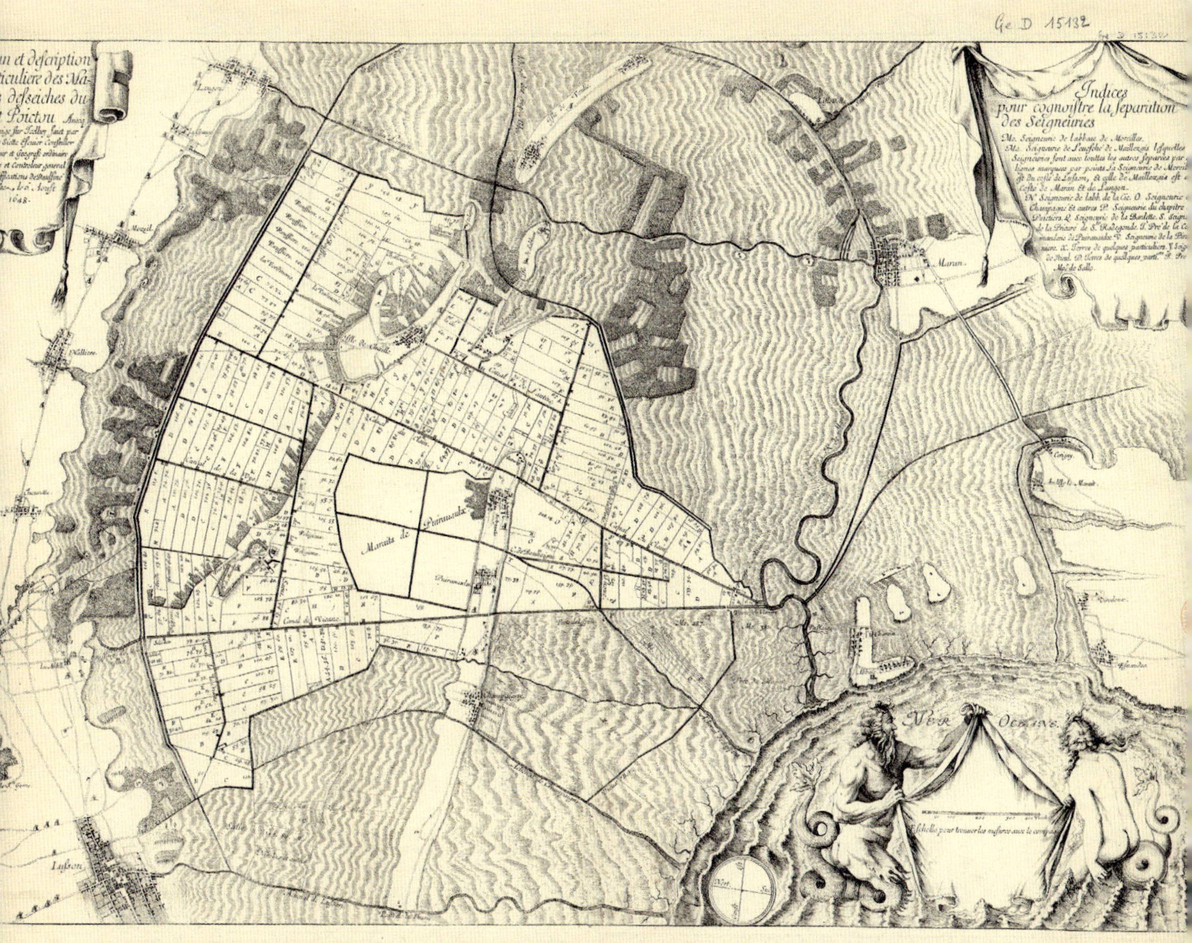

图 31

加法器一样，帕斯卡尔对项目的兴趣既有经济因素，也出于他对项目的技术层面的兴趣：在少量投资的同时，他还进行着对流体力学研究和《液体平衡论》（展品目录 63）的准备工作。

32

《普瓦图距图阿尔二里路之遥的瓦隆城堡之图景》（*Veue et perspective du chasteau d'Oyron en Poictou à 2 lieues de Thouars*）。画作（羽毛笔、墨水和水彩），1699 年

法国国家图书馆，版画部，Va 427–Ft 4，本书未展示其图片

瓦隆城堡是洛阿内公爵在普瓦图领地内的主要宅邸。这个来自普瓦图的家族是在查理七世和路易十一世之时跻身法国高等贵族之列的。纪晓姆·古费耶得到了两位国王的恩宠，他在 1449 年从国王那里获得了瓦隆地区的土地，并于 1456 年取得了从雅克·格尔（Jacques Cœur）处没收的洛阿内男爵领地，该领地于 1566 年上升为公爵领地。帕斯卡尔在 1660 年 8 月 10 日给皮埃尔·德·费尔马的信中写道："两个月以来，我尽量实现此事，即前往……普瓦图……并和普瓦图的总督洛阿内公爵一起，一直待到圣诞节。洛阿内公爵对我十分友好，而我却不值得他这样。"如果帕斯卡尔实现了他在信中提到的意愿，那么他很可能去过瓦隆城堡。不过，梅纳尔指出（1965），这个计划并没有下文。

这幅画是由路易·布丹（Louis Boudan）为收藏家罗歇·德·盖涅埃尔（Roger de Gaignières）创作的。它展示了瓦隆城堡在帕斯卡尔那个时代的主体和左翼部分的样貌。不过，入口那侧的内庭还是由一面墙封闭起来的，墙外设有吊桥，而右翼部分还没有建造。这些改造工程是在 1669 年至 1683 年间由拉费亚德（La Feuillade）元帅主持进行的。后者娶了洛阿内公爵的妹妹夏洛特·德·洛阿内（1633—1683）。公爵因为终身未婚，所以将财产让给了妹夫。画作边饰框里写着 1699 年，这个时间段里城堡正在被出售。蒙德斯庞夫人（Mme de Montespan）于 1700 年买下了城堡，她的族徽后来被加在了画作的上方。

五苏马车

33（图见第 74 页）

《国王诏书：同意在巴黎城内和市郊设立公共马车》（*Établissement des carrosses publics dans la ville et faubourgs de Paris, par lettres partentes du roi*）。巴黎，Guillaume Desprez 出版，1662 年

法国国家图书馆，哲学、历史和人文科学部，4° Li[16]. 5

帕斯卡尔参与的最后几项创新工作之一，是建立第一个城市公共交通系统。他和洛阿内公爵一道，是项目的发起人。1661 年 11 月 6 日的一份公证书中提到“两三年”前，他们一起“想到了模仿［乡下的］大型旅行马车，在巴黎城内和市郊创立马车系统，每个人只需花少量的钱便可购买一个位置”。公证书认证了由热衷该项目的四个投资人共同建立的公司，他们是：洛阿内公爵、柯莱南侯爵（marquis de Crenan）——他之前已经参与了普瓦图沼泽地的排干项目——大阿尔诺的侄子阿尔诺·德·奔本纳（Arnauld de Pomponne）和帕斯卡尔。在公证书中还有苏尔希侯爵（marquis de Sourches）的名字，尽管他并不是股东。与其他人不同的是，他将获得固定的年金，以酬谢他借宫廷大法官之职在获取各项不可或缺的诏书时所提供的帮助。诏书在 1662 年 1 月颁发，2 月随即展开试验，3 月 18 日，第一条公共马车线路正式开通，连接圣安托万门和卢森堡宫。交通服务由数位获得特殊运营权的人承担，共动用七辆马车。服务从早上 6 点开始，“白天每半刻钟”一班。公共马车并没有固定的站点，在其运行的线路范围随叫随停，不管旅客乘坐的路程长短，票价均是五苏。马车可供八人乘坐，带有巴黎城的纹章以供识别，车夫还穿着上方印有国王纹章、下方印有巴黎纹章的蓝色外套。高等法院决定，“所有的士兵、侍从仆役和穿有号衣的人，以及做粗活儿或者体力活儿的人”都禁止乘坐该马车，“以便给城市居民提供最大的自由和舒适”。

E'TABLISSEMENT

DES CAROSSES PVBLICS
dans la Ville & Faux-Bourgs de Paris.

*PAR LETTRES PATENTES DV ROY
Verifiées en Parlement & Enregiſtrées au Châtelet, & à l'Hoſtel de Ville*

N FAIT A SÇAVOIR, Qu'en conſequence des Lettres Patentes de ſa Majeſté, du mois de Ianuier de la preſente année mil ſix cens ſoixante-deux, Verifiées en Parlement le ſeptiéme Fevrier enſuiuant, & Enregiſtrées au Châtelet & à l'Hoſtel de Ville, les neuf & tréziéme de Mars enſuiuant, Pour l'établiſſement des Caroſſes publics, à l'inſtar des Coches dans la Ville & Faubourgs de Paris, pour la commodité des Bourgeois & Habitans d'icelle: On commencera Samedy dix-huitiéme iour de Mars à ſix heures du matin à faire partir leſdits Caroſſes, qui commenceront leur Route dans la ruë ſaint Antoine vis à vis de la Place Royalle, & de là iront iuſques à Luxembourg, paſſeront le

33 图

34

《国王之令。告知诸位第三条公共马车线路将于 1662 年 5 月 22 日周一开通》（*De par le Roy. On fait asçavoir que le troisiéme route des Carrosses publics sera établie le lundy 22, jour de may* 1662）。[巴黎]，1662 年

法国国家图书馆，阿瑟纳尔馆，4° J. 1183（64），本书未展示其图片

从 1662 年 3 月到 7 月，公共马车每月都新增一条线路，每条线路都与其他线路相连以确保可以换乘，一个公共交通网络便形成了。4 月

11 日，第二条线路开通，并伴随一些改善：首班车推迟到六点半，马车数量增加，取消预约马车的机制以确保更多旅客的使用需求。

第三条线路于 5 月 22 日开通。这条线路充分体现了它服务公众的目的。它“从蒙马特路到新圣厄斯塔西路”（rue Neuve Saint-Eustache），并一直延伸到正对卢森堡宫的图尔农路（rue de Tournon），途经位于科勒乃勒（rue de Grenelle）路的掌玺大臣官邸、奥尔良路的总检察官官邸和奥尔菲弗岸（quai des Orfèvres）的巴黎高等法院首席院长的官邸，目的在于为“那些需要与官印、卢浮宫、大咨政院（Grand Conseil）和司法宫打交道的人”提供便利，回应旧制度下的法国的需求：那时候的行政生活与法律文书密切相关。

35

《国王之令。为城市居民的便利，公共马车的第五条线路开通》（*De par le Roy. Cinquiéme route des carrosses publics pour la commodité des bourgeois*）。［巴黎］，1662 年

法国国家图书馆，哲学、历史和人文科学部，4° Li^{16}. 8，本书未展示其图片

1662 年 6 月 24 日，第四条线路开通。该线路为“巴黎环线”，其运营动用了 12 辆马车：它将之前的线路包围起来，力图“为联系巴黎所有街区带来便利”，也就是建造一个真正的线路网。由于该线路较其他线路更长，它被数个站点分割成了几个片段，超过这些站点时，乘客需要支付额外的五苏。

第五条线路于 7 月 5 日开通。第四条线路开通时，曾经宣告将再设立四条“横向线路”，而事实上，只有这一条真正投入到运营中。1662 年 8 月 19 日，帕斯卡尔在经受了两个月的疾病折磨后去世。马车线路网停止扩张，有可能与帕斯卡尔的离世有一定关系。

36

罗贝尔·南特耶：奔本纳侯爵（marquis de Pomponne）西蒙·阿尔诺·丹蒂耶（Simon Arnauld d'Andilly）肖像画。铜版画，1675 年

法国国家图书馆，版画部，Réserve Qb 201（170, 4）–Ft 4，本书未展示其图片

奔本纳侯爵西蒙·阿尔诺·丹蒂耶（1618—1699）是罗贝尔·阿尔诺·丹蒂耶的儿子。他在外交领域事业卓著，继而获得了外交部国务秘书（secrétaire d'État）的职务（1671—1679）。不过，他的仕途也非毫无坎坷，一方面是因为他与波尔 – 罗雅尔交往甚密，另一方面是因为他与富凯（Foucquet）的关系：他在 1660 年娶了后者的表亲，也参加了 1661 年 8 月 17 日富凯在沃 – 勒 – 维宫特（Vaux-le-Vicomte）城堡举办的那场著名宴会[①]，并在富凯失势时遭受牵连，不得不在 1662 年 2 月离开巴黎前往凡尔登（Verdun），开始了一段放逐生涯，直到 1665 年才重新回到巴黎。因此，五苏马车投入运营之时，奔本纳侯爵并不在巴黎，但是由于他与洛阿内公爵的关系，他也是股东之一，与帕斯卡尔一样，拥有六分之一的股份。帕斯卡尔对奔本纳侯爵颇为赏识，我们从洛阿内公爵于 1662 年 9 月 10 日写给侯爵的信中可窥见一二："我确信帕斯卡尔先生的离世让您深受触动。您必然感到失去了很多，因为他对您尤其欣赏。在我和他谈到您的时候，他特别乐于夸赞您。"几天前，也就是 8 月 29 日，奔本纳侯爵的妹妹，乡间波尔 – 罗雅尔修道院女院长昂热利克·德·圣让嬷嬷（Angélique de Saint-Jean），给他寄去了一份《祈祷上帝以询问如何正确地利用疾病》（展品目录 179）的抄本，上面附着这些话："我想，您对作者的欣赏以及主题本身的意义，能够让您即使

---

① 1661 年 8 月 17 日，财政总管富凯在他的宅邸，沃 – 勒 – 维宫特城堡举办了一场极其奢华的宴会，邀请时年 23 岁的路易十四和数百位宫廷贵族参加。根据一些历史学家的推断，富凯的财富已让路易十四心存不满，而这场宴会在很大程度上刺激了国王，直接导致了富凯的失势。同年 9 月 5 日，路易十四以贪污的罪名下令逮捕富凯，没收其财产，并将其判处终身监禁。富凯于 1680 年在狱中去世。——译者注

在作者死后也能与他交流，听到他向您敞开心扉。”

37

让·思蒙楠（Jean Simonin），艺名舍瓦利耶（Chevalier）：《五苏马车的故事》（*L'Intrigue des carrosses à cinq sous*）。巴黎，Pierre Baudouyn 出版，1663 年

法国国家图书馆，文学和艺术部，8° Yth. 9090，本书未展示其图片

让·思蒙楠是玛莱剧院（théâtre du Marais）剧团的一名演员，艺名舍瓦利耶，他的这部作品从1662年开始便在剧院上演。《五苏马车的故事》是一部喜剧，讲述了不忠的丈夫克里达芒（Clidamant）和好赌者克林多尔（Clindor）如何利用新兴的五苏马车的便利，东游西荡拈花惹草，或者参加赌局以致破产。玛莱剧团想充分利用公众对帕斯卡尔和洛阿内公爵的新发明的好奇心。1662 年 3 月 21 日吉尔贝特·贝里耶给远在凡尔登的奔本纳侯爵的一封信中描述了公共马车的巨大成功，也印证了公众的好奇心：“赞赏的声音是如此一致，甚至可以说从来没有什么事物能开这样的好头。第一天和第二天，所有人都在新桥上或者在其他街道上看马车通过，就像忏悔星期二[①]一样。看着所有的手工艺人都停下手中的活儿去看马车，真是一件有意思的事情。以至于那个周六，所有街道的人们什么都不干，就像是在过节一样。”

① Mardi gras，圣灰星期三的前一天，即大斋期开始的前一天。人们往往在那天举行狂欢庆祝活动。——译者注

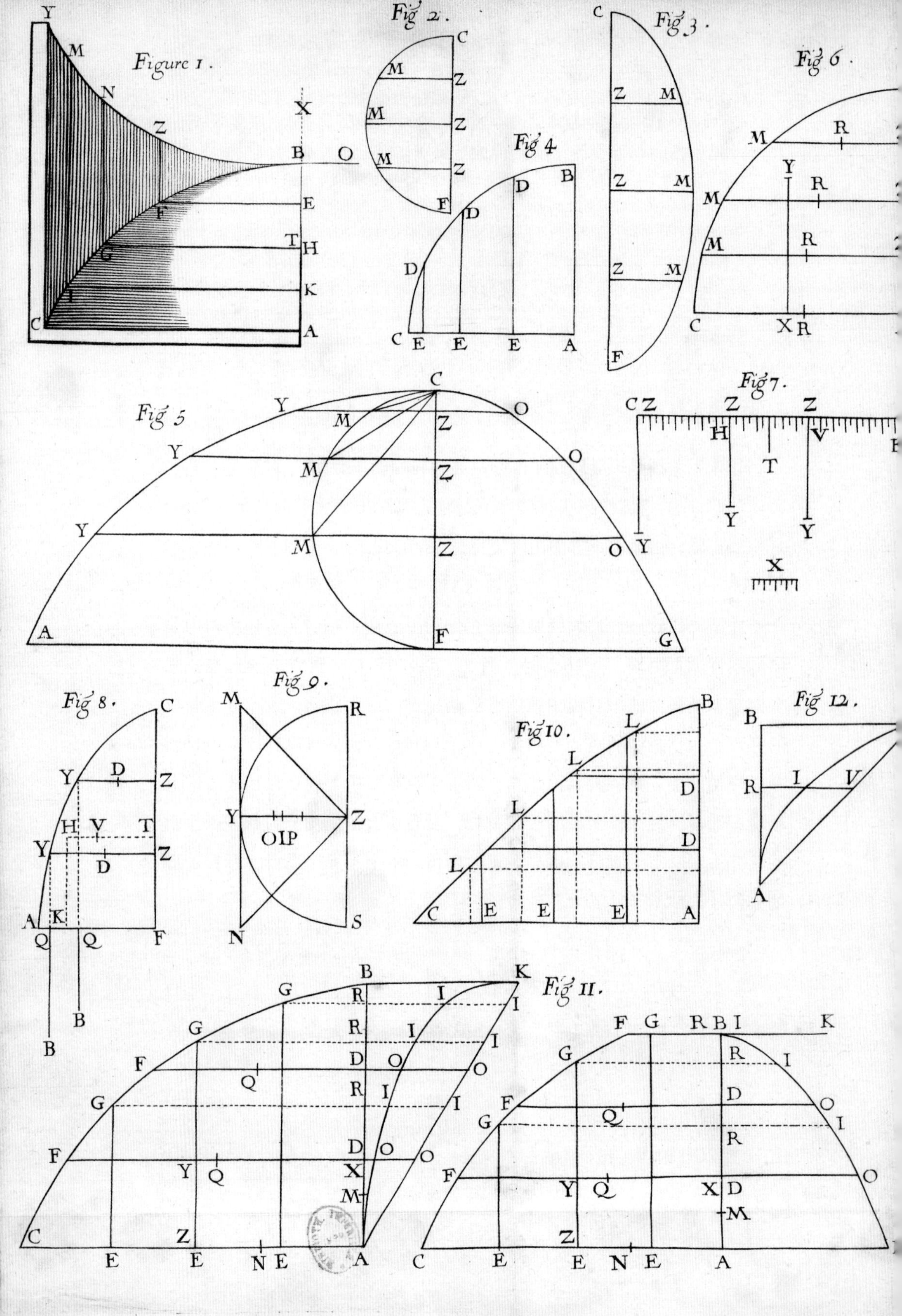
Figure 1.
Fig 2.
Fig 3.
Fig 4.
Fig 5
Fig 6.
Fig 7.
Fig 8.
Fig 9.
Fig 10.
Fig 11.
Fig 12.

精神的秩序

皮埃尔·尼科尔在《帕斯卡尔礼赞》（*Éloge de Pascal*）中写道："这个人生来是为了发现知识而不是学习知识的，对于普通人而言需要从古人的书中才能找到的东西，他从他那如同涌泉般的精神中就能汲取到。"在这本书中，每一句话都肯定了帕斯卡尔是一名天才，是思考的天才，也是言说的天才。"帕斯卡尔先生的杰出之处在于，他的精神是如此渊博、丰富和敏锐，我不知道是否有人能够与他媲美。这精神便是那亮光的源泉，这亮光穿透一切，使他能够进入到每个事物最为隐蔽和最为深刻的部分，使他能通过口头，或者通过书写来解释他的思想。他的雄辩是激烈的，充满了生动而新颖的词语和表达，但它们同时又自在轻快，更多地源于作者自然的本性而不是对语言技巧的掌握。"创作和表述在帕斯卡尔那里是合二为一的：它们是同一个思维艺术的两个面。他同样成功地掌握了科学知识和修辞艺术，却将二者像圆规的两只脚一样，尽量地分开。帕斯卡尔的理性思维极力达到普通理性所能触及的边界，在那里，具象的思维不再能够起作用，思想面向的是不曾谋面的、令自己困惑的新天地：真空、偶然、无限以及超越了事物属性的恩典（grâce）。因此，不管是从少年时期便开始酝酿的圆锥曲线，还是成熟时期的写作，如涉及科学的《A. 德通维尔书信集》（*Lettres de A. Dettonville*，1659）和书信形式的《致外省人信札》（1656—1657），它们的一致之处不仅在于逻辑的至高无上的地位，还在于那始终处于消失点上的思考：从第一个思考的对象——几何学上的"无穷远点"开始，精神逐渐找到了它的运作方式。

← **图 90** 《A. 德通维尔书信集》（卷尾四个几何图示中的第一个）

LA GEOMETRIE

Ienseigne a compasser, du monde lestendue,
j'aprens a dessinir, les lignes et les pointz.
Ie reduitz en quaré, les tortueux recoins
Mesurant Tous les lieux, qui tombent soubz la veue.

Ie monstre aux matelotz, la route sur les mers,
Les rochers, les escuells, les rades & les plages
j'aprens aux studieux, de çent peuples diuers,
Le langage & les moeurs, sans faire aucuns voijages.

Huret Inuentor · Rousselet fecit · de l'impression de Mariette Auec Priuilege

几何学家帕斯卡尔

多米尼克·德斯科特

帕斯卡尔在法国文学界是一个特例，在他身上聚集着往往被认为是不兼容的特性。他是几何学家、物理学家、作家和论战家，他以体弱多病著称，这使人们往往忽略他也是一个企业家和一个行动派，能够在被警察追踪的时候隐藏起来。在他眼里，几何学是“世界上最美好的技艺（métier）”。[①] 埃万杰利斯塔·托里拆利[②] 写到，在“七艺”[③] 中只有几何能够给精神带来一种力量，它在建筑、航海和战争领域的作用超过其他六艺。帕斯卡尔在《论几何学精神》（展品目录 145）中的一段话对此做出了回应：这门科学“建立在真正的方法之上，这个方法能够在各个问题上引导推理，但却被大多数人忽视，而推理又是如此重要，通过经验我们可以看到，在同样的心智和同样的条件下，懂得几何学的人能够超过他人，并且获得全新的力量”[④]。

---

① 《帕斯卡尔 1660 年 8 月 10 日致费马的信》，收录于《帕斯卡尔全集》，第四卷，梅纳尔版，巴黎，Desclée de Brouwer 出版社，1992 年，第 922—923 页。

② Evangelista Torricelli（1608–1647），意大利物理学家、数学家，以发明气压计而闻名。——译者注

③ Arts libéraux，指语法、修辞、逻辑、算术、几何、音乐和天文。——译者注

④ 《论几何学精神》（*De l'esprit géométrique*），I.《对几何学的总体思考》（《帕斯卡尔全集》，第三卷，第 391 页）。

← 图 147a

就像帕斯卡尔在给费马的信中所说的那样[①]，几何学从本质上来说是“一项技艺”，但是，如果认为它只是一种狭隘的科学则是错误的。

他是几何学家、物理学家、作家和论战家，企业家和行动派。但在他眼里，几何学是“世界上最美好的技艺”。

帕斯卡尔会如此赞誉几何学，不仅因为后者为机械艺术、建筑、透视、绘画、日晷制造和音乐提供了理论基础，还因为他自己也为其带去了一种被威廉姆·西雅称为“非常规的”（unconventional）[②]精神。

首先这源于他的学习经历：他的父亲埃蒂安·帕斯卡尔没有让他参加学校教育。埃蒂安不允许布莱斯在掌握古典语言之前接触数学。这条规定现在一定会让教育家和学生家长大喊不公，但其实是很有道理的：新几何学是大量吸收了阿基米德[③]、阿波罗尼奥斯[④]、丢番图[⑤]等数学奠基人的研究，而在那个时候，古希腊语和拉丁语是直接进入这些作品的不可或缺的工具：掌握这两种语言，才可以不受那些质量堪忧的法语译作的束缚。

其次便是他的交际圈子。布莱斯先后参加了梅森学院和勒巴耶尔（Le Pailleur）学院的聚会。这些圈子给它们的成员很多自由创造的空间。在那里，帕斯卡尔接触到了一些才智独特之人：最小兄弟会的马林·梅森修士主持着一个囊括了大量欧洲学者的学院，并自豪地称这个学院是“完完全全数学的”[⑥]；吉尔·佩尔森·德·罗贝瓦尔是法兰西皇家公学院

---

① 《帕斯卡尔全集》，第四卷，第 922—923 页。

② William R. Shea：《设计实验和机会游戏，帕斯卡尔的非常规科学》（*Designing experiments and games of chance, The unconventional science of Blaise Pascal*），坎顿（Canton，美国马萨诸塞州），科学史出版社（Science History Publ.），2003 年。

③ Archimedes，古希腊数学家、物理学家、天文学家、工程师，生活于公元前 3 世纪，提出著名的阿基米德浮体原理、杠杆原理等。——译者注

④ Apollonius，古希腊几何学家，生活于公元前 3 世纪，著有《圆锥曲线论》《论切触》等。——译者注

⑤ Diophantus，古希腊亚历山大城数学家，生活于公元前 3 世纪，著作有《算术》。——译者注

⑥ 1635 年 5 月 23 日梅森致贝雷思科（Peiresc）的信，收录于《马林·梅森通信集》，第五卷，Tannery 和 De Waard 版，CNRS 出版，1959 年，第 209 页。

（Collège royal de France）的教授，据说他私藏了很多数学上的发明；吉拉尔·德扎尔格发明了射影几何[①]；更不用说帕斯卡尔同笛卡尔以及皮埃尔·德·费马之间的通信。

1654 年，帕斯卡尔为勒巴耶尔学院写了一封名为《致著名的巴黎数学学院》[②]，其中所总结的研究活动的丰富程度令人惊叹。它也让我们知道了有多少东西已经遗失。帕斯卡尔只发表他觉得已经彻底完成的作品。因此，他关于日晷制造和透视学未出版的研究，以及他制作"幻方"（carré magique）和"魔法幻方"（carré magico-magique）[③]的方法没能流传下来。他讨论圆锥曲线的论文，《关于圆锥曲线的完整研究》（*Conicorum opus completum*）（展品目录 43），让梅森大加称赞，而它只留下了几页[④]。即使帕斯卡尔已出版的作品从来不是长篇巨制，而他所撰写的都是与他所研究的问题密切相关的内容。他在与费马的通信中提到，他创造了"机遇的几何学"（géométrie du hasard）[⑤]，可以研究三个及以上玩家参与的赌局[⑥]。由于他的算术三角形能研究两个玩家的赌局，他止步于此，只说他"写了一篇研究数局赌博的小文，它可以提供更进一步研究的思路和方法"[⑦]。事实上，1656 年的书信，表明他确实攻克了更加复杂的全新问题，但是我们不知道他的解决方法是什么。《思想录》的手稿也带有一些几何学研究的痕迹，但是研究对象却不可知。

---

① 射影几何是关于几何图形经过投影变换后，仍然不会变化的几何性质的研究。——译者注

② 《帕斯卡尔全集》，第二卷，第 1031—1035 页。

③ 《帕斯卡尔全集》，第四卷，第 1586—1600 页。

④ 《圆锥曲线概论》（*Generatio conisectionum*）（《帕斯卡尔全集》，第二卷，第 1108—1119 页）：《圆锥曲线概论》是第一部分的题目，仅有这部分被莱布尼茨保存了下来，关于作品的其他部分，莱布尼茨只留下了一些笔记。参见勒内·达同（René Taton）：《吉拉尔·德扎尔格的数学研究》（*L'Œuvre mathématique de Girard Desargues*），巴黎，PUF 出版社，1951 年，第 17—72 页。

⑤ 这个名称出现在《致著名的巴黎数学学院》中（《帕斯卡尔全集》，第二卷，第 1035 页）。

⑥ 《帕斯卡尔和费马的书信》（《帕斯卡尔全集》，第二卷，第 1136—1158 页）。

⑦ 《论算术三角形》（*Traité du triangle arithmétique*）：《通过运用算术三角判断两个玩家分几局进行的赌局的赌金分配问题》（Usage du triangle arithmétique pour déterminer les partis qu'on doit faire entre deux joueurs）（《帕斯卡尔全集》，第二卷，第 1320 页）。

帕斯卡尔的节制和梅森的大量出版形成鲜明对比，而从科学的角度来讲，后者的可靠性往往略微逊色。

帕斯卡尔的灵感来源广泛。他汲取各个时代的数学研究成果。人们说帕斯卡尔没有领会到笛卡尔的代数的丰富内涵，但是他赞美了与之接近的勒内－弗朗索瓦·德·思吕斯（René-François de Sluse）（展品目录 79）的“新分析”。《论算术三角形》① 一文（展品目录 70）囊括了从古代到 17 世纪的数学领域。他首先分析了有形数 ②（nombres figurés），即能排列成三角形、四边形、五边形等的数，其讨论可以追溯到毕达哥拉斯学派。随后，他讨论了 16 世纪热衷的组合问题。最后，“机遇的几何学”，即概率论的前身，在帕斯卡尔看来是“全新的研究，对象是以前从未涉足的领域” ③。换句话说，这篇短小的论文依靠算术三角将关系遥远的不同领域连接起来，对整个数学研究史进行了展望。

帕斯卡尔也从他当时的技术发展现状中吸取灵感。从这个角度来看，最值得瞩目的便是加法器（展品目录 13）的发明。它把身体的秩序和精神的秩序联系到一起：这项发明是“自然中的新生事物”，它“把一门完全存在于精神之中的科学变成了一个机器”，使得“完全准确却又不依靠思考” ④ 的操作成为可能。帕斯卡尔发明了三种而不是一种计算方式，以适应不同的用途：抽象的计算、用于财政的计算，以及用于丈量建筑物的计算。用于记录的齿轮有不同类型，与计算所需使用的单位进制有关：对于基数为 10 的抽象运算，所有的齿轮都有 10 个齿；但是对于财政计算，有一些有 10 个齿，有一些有 20 个或者 12 个，因为 1 利弗尔等于 20 苏，而 1 苏等于 12 德尼尔。实践又将从理论那里借鉴的东西还给理论。很有可能是实践激发了帕斯卡尔思考基数的问题，他思考基数为 12 的好处，

---

① 巴黎，G. Desprez 出版，1665 年（《帕斯卡尔全集》，第二卷，第 1176—1332 页）。

② 有形数（nombre figuré）是可以排成有一定规律形状的数。——译者注

③ 《致著名的巴黎数学学院》（《帕斯卡尔全集》，第二卷，第 1035 页）。

④ 吉尔贝特·贝里耶：《帕斯卡尔先生的一生》（首版）（《帕斯卡尔全集》，第一卷，第 576—577 页）。

并且想到“十进位计数法源于……人们的约定，而不是像民众所想的那样建立在必然的基础之上，这种方法值得商榷”[①]。

丰富的知识来源并没有让帕斯卡尔成为一个学者，一个“学究”。他的思维和行为方式都是“绅士”（honnête homme）式的，甚至在数学问题上。

帕斯卡尔的思维和行为方式都是“绅士”式的，甚至在数学问题上。这首先表现为他努力使自己的研究跨出学者圈子，为大众所了解。

首先，他努力使自己的研究跨出学者圈子，为大众所了解。不要以为创立新的数学语言比创立新的文学语言更容易。需要深刻的思考才能构建出一套法语词汇来解说全新的理论，比如“不可分量原理”（doctrine des indivisibles）[②]，更或是“机遇的几何学”，来表达诸如“机遇数”（nombres des hasards）“一个玩家的赌金分配”［parti(s) d’un joueur］和“一局的价值”［valeur(s) d’une partie］[③]等复杂的概念。在文艺复兴时期，人们曾努力试图用法语写数学问题。17 世纪仍旧是拉丁文的天下，但是随着科学的趣味在上流社会流行，法语逐渐获得了一席之地。帕斯卡尔属于那群成功打造了一门可供探讨新兴科学的语言的人，这语言综合了双重特性，既严谨又便于有教养的爱好者理解。他用一版主要部分都由法文撰写的《论算术三角形》（*Traité du triangle arithmétique*）[④]，取代了第一版拉丁文的《论算术三

① 《论算术三角形》：《论可仅通过计算其数字之和而被识别出的其他合数》（De numeris multiplicibus ex sola characterum numericorum additione agnoscendis）（《帕斯卡尔全集》，第二卷，第 1273 页）。

② 《A. 德通维尔书信集》（*Lettres de A. Dettonville*）：《致卡尔卡维先生的信》（Lettre à M. de Carcavy）（《帕斯卡尔全集》，第四卷，第 424 页）。

③ 参见《通过运用算术三角判断两个玩家分几局进行的赌局的赌金分配问题》（《帕斯卡尔全集》，第二卷，第 1308—1320 页）。在当时，“parti”一词指的是“partage”（分配），即不同玩家抵押的钱财的分配。显然，不可混淆“parti”（分配）和“partie”（游戏的局）这两个单词。

④ 《论算术三角形，附加与此相关的几篇小论文》（*Traité du triangle arithmétique, avec quelques autres petits traitez sur la mesme matière, par Monsieur Pascal*），巴黎，G. Desprez 出版，1665 年。主体为法文部分，附加有第一版的拉丁文文本的一部分。关于这个双重版本，参见让・梅纳尔的说明（《帕斯卡尔全集》，第二卷，第 1166—1175 页）。

角形》(*Triangulus arithmeticus*)[①]。随后他出版了《A. 德通维尔书信集》(展品目录 90)[②]，其中使用的法文获得了尼古拉·布尔巴基[③]的赞赏，称这种法文让人觉得能够彻底地了解这个领域，而事实上还需要等待好几个世纪，这些领域方可达到“彻底的清晰”[④]。他的所有关于物理学的创作也都是由法文写成，这大大地推动了《关于真空的新实验》(展品目录 52)一书在学术领域以及上流社会的成功。并且，帕斯卡尔知道如何将科学思辨与宣传技术结合起来，例如在《关于液体平衡的重要实验之报告》(展品目录 59)中，多姆火山(puy de Dôme)的实验被活灵活现地呈现于纸上，穿插其中的弗洛朗·贝里耶(Florin Périer)的信件讲述了实验的波折，使叙述充满生气。《对好奇参观与使用加法器之人的必要指导》(展品目录 14)一文更是如此。帕斯卡尔早在三个世纪前就采用我们今天通过广告而熟知的各类宣传论点，并且语言风格完全契合上流社会这一对象：简单的使用方法、容易的工序、人机工程学，以及仪器的坚固，后者通过了“仪器在经历了 250 古里[⑤]的运输后毫无损伤”[⑥]的实验。帕斯卡尔没有错过任何可以吸引顾客的论据，仪器还被献给了当时有名望的大人物，掌玺大臣塞吉埃(展品目录 13)。但这并不妨碍帕斯卡尔提出深刻的、仍然适用于现代计算机技术的工程学思考。批评加法器复杂的内部结构是不恰当的，因为多亏如此，仪器的使

---

① 这个版本基本上被帕斯卡尔销毁了。参见《帕斯卡尔全集》，第二卷，第 1176—1287 页。这个首版的拉丁文版仅留下了 1 册，现存于克莱蒙文化遗产图书馆(Bibliothèque du Patrimoine de Clermont-Communauté)。

② Amos Dettonville，帕斯卡尔的笔名之一。这个名字是 Louis de Montalte 另一个笔名的易位构词(anagramme)。——译者注

③ Nicolas Bourbaki，20 世纪一群法国数学家的笔名，撰写了长篇巨著《数学原本》。——译者注

④ 尼古拉·布尔巴基：《数学史基础》(*Éléments d'histoire des mathématiques*)，巴黎，Masson 出版社，1984 年，第 215 页。

⑤ Lieue，法国古代距离计量单位，约等于 4000 米。——译者注

⑥ 《对好奇参观与使用加法器之人的必要指导》(《帕斯卡尔全集》，第二卷，第 337—338 页；梅纳尔注意到这个距离约为鲁昂与克莱蒙之间往返一次旅途的距离)。

用才能简单方便。

莱昂·布伦施维格认为[①]，帕斯卡尔的独特才华在于他毫不犹豫地投入到新颖的数学工具的制作中，因为这能启发新的理论，或者把看起来不相干的数学领域连接起来。

他提出的原理经常和常识相反。比如上文提到的《论算术三角形》中阐述的“机遇的几何学”。帕斯卡尔没有把这个问题看作是“概率”（probabilité）问题（他从未在此背景下使用过这个词），而是“分配”（parti）问题，即在特定时间，每个玩家如何成比例地根据其所占优势来分割（partage）赌金。他把玩家通常的心态反了过来：玩家通常或多或少地认为他们所赢的钱始终是属于他们的，而帕斯卡尔则断言“要理解赌金的分配规则，第一件必须做的事情，便是要认定玩家投入赌局中的钱不再属于他们，因为他们放弃了其所有权”[②]。一场赌局应该被定义为玩家间的联合协议，他们由此购买了“根据他们事先约定的条件，等待机遇所能带给他们的金额的权力”[③]，就像购买了一张彩票一样。

另一方面，对赌金分配的计算与其他数学方法相反，后者力图依照一些建立在事实基础之上的原则：常识认为赢了越多的局，就具备了获得更多赌金的资格，于是人们以为可以通过一个玩家已经赢得的局的数量来计算他的优势。帕斯卡尔提出，恰恰相反，应该依据玩家失去的局，也就是说还没有进行的局，来判断他的“优势”。因此，帕斯卡尔在赌博的最终时刻寻找他推理的原则：因为不管每局赌博如何进行，结束的时候一名玩家必定赢得所要求的局数，拿走所有的赌金，而另一名玩家则一分钱也没有。从这个情况出发，便可能计算出每个玩家都输掉一局

① Léon Brunschvicg：《帕斯卡尔的天才》（*Le Génie de Pascal*），巴黎，Hachette 出版社，1924 年，第 14 页及以后。

② 《论算术三角形》：《通过运用算术三角判断两个玩家分几局进行的赌局的赌金分配问题》（《帕斯卡尔全集》，第二卷，第 1308 页）。

③ 同上。

时赌金的“分配”，然后计算出“一名玩家输掉一局而另一名输掉两局”[①]时的分配。如此，从后至前对每种情况进行分析，便可以计算出特定时刻赌金的分配。这个异乎寻常的方法意味着推论建立在也许永远也不会发生的局之上，帕斯卡尔对此毫不遮掩。不管问题多么“与实验相悖”，“它不会超越理性的范围”，“通过结合数学论证和机遇的不确定性”，它可以“合理地获得这个奇特的名称：机遇的几何学”[②]。

《圆周曲线论》也十分独特。其灵感来自吉拉尔·德扎尔格（展品目录41）的《圆锥与平面相交结果的初步研究》这一关于圆锥截面的论文[③]。例如“平面里的无穷远点”（point à l’infini）便是如此。帕斯卡尔认为这是那些“无法理解”却“仍然存在”的东西之一（S. 182）：如何想象这样一个被定义为永远不可及的点？更何况，由它引申出了似乎与欧几里得几何相反的定律：“两条及以上直线，不论其位置如何，总是共点的（concourant），要么相交于有限远的同一点，要么它们是平行的，相交于无穷远点。”[④]两条共点的直线相交，这是大家公认的定义。把平行线也列入这个范畴，认为它们相交的点在无穷远，自然会令人十分惊讶。

然而，从这样一个奇怪的定义中引申出了重要的结论。想象一个被平面截取的圆锥。如果这个平面和圆锥的轴垂直，那么交点形成一个圆圈（图1）。如果将平面倾斜，相交处为椭圆，我们可以将它看作圆锥底部圆周的象（image），因为底部圆周的每一个点都在椭圆上有所对

---

① 《论算术三角形》：《通过运用算术三角判断两个玩家分几局进行的赌局的赌金分配问题》（《帕斯卡尔全集》，第二卷，第1311页）。

② 《致著名的巴黎数学学院》（《帕斯卡尔全集》，第二卷，第1035页）。

③ Girard Desargues：《圆锥与平面相交结果的初步研究》（*Brouillon projet d’une atteinte aux événements des rencontres du cône avec un Plan*），无出版地址（巴黎），1639年。参见勒内·达同，引前书（注释13）。关于帕斯卡尔和德扎尔格的关系，参见让·梅纳尔：《德扎尔格和帕斯卡尔》，收录于让·东步厄（Jean Dhombres）和诺埃尔·萨卡洛维奇（Joël Sakarovitch）主编：《德扎尔格和他的时代》（*Desargues et son temps*），巴黎，Blanchard出版社，1994年，第87—99页。

④ 《圆锥曲线概论》：《定义3》，《帕斯卡尔全集》，第二卷，第1111页。

应（图 2）。

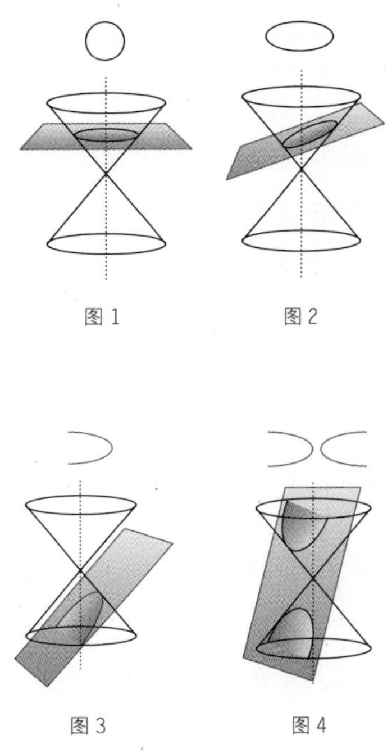
图 1 图 2 图 3 图 4

如果将相割的平面再倾斜，让它与圆锥的一条母线（génératrice）平行，这样，所有经过圆锥顶点的直线都与平面相交于一点，除了一条（平行的那条母线），它们的交点被抛到了无限远：截面是一个抛物线，其中缺少了一点，因为它被抛到了无穷远，因此弧线“包含了一个无限的空间”（图 3）。如果将平面再倾斜，使它与圆锥的两条母线平行，弧线则成为了双曲线，其中的两点（而不只是一点）被抛到了无穷远，并且它包含了两个无限的空间（图 4）。

通常，几何学家都是分开研究这些圆锥曲线的。德扎尔格和帕斯卡尔创立了一个独一无二的理论：如果只考虑到一些情况包含了对无限元素的考查，一个圆圈确立的属性能够被延伸到所有的“圆锥曲线”之上。在他的《圆锥曲线概论》和《几何学导论》[①] 中，帕斯卡尔在双重意义上为一个新几何学开辟了道路。这种几何学根据相互位置而不是尺寸来考虑图形：它由此开创了“拓扑学”[②]。另一方面，这种几何学研究当投影在平面上产生不同曲线时圆圈的变化：这一射影几何后来在 19 世纪被彭赛列（Poncelet）再度发掘。

这种几何学不可避免地会导致一些思维方式的转变。想象一个圆心为 O，半径为 OA 的圆，根据定义，它的圆周为与中心等距的所有点的

① 帕斯卡尔创作的《几何学导论》（*Introduction à la géométrie*）源自与安托万·阿尔诺的友谊竞赛，流传至今的只剩下了由莱布尼茨保留的开头部分。参见《帕斯卡尔全集》，第三卷，第 435—437 页。

② 拓扑学是研究几何图形或空间在连续改变形状后还能有一些性质保持不变的学科，它只考虑物体间的位置关系而不考虑它们的形状和大小。——译者注

帕斯卡尔在双重意义上为一个新几何学开辟了道路。这种几何学根据相互位置而不是尺寸来考虑图形（开创了“拓扑学”），它通过平面上的投影而研究圆圈的变化（射影几何将在19世纪被再度发掘）。

集合。半径OA逐步增长则圆周的弧度会相应降低。半径的长度变为无限长时，圆周则会从弧形变化为直线。直线即半径长度为无穷的圆。但这一构建方式就意味着，直线的两端虽然在反方向渐离渐远，却在无限远处相交，也就是说，与直觉相反，一条直线不是拥有无限远离的两个点，而是一个点。

《A. 德通维尔书信集》（展品目录90）是帕斯卡尔（用他其中一个笔名）出版的最后一部作品，意图解决和旋轮线（摆线）相关的问题。它通过巧妙地结合算术与几何，提出了类似的悖论。

帕斯卡尔在《论几何学精神》（De l'esprit géométrique）[①]一文中提出，存在着不同类型的量值（grandeur），我们将它们称作“异质性的”（hétérogène），因为它们之间没有关联：线和面之间没有“比例”关系；因为线只有一个维度，所以通过并列线我们并不能得到有着长度和宽度的面。同样，通过累积没有厚度的面，我们永远都不可能得到三维的体。但是，在《A. 德通维尔书信集》[②]中，帕斯卡尔利用算术的语言超越了这一规则。比如，他毫不犹豫地说，半圆CMF的面是直径CF上的所有横截线（ordonnée）ZM[③]的“和”（somme）。不过，他知道那些纯粹主义者会为此愤怒不已，因此特意解释了他的想法。他的方法建立在一个约定之上，即当使用线ZM（这是一种更低的类别）之“和”来表达如半圆CMF的表面这一量时，暗示了一个维度来重建齐次性：

① 《论几何学精神》：I.《几何学思考概论》（《帕斯卡尔全集》，第三卷，第402—406页）。

② 《A. 德通维尔书信集》：《致卡尔卡维的信》（Lettre à Carcavy）（《帕斯卡尔全集》，第四卷，第414页及以后，关于“三角形之和”的定义）。

③ 帕斯卡尔将与直径CF垂直的线段ZM称为“横截线”（ordonnée），它们由CF的等分点Z决定，后者将CF划分等长的线段ZZ。ordonnée一词源于拉丁文ordinatim applicatae，后者出现在古希腊几何学家作品的拉丁文译文中。如果将与直径CF垂直的线段视作由曲线CMF上的均分点M所决定，帕斯卡尔则将它们称为“sinus”ZM。这里的ordonnée和sinus显然和今天的意义不同。

当他谈论 ZM 横截线时，他意指一个长方形（ZZ. MM[①]），后者建立在横截线 ZM 之上，乘以无限小的一段（portion）ZZ。这些长方形的和自然能产生一个面，帕斯卡尔简称之为“ZM 之和”。如果我们在直径 CF 上取数量众多的小段 ZZ，并且令它们的长度越来越短，那么由这些长方形构成的阶梯状的多余部分也会减少，并最终消失：所有横截线 ZM 的面则与半圆的面重合了（图 5）。

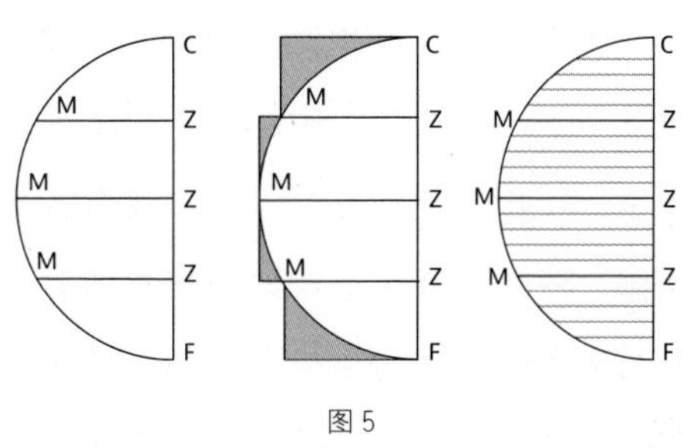

图 5

也可以通过同样的方法来累积面。比如，当我们说“四方形之和”的时候，应该理解为一系列厚度为 α 的平行六面体，它通过无限的分割与一个金字塔形重合，而后者的体积，是把它包含在内的立方体的三分之一（图 6）。

帕斯卡尔毫不犹豫地把这种方法普遍化，设想弧线 CM 之和，其中每个弧线 CM 都被“乘以”无限小的一段（CZ），该和就产生了一个曲线面。他同时还将横截线和弧线组合在一起，讨论“混合线 ZMC 之和”。后者由一条横截线 ZM 和一条弧线 MC 合成，乘以线段 ZZ[②]（图 7）。

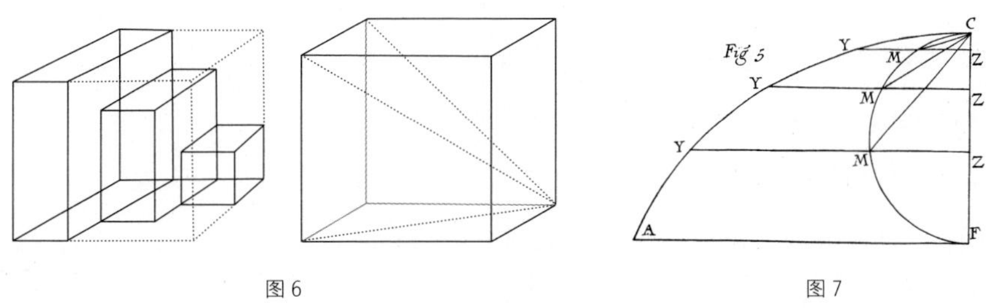

图 6　　图 7

① 在当时的几何语言中，将一个线段“乘以”另一个线段，是指组成了长宽各为这两条线段的长方形。参见《A. 德通维尔书信集》：《致卡尔卡维的信》（《帕斯卡尔全集》，第四卷，第 424 页），以及《论直角三边形》（*Traité des trilignes*）的通用预备定理（《帕斯卡尔全集》，第四卷，第 442 页）。

② 《A. 德通维尔书信集》：《旋轮线总论》（Traité général de la roulette）（《帕斯卡尔全集》，第四卷，第 513 页）。

他还把乘积再相乘：他求横截线长度的立方之和，其中每一个立方乘以一个小线段后，便达到了四个维度，他还把正方形的面积平方后再求和，如此便达到五个维度，最后，他还计算“混合线”的平方和立方之和，将读者带到了常规几何学的界限之外，到达一个存在着欧氏几何中无法实现的几何体空间，度量这些几何体的唯一办法是无法可视化的纯粹计算（calcul aveugle）。

这些发明并不是在炫耀无谓的技巧，读者常常惊讶地发现，自己能明白它们的含义。

帕斯卡尔还发明了被他称作“三角形之和”（sommes triangulaires）[①]的东西。现代数学家已经完全忘记了它的存在。几个不同量值 A、B、C、D 并以 A 开始的三角形之和为第一个量值一次，第二个两次，第三个三次等，即：

A　B　C　D

　　B　C　D

　　　　C　D

　　　　　　D

= A + 2B + 3C + 4D.

在《A. 德通维尔书信集》中，帕斯卡尔将这个操作应用到直角三边形（triligne）ABC 的横截线上，从而得到了一个阶梯型的立体物，他称之为“直角三边形横截线的三角形之和”[②]（图 8）。读者很难理解这类奇怪的和的用途在哪儿。

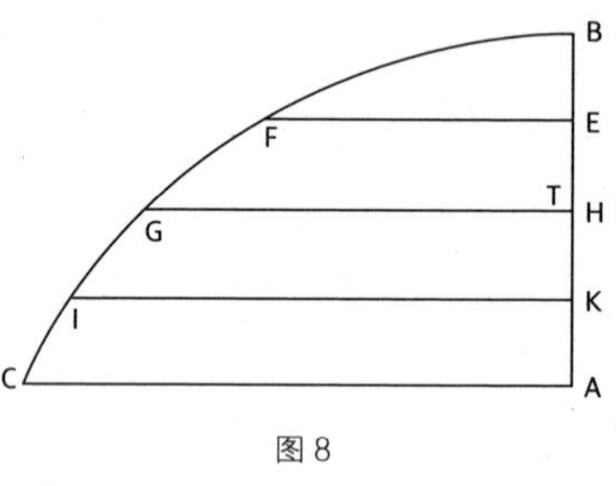

图 8

① 《A. 德通维尔书信集》：《致卡尔卡维的信》（《帕斯卡尔全集》，第四卷，第 413—414 页）。

② 关于“横截线”一词的定义，参见 90 页注释 3，帕斯卡尔在《致卡尔卡维的信》一文中定义了直角三边形（《帕斯卡尔全集》，第四卷，第 433 页）。

帕斯卡尔把直角三边形 ABC 的线段 AB 比作天平的一条臂[①]，上面悬挂着直角三边形 CIKA、IGHK、GFEH 和 FBE 的一部分，它们被视作像天平上的重物。假设这个天平悬挂在 A 点：读者看到每个“重物”产生的力量与其同天平重心的距离成正比：第一个量 CIKA 产生的力为它自身重量的一倍，只被计算了一次；第二个量 IGHK，距离天平重心的距离为 AH，增加了一倍，它产生的力为其重量的两倍，并且被计算了两次；第三个量 GFEH，其力量为其重量的三倍，被计算了三次，依此类推（图 9）。由此，相加到最后——虽然读者之前难以明白其含义——，读者真切地透过整个立体物看到几何空间中那作用于 AB 臂上的不可见的力量。通过这个比喻，他的视角得以展开，能够更好地理解帕斯卡尔对体的重心问题的阐述。

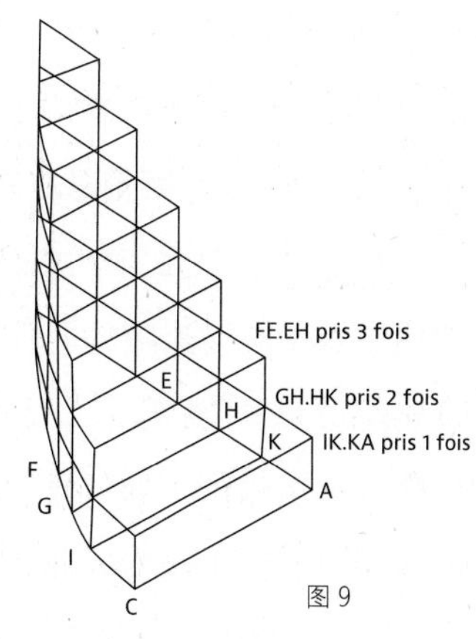

图 9

在数学之外，几何思维也提供了丰富的模型。

在他未完成的《论真空》[②] 的引言中，帕斯卡尔区分了两种类型的知识：建立在理性和感觉之上的科学和建立在权威基础上的科学。

前者的研究对象是理性和感官能直接认识的东西，每个人都拥有这些天生的能力，通过自身力量便可知道原理，并且不需要借助外界帮助就能得出结论。由此，数学研究能够自由深入下去，永恒地进步着；因

① 参见《A. 德通维尔书信集》：《致卡尔卡维的信》（《帕斯卡尔全集》，第四卷，第 421 页）。皮埃尔·柯斯达贝尔（Pierre Costabel）研究过这个用天平的机制来思考几何学的方法，《〈旋轮线总论〉的秘密》（*Essai sur les secrets des Traités de la roulette*），收录于《帕斯卡尔的科学作品》（*L'Œuvre scientifique de Pascal*），巴黎，PUF 出版社，1964，第 169—206 页。

② 帕斯卡尔只撰写了《论真空》的一些片段（《帕斯卡尔全集》，第二卷，第 787—798 页），却从未完成此书。不过，他写了一篇《引言》，虽然也未完成，但该文是科学方法论的重要篇章（《帕斯卡尔全集》，第二卷，第 777—785 页）。

此几何学可以提出无限多的命题。由于这个原因，它始终是片面和未完成的：没有一种普遍的数学（mathesis universalis）。但是，它完全不依靠权威——任何人，哪怕是以亚里士多德的名义，都没有能力强加某种命题。

物理学不似几何学那么确定，它模仿后者，着手实验。实验是“物理学中真正应该追随的老师”[①]。当帕斯卡尔在圣瑟韦（Saint-Sever）的玻璃作坊开展“新实验”，以期在15厘米的玻璃管上方制造出真空的时候，他就是这么做的。通过这些令人惊叹的实验，他综合了流体静力学的理论，后者适用于所有的液体。《液体平衡论》（展品目录 63）解释了为什么液体“根据它们的高度”产生重量，它们如何去平衡一个“固态的物体”或者那些“注入到水中的”可压缩或不可压缩的物体。《大气重力论》从“空气有重力”这个原则出发，一点一点地推导出大气压力的特性：“因为空气的每个部分都有重力，所以说整个空气，也就是整个大气层，都有重力”；“正如大气层的体积并非无穷无尽而是有着边界，所有空气的重力也不是无限的”；“就像水桶装满水的时候，桶底受到的水的重量的挤压，比只有半桶水的时候更多，并且水的高度越大，所受力量越大，相比于低洼的地方比如山谷，高的地方比如山顶，受到的大气重量的压力更小，因为山谷上面的空气比山顶上的空气多”[②]。随后的几章讨论了在生活中对这些原理的利用：正因为空气的重力，“在使用火罐时，肌肉会隆起”，“婴儿能够从乳母那里吮吸到奶汁”，“呼吸时能吸到空气”[③]。同样在物理学中，权威没有任何位置（除了在对实验的描述中，该描述必须可信）。

就像我们刚才在分析几何学的时候所看到的那样，想象并不总是

---

① 《液体平衡与大气重力论》（*Traités de l'équilibre des liqueurs et de la pesanteur de la masse de l'air*）：《结论》（《帕斯卡尔全集》，第二卷，第 1101 页）。

② 《大气重力论》，第一章（《帕斯卡尔全集》，第二卷，第 1062—1063 页）。

③ 同上，第二章，第二节（《帕斯卡尔全集》，第二卷，第 1077 和第 1079—1080 页）。

"骗人的力量"①，当需要展示不太常见的效果时，它能起到作用。当帕斯卡尔需要证明"由于空气体积的增减会导致其重力所产生的效果的增减，所以如果置于大气之上或者在没有空气的地方，这些效果将彻底消失"②时，他似乎面临了困境。但是他最终实现了实验，并且不需要像西拉诺·德·贝尔杰拉克那样，飞到大气层之外③。他设计了一个这一无法实现的实验的缩减版，即被称作"真空中的真空"④的实验：把一个小的气压管放在另一个更大的气压管中，并证明，如果大管里面是真空状态，那么小气压管的水银不再受到压力而会落到最底端（图 10）。在实践似乎到达极限时，几何精神借助了理性的想象力。

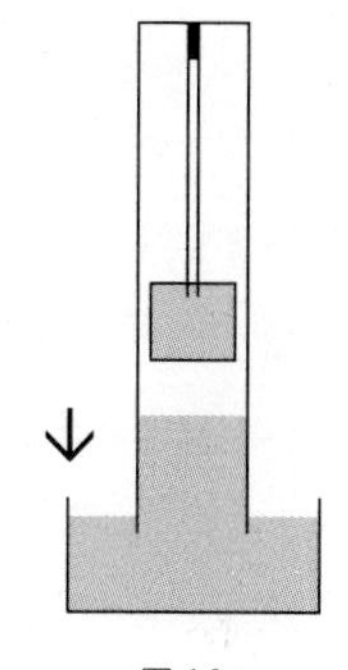

图 10

在这些依靠观察和推理的学科之外，还存在着服从权威（autorité）原则的知识。权威在这里不是指某种专断力量对精神施加的桎梏，相反，对帕斯卡尔而言，它尊重了对秩序的自然划分。帕斯卡尔批评的是"专制"（tyrannie），它是"希望通过一种方法得到只能用另一种方法才能得到的东西"⑤，例如通过逼迫或者对肉体使用暴力来强迫精神同意。依从权威的学科包括那些不是依靠天生的能力，而是需要借助除理智或者感官以外的其他媒介才能认知的学科，它们必须依靠其他人，那些直接知道事实因而有发言权的人。历史便是如此，因为只有亲身经历的人才知道过去的事件；地理也是这样，因为只有去过的人才知晓那些遥远的地域。

① 《思想录》，S. 78。

② 《大气重力论》，第六章，注释 40（《帕斯卡尔全集》，第二卷，第 1086 页）。

③ 西拉诺·德·贝尔杰拉克（Cyrano de Bergerac）：《月亮世界旅行记》（*Histoire comique des Empires et États de la lune*，1665），M. Alcover 版，巴黎，Champion 出版社，2004 年，第 9—11 页。（"我在我的四周缠绕了大量装满了露水的小玻璃瓶，太阳的热量使我升腾起来，我最终冲出了云层"。）

④ 《关于液体平衡的重要实验之报告》（*Récit de la grande expérience de l'équilibre des liqueurs*），巴黎，Savreux 出版，1648 年（《帕斯卡尔全集》，第二卷，第 679 页）。

⑤ 《思想录》，S. 91。

神学尤其是这样，因为只有上帝自己带来的启示，才能让人们认识无限和隐蔽的上帝的奥义。在所有这些学科中，精神必须遵从由叙述或启示所提供的原则。

几何提供了一种理性思维的模式，构成了灵活的指南，以引导思想在不同的秩序中行驶：发明创造所体现的精神的秩序，《思想录》和《致外省人信札》所体现的宗教的秩序，以及实践活动所体现的身体的秩序。

但是理智并没有被排挤在外：一开始，判断是否有必要诉诸权威以及证词的可靠性就需要理性；在这之后，从已被认可的原则中得出结论也需要理性的介入。时至今日，我们对历史的认识依然如此：没有任何人有权力改动档案提供的原始资料，然而，历史学家有权判断证据的可信度，并从它们的关系中提取出结论。在宗教问题上，第一步是要区分虚假的权威（哲学和虚假的宗教）和值得信赖的权威，然后，一旦获取了笃信的理由[①]，则要借助启示带来的教理来加深对神圣奥义的理解：这便是神学的对象。帕斯卡尔自己在《论恩典》（*Écrits sur la grâce*）[②]中便应用了这门推理的科学。《思想录》中一段材料的标题总结了这个步骤——“对理性的服从和使用”[③]。

最后，不要夸大科学和宗教之间的区别。诚然，信仰的教理超越了理性，但是我们看到，帕斯卡尔借助四个、五个乃至六个维度的几何体来对抗那些“无法理解却仍然存在的东西”。还有其他的：无穷远点，既非奇数又非偶数的无穷数，托里拆利的螺线——它虽然长度有限，但

① 笃信的理由不同于证明上帝存在的理性证据。帕斯卡尔认为这些证据是没有用的：在基督教中，人们认同的是将精神服从于权威的理由。在《思想录》中（S. 182），帕斯卡尔借助上帝的智慧之口说出以下的话：“我并非要你们无缘无故地相信我，也不企图靠专制来让你们服从于我。我也不企图对一切东西都做出解释。为了调和这些矛盾，我意在通过具有说服力的证据，让你们清晰地看到我的神性的印记，它们让你们相信我是谁；我意在通过你们无法拒绝的神迹和证据来为我建立权威，随后你们会相信我教授给你们的东西，因为你们唯一拒绝的理由是，你们自己无法知道这些东西存在与否。”

② 《论恩典》唯一可读的版本是让·梅纳尔的版本（《帕斯卡尔全集》，第三卷，第642—799页），唯有这个版本遵照了文本的时间和逻辑顺序。

③ 拉夫玛（L. Lafuma）版本的《思想录》的第13编和菲利普·瑟里耶（P. Sellier）版本的《思想录》的第14篇的标题。

却可以永远围绕自身盘绕，并且永远无法到达自己的原点[①]。从某种角度上讲，几何学质疑着基本的思维范畴，但正是这些怪兽能够使人越过海格力斯之柱[②]。我们所谓的科学主义（scientis me）先入为主地禁锢了理性的领域，帕斯卡尔在谈到无神论时的话语，也许可以用来形容他对科学主义的看法："无神论表明了思想的力量，但是止步于某种程度"（《思想录》，S. 189）。几何的精神向想象力开放，这里的想象力不是《思想录》批判的胡思乱想，而是不惧怕风险和冒险的探索精神。

如果还需要一个最后的证据，我们会在一个完全不同的、也许不那么有名的领域找到：创新实干。让·梅纳尔整理出的关于"五苏马车"公司的材料[③]让我们得出这个最终的结论。巴黎公共交通的理念，对公司的领导、合同的制定、线路的设计，对马车的选择，所有的一切，帕斯卡尔都运用了有条不紊的、严格的和创新的方式来计划与实施：在他领导这项事业的时候，公共马车在巴黎活跃地穿梭，远远早于我们的公共汽车和地铁。

几何学也许只是一个技艺，帕斯卡尔如是说。但是它提供了一种理性思维的模式，构成了灵活的指南，以引导思想在不同的秩序中行驶：发明创造所体现的精神的秩序、《思想录》和《致外省人信札》所体现的宗教的秩序，以及实践活动所体现的身体的秩序。

---

① 此处指的是等角螺线（对数螺线）。1638 年笛卡尔曾讨论过等角螺线的性质，但未得到特殊结果。1645 年，托里拆利发现了有关等角螺线的一项性质，即从原点到等角螺线的任意点的长度皆有限，但是由该点出发沿螺线走到原点却需绕原点转无限次。——译者注

② 根据西方经典，海格力斯之柱形容直布罗陀海峡两岸耸立的海岬，象征着文明世界和未知世界之间的界限。——译者注

③ 《帕斯卡尔全集》，第四卷，第 1374—1439 页。

发现事物的缘由：科学作品

圆锥曲线

38

阿波罗尼奥斯（Apollonius de Perge）：《圆锥曲线四书》（*Conicorum libri quattuor*）。手抄本，1620 年左右

法国国家图书馆，手写本部，Baluze 266

在文艺复兴时期的欧洲，博洛尼亚（Bologna）大学是数学教学的主要基地之一。因此，1566 年，阿波罗尼奥斯用希腊语写作的《圆锥曲线》的前四书的拉丁译文在博洛尼亚出版，就不足为奇了。裴尔吉的阿波罗尼奥斯（公元前 3 世纪—前 2 世纪）在书中研究了圆锥曲线，也就是圆锥体被一个不经过其顶点的平面所截得的断面的曲线。根据平面与圆锥体底面之间的角度，截得的曲面可以是一个圆、一个椭圆、一个抛物线或者一个双曲线。

这个手抄本——1566 年被误写成了 1556 年——是在 1624 年由埃蒂安·帕斯卡尔送给克劳德·哈尔蒂（Claude Hardy）的。哈尔蒂在卷首的获赠小记中写道：Claudius Hardy possidet ex dono eruditissimi clarissimique viri D. Paschalii die 30 Julii anno 1624（“赠给克劳德·哈尔蒂，来自博学而有名望的帕斯卡尔先生，1624 年 7 月 30 日”）。这个礼物是埃蒂安·帕斯卡尔在巴黎的一次长住时（1624 年 5 月 6 日至 12 月 26 日）留下的。它是能够证明帕斯卡尔的父亲与数学家们之间有所往来的最老的物件。七年后，埃蒂安定居在了巴黎，并与梅森（展品目录 10）的圈子相识。克劳德·哈尔蒂（1678 年逝世）是一名律师，也属于这个圈子，在 1625—1644 年之间发表了几个关于几何学的研究成果。这份手稿同时也表明，年轻的帕斯卡尔对圆锥曲线问题的兴趣继承了父亲的数学爱好。

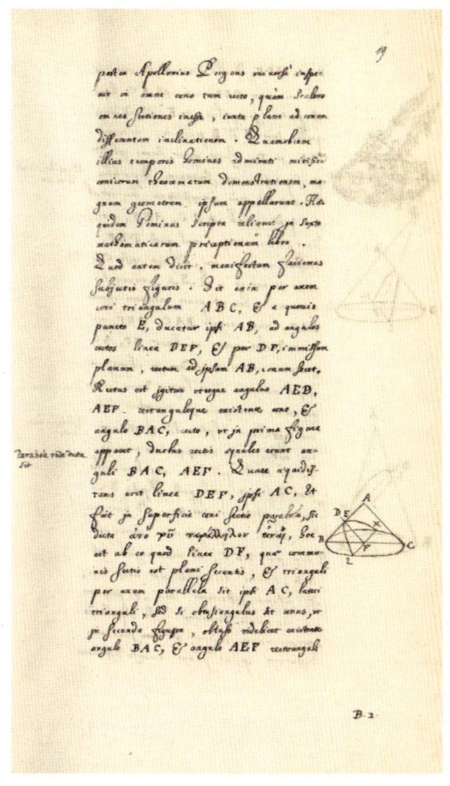

图 38

39

马林·梅森（Marin Mersenne）：《数学概要》（*Synopsis mathematica*）。巴黎，Robert Estienne 出版，1626 年

法国国家图书馆，文学和艺术部，V. 18195，本书未展示其图片

这部论著的第二部分完全讨论的是圆锥曲线问题，并在很大程度上参考了阿波罗尼奥斯的论文。梅森在 1644 年出版的《几何和数学总概要》（*Universæ geometriæ mixtæque mathematicæ synopsis*）中再度探讨并深化了这部分内容。《几何和数学总概要》中讨论圆锥曲线的部分吸收了克劳德·弥多尔基（展品目录 40）的成果，开篇是一篇致笛卡尔的献词，

以及对吉拉尔·德扎尔格（展品目录 41）和帕斯卡尔的研究成果的赞美之词。后者的名字并没有直接出现，而是由他在《论圆锥曲线》（*Essai pour les coniques*）（展品目录 42）中署下的首字母所代替："有些人认为，可以用更加概括的方式思考圆锥曲线问题，G. 德扎尔格和在他之后的 B. P. 便出版了一份示例，它让人们可以通过数个命题来理解圆锥曲线的所有属性。"

40

克劳德·弥多尔基（Claude Mydorge）：《反射光学和屈光学绪论以及圆锥曲线研究》（*Prodromi catoptricorum et dioptricorum sive Conicorum operis... libri*）。巴黎，Isaac Dédin 出版，1631 年

法国国家图书馆，珍稀本馆藏，V. 6139，本书未展示其图片

克劳德·弥多尔基（1585—1674）是最早加入梅森学院（展品目录 10）的人之一，并为其诞生做出了重大贡献。他与笛卡尔也交往密切，并在经济上支持后者的科学研究。在《笛卡尔先生的一生》中，阿德里安·巴耶（Adrien Baillet）声称："1627 年至 1628 年间，弥多尔基先生让他在巴黎制作玻璃器具，以便了解和说明——这从他写作《反射光学》就开始了——光、视觉和折射的本质。弥多尔基先生还让他制作抛物线的、双曲线的、卵形的和椭圆的玻璃器具，因为他的双手像他敏锐的头脑那样灵巧和精确，他想通过自己来描述抛物线和椭圆。"这段话帮助我们了解弥多尔基于 1631 年出版并于 1639 补充的关于圆锥曲线的论文。此处展出的这册首版论著是属于作者本人的，上面有他的笔记。

41

吉拉尔·德扎尔格：《圆锥与平面相交结果的初步研究》（*Brouillon projet d'une atteinte aux événements des rencontres du cône avec un plan*）。

图 41 →

1639.

AVEC PRIVILEGE.

BROVILLON PROIECT D'VNE ATTEINTE AVX euenemens des rencontres du Cone auec vn Plan, Par L, S, G, D, L.

Noms imposez.

IL ne sera pas malaisé de faire icy la distinction necessaire d'entre les impositions de nom, autrement definitions, les propositions, les demonstrations, quand elles sont en suitte. Et les autres especes de discours non plus que de choisir entre les figures celle qui à raport au periode qu'on lit, ou de faire ces figures sur le discours.

Chacun pensera ce qui luy semblera conuenable ou de ce qui est icy deduit, ou de la maniere de le déduire, & verra que la raison essaye à cognoistre des quantitez infinies d'vne part: ensemble de celles qui s'apetissent iusques à reduire leurs deux extremitez opposées en vne seule, & que l'entendement s'y pert, non seulement à cause de leurs imaginables grandeur & petitesse, mais encore à cause que le raisonnement ordinaire le conduit à en conclure des proprietez, d'où il est incapable de comprendre comment, c'est qu'elles sont.

Icy toute ligne droicte est entenduë alongée au besoin à l'infiny d'vne part & d'autre.

Vn semblable alongement à distance infinie d'vne part & d'autre en vne droicte, est icy representé par vne rangée de poincts alignez d'vne part & d'autre en suitte de cette droicte.

Pour donner a entendre de plusieurs lignes droictes, qu'elles sont toutes entre-elles où bien paralelles, où bien inclinées à mesme poinct. Il est icy dict, que toutes ces droictes sont d'vne mesme *ordonnance* entre elles, par où l'on concevra de ces plusieurs droictes, qu'en l'vne aussi bien qu'en l'autre de ces deux especes de position elles tendent toutes à vn mesme endroict. — Ordonnance de lignes droictes.

L'endroict auquel on conçoit que tendent ainsi plusieurs droictes en l'vne aussi bien qu'en l'autre de ces deux especes de position, est icy nommé, *but*, de l'ordonnance de ces droictes. — But, *d'vne ordonnance de droictes.*

Pour donner à entendre l'espece de position d'entre plusieurs droictes en laquelle elles sont toutes paralelles entre elles, il est icy dict, que toutes ces droictes sont entre elles d'vne mesme ordonnance, dont le but est à distance infinie en chacune d'elles d'vne part & d'autre.

Pour donner à entendre l'espece de position d'entre plusieurs droictes, en laquelle elles sont toutes inclinées à vn mesme poinct, il est icy dict, que toutes ces droictes sont entre elles d'vne mesme ordonnance, dont le but est à distance finie en chacune d'elles.

Ainsi deux quelconques droictes en vn mesme Plan, sont entre elles d'vne mesme ordonnance, dont le but est à distance ou finie, ou infinie.

Icy tout Plan est entendu pareillement étendu de toutes parts à l'infiny.

Vne semblable étenduë d'vn Plan à l'infini de toutes parts, est icy representé par vn nombre de poincts semez de toutes parts aux extremitez du Plan.

Pour donner à entendre de plusieurs Plans, qu'ils sont tous entre eux ou bien paralels, ou bien inclinez à vne mesme droicte, il est icy dict, que tous ces Plans sont entre eux d'vne mesme, *ordonnance*, par où l'on conceuera de ces plusieurs Plans qu'en l'vne aussi bien qu'en l'autre de ces deux especes de position, ils tendent tous à vn mesme endroit. — Ordonnance *de Plans.*

L'endroit auquel on conçoit que tendent ainsi plusieurs Plans en l'vne aussi bien qu'en l'autre de ces deux especes de position, est icy nommé, *but*, de l'ordonnance de ces Plans. — But, *d'vne ordonnance de Plans.*

Pour donner à entendre l'espece de position d'entre plusieurs Plans, en laquelle ils sont tous parallels entre eux, il est icy dit que tous ces Plancs sont entre eux d'vne mesme *ordonnance*, dont le but est en chacun d'eux à distance infinie de toutes parts.

Pour donner à entendre l'espece de position d'entre plusieurs Plans en laquelle ils sont tous inclinez à vne mesme droicte, il est icy dit que tous ces Plans sont entre eux d'vne mesme ordonnance, dont le but est en chacun d'eux à distance finie.

Ainsi deux quelconques Plancs sont entre eux d'vne mesme ordonnance, dont le but est en chacun d'eux à distance ou finie ou infinie.

En conceuant qu'vne droicte infinie ayant vn poinct immobile se meut en toute sa longueur, on void qu'aux diuerses places qu'elle prend en ce mouuement, elle donne ou represente comme diuerses droictes d'vne mesme ordonnance entre elles, dont le but est son poinct immobile.

Quand le poinct immobile de cette droicte y est à distance finie, & qu'elle se meut en vn Plan, on void qu'aux diuerses places qu'elle prend en ce mouuement elle donne ou represente comme diuerses droictes d'vne mesme ordonnance entre elles, dont le but (son poinct immobile) est en chacune d'elles à distance finie, & que tout autre poinct que l'immobile de cette droicte va traceant vne ligne simple vniforme, & dont les deux quelconques parties sont d'vne mesme

巴黎，［无书商名］，1639 年

法国国家图书馆，珍稀本馆藏，Rés. m. V. 276

除了埃蒂安·帕斯卡尔、克劳德·哈尔蒂或者克劳德·弥多尔基，梅森在 1635 年的信中也提到了几何学家吉拉尔·德扎尔格（1591—1651）。梅森在这封信中向贝勒斯科（Peiresc）宣布他的数学“学院”（académie）（展品目录 10）的建立。他关于圆锥曲线的“初步研究”，或者说是研究草稿，是这个圈子里最具代表性的成果之一：他真正革新了自阿波罗尼奥斯以来理解圆锥曲线的方法。德扎尔格寻求的是一种综合的，或者说“普遍的”的解释，他发明了极具创新性的“对合”（involution）这一概念，使他能够把不同的圆锥曲线都理解成投影的结果：它们都是圆锥底面在一个穿过它的平面上的投影。由此，德扎尔格用讨论生成的思维替换了描述的传统，这使得他成了射影几何的发明者。

1639 年的《初步研究》是一个 32 页的小册子，前面附有两张纸，上面是不带任何图例的“告读者”。这一版本共印刷了 50 册，由梅森发行。唯一流传至今的那一册上有着一份撰于 17 世纪的藏书标签，上面写着“来自鲁斯蒂尼的藏书室”（Ex bibli Lustierina），其主人的身份还有待考证。让·德·高内（Jean de Gonet）在 2000 年重新装订了这本极其珍贵的册子，为其制作了凯夫拉纤维（carbone Kevlar）材质的封皮。

42（见 104 页图）

布莱斯·帕斯卡尔：《论圆锥曲线》（*Essay pour les coniques*）。巴黎，［无书商名］，1640 年

法国国家图书馆，珍稀本馆藏，Rés. V. 859（1）

年轻的帕斯卡尔认识同样属于梅森圈子的德扎尔格。他从德扎尔格的射影几何学中提取了《论圆锥曲线》的原则，声称他也寻找到了一种

“超越寻常的普遍的解释方式”。这个基于当前研究并且为更大工程做出构想的简单梗概，是帕斯卡尔的第一部出版著作，也是我们所知的他最早的作品。《论圆锥曲线》大概于1640年2月问世，承认了德扎尔格的启发作用，并将之称作“当代最伟大的、完全投入到数学中的智者之一”。但这本书已经表现出了独特的思考：我们在“第一辅助定理”中已经能看到内接六边形定理，即被后世称作“帕斯卡尔定理”的最初表述。我们从中也能看到极其朴素的，甚至近乎生硬的数学表达方式，与德扎尔格生动的文风形成鲜明对比，却表现出对简洁的“几何风格”的追求，而这正是杜诺在欧几里得《几何原本》（展品目录9）译文的前言中所推崇的。另外，当帕斯卡尔将《论圆锥曲线》介绍为他将要出版的《圆锥曲线基础知识大全》的一个样本时，也明确地提到了欧几里得式的数学表述方法。《论圆锥曲线》的纸张是单面印刷的。这种出版方式在当时非常常见，并且与该作品作为大纲的性质有关：正如梅森（展品目录39）在1644年所说的那样，这是一个“样本”（specimen）。就像德扎尔格1639年出版的《初步研究》一样，《论圆锥曲线》只印刷了50份，在帕斯卡尔亲友的圈子中和梅森的友人中传播。从梅森的信中我们得知，他在1640年3月忙于将《论圆锥曲线》寄往英国——给泰奥多尔·哈克（Théodore Haak）和约翰·培尔（John Pell）——和荷兰，并且他拜托在荷兰的康斯坦丁·惠更斯[①]寄给笛卡尔一份，他从1639年11月起便积极向笛卡尔宣布了帕斯卡尔正在进行的研究。

这种在私密圈子里的传播模式、未装订的出版方式，还有印刷的缺陷——里面错误颇多，甚至影响了对图例的辨识——都使得这个版本几乎没有保留下来。如今只存留下了两册，即在汉诺威（Hannover）的本属于莱布尼茨的一册和在巴黎的一册。这两册都在帕斯卡尔的遗物中，

① Constantijn Huygens（1596–1687），荷兰诗人、音乐家、外交家和科学家。他是克里斯蒂昂·惠更斯的父亲。——译者注

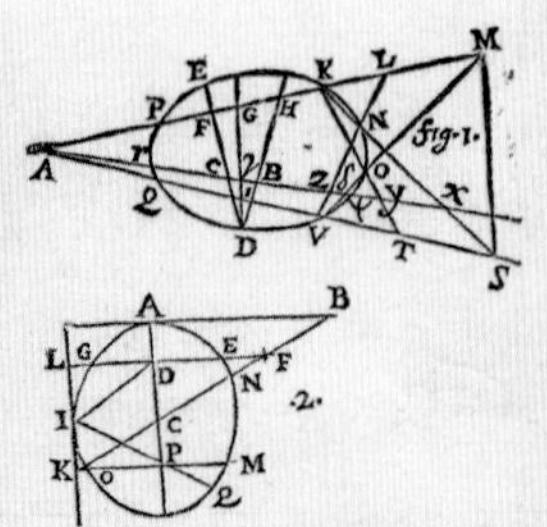

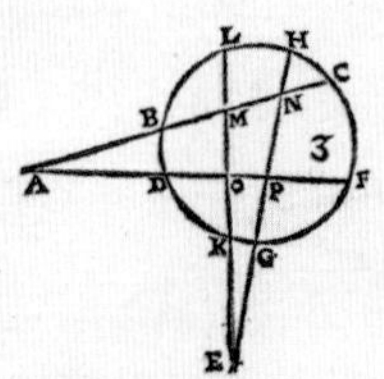

ESSAY POVR LES CONIQVES. Par B. P.

DEFINITION PREMIERE.

QVAND pluſieurs lignes droictes concourent à meſme point, ou ſont toutes parelles entr'elles, toutes ces lignes ſont dites de meſme ordre ou de meſme ordonnance, & la multitude de ces lignes, eſt dite ordre de lignes, ou ordonnance de lignes.

DEFINITION II.

Par le mot de ſection de Cone nous entendons la circonference du Cercle, l'Elipſe, l'Hyperbole, la Parabole & Langle rectiligne, d'autant qu'vn Cone coupe paralellement à ſa baſe, ou par ſon ſommet ou des trois autres ſens qui engendrent l'Elipſe, l'Hyperbole & la parabole engendre dans la ſuperficie Conique, ou la circonference d'vn Cercle ou vn Angle, ou l'Elipſe, ou l'Hyperbole, ou la parabole.

DEFINITION III.

Par le mot de droite mis ſeul, nous entendons ligne droite.

LEMM. I.

Figure. I. Si dans le plan, M, S, Q. du point M partent les deux droites MK, MV, & du point S, partent les deux droites SK, SV, & que K, ſoit le concours des droites MK, SK, & V, le concours des droites, MV, SV, & A, le concours des droictes MA, SA, & μ, le concours des droictes MV, SK, & que par deux des quatre points, A K μ V, qui ne ſoient point en meſme droite auec les points, M, S, comme par les points, K, V, paſſe la circonference d'vn cercle coupant les droites MV, MP, SV, SK, és points, O, P, Q, N, ie dis que les droites, MS, NO, PQ, ſont de meſme ordre.

LEMM. II.

Si par la meſme droite paſſent pluſieurs plans, qui ſoient coupez par vn autre plan, toutes les lignes des ſections de ces plans ſont de meſme ordre auec la droite par laquelle paſſent leſdits plans.

Fig. I. Ces deux Lemmes poſez & quelques faciles conſequences d'iceux nous demonſtrerons que les meſmes choſes eſtant poſées qu'au premier Lemme, ſi par les points, K, V, paſſe vne quelconque ſection de Cone qui coupe les droites MK, MV, SK, SV, és points, P, O, N, Q, les droites MS, NO, PQ, ſeront de meſme ordre, cela ſera vn troiſiéme Lemme.

En ſuitte de ces trois Lemmes & de quelques conſequences d'iceux nous donnerons des Elemens Coniques complets, à ſçauoir toutes les propritez des diametres & coſtez droits, des tangentes &c. la reſtitution du Cone preſque ſur toutes les données, la deſcription des ſections de Cone par points, &c.

Fig. I. Quoy faiſant, nous enonçons les proprietez que nous en touchons d'vne maniere plus vniuerſelle qu'à l'ordinaire. Par exemple celle-cy, ſi dans le plan M S Q, dans la ſection de Cone, P K V, ſont menées les droictes AK, AV, atteignantes la ſection aux poincts PK, QV, & que de deux de ces quatre poincts qui ne ſont point en meſme droicte auec le poinct A, comme par les poincts K, V, & par deux poincts N, O, pris dans le bord de la ſection ſont menées quatre droictes KN, KO, VN, VO, coupantes les droictes AV, AP, aux poincts L, M, T, S, ie dis que la raiſon compoſée des raiſons de la droicte PM, à la droicte MA, & de la droicte AS, à la droicte SQ, eſt la meſme que la compoſée des raiſons de la droicte PL, à la droicte LA, & de la droicte AT, à la droicte TQ.

Fig. I. Nous demonſtrerons auſſi que s'il y a trois droictes DE, DG, DH, que les droictes AP, AR, coupent aux poincts F, G, H, C, γ, B, & que dans la droicte DC, ſoit determiné le poinct E, la raiſon compoſée des raiſons du rectangle EF, en FG, au rectangle de EC, en Cγ, & de la droicte Aγ, à la droicte AG, eſt la meſme que la compoſée des raiſons du rectangle EF, en FH, au rectangle EC, en CB, & de la droicte AB, à la droicte AH. Et eſt auſſi la meſme que la raiſon du rectangle des droictes FE, FD, au rectangle des droictes, CE, CD, partant ſi par les poincts E, D, paſſe vne ſection de Cone qui coupe les droictes AH, AB, és poincts P, K, R, ψ, la raiſon compoſée des raiſons du rectangle des droictes EF, FC, au rectangle des droictes EC, Cγ, & de la droicte γA, à la droicte AG, ſera la meſme que la compoſée des raiſons du rectangle des droictes FK, FP, au rectangle des droictes CR, Cψ, & du rectangle des droictes AR, Aψ, au rectangle des droictes AK, AP.

Fig. III. Nous demonſtrerons auſſi que ſi quatre droictes AC, AF, EH, EL, s'entrecoupent és poincts N, P, M, O, & qu'vne ſection de Cone coupe leſdites droictes és poincts C, B, E, D, H, G, L, K, la raiſon compoſée des raiſons du rectangle de MC, en MB, au rectangle des droictes PF, PD, & du rectangle des droictes AD, AF, au rectangle des droictes AB, AC, eſt la meſme que la raiſon compoſée des raiſons du rectangle des droictes ML, MK, au rectangle des droictes PH, PG, & du rectangle des droictes EH, EG, au rectangle des droictes EK, EL.

Fig. I. Nous demonſtrerons auſſi cette proprieté, dont le premier inuenteur eſt M^r Deſargues Lyonnois, vn des grands eſprits de ce temps, & des plus verſez aux Mathematiques, & entr'autres aux Coniques, dont les eſcripts ſur cette mattiere, quoy qu'en petit nombre, en ont donné vn ample teſmoignage à ceux qui en auront voulu receuoir l'intelligence: & veux bien aduoüer que ie doibs le peu que i'ay trouué ſur cette matiere à ſes eſcrits, & que i'ay taſché d'imiter autant qu'il m'a eſté poſſible ſa methode ſur ce ſubjet, qu'il a traitté ſans ſe ſeruir du triangle par l'axe: Et traittant generalement de toutes les ſections de Cone, la proprieté merueilleuſe dont eſt queſtion eſt telle: ſi dans le plan MSQ y a vne ſection de Cone PQV, dans le bord de laquelle ayant pris les quatre poincts K, N, O, V, ſont menées les droicts KN, KO, VN, VO, de ſorte que par vn meſme des quatre poincts ne paſſent que deux droictes, & qu'vne autre droicte coupe tant l'abord de la ſection aux poincts R, ψ, que les droictes KN, KO, VN, VO, és poincts x y Z δ, ie dis que comme le rectangle des droictes Zr, Zψ, eſt au rectangle des droictes yr, γψ, ainſi le rectangle des droictes δr, δψ, eſt au rectangle droictes xr, xψ.

Fig. II. Nous demonſtrerons auſſi que ſi dans le plan de l'hyperbole ou de l'elipſe, ou du cercle AGE, dont le centre eſt C, on mene la droicte AB, touchante au poinct A, la ſection, & qu'ayant mené le diametre CA, on prene la droicte AB, dont le quarre ſoit égal au quart du rectangle de la figure, & qu'on mene CB, alors quelque droicte qu'on mene, comme DE, parallele à la droicte AB, coupante la ſection en E, & les droictes AC, CB, és poincts DF, ſi la ſection AGE, eſt vne elipſe ou vn cercle, la ſomme des quarrez des droictes DE, DF, ſera egale au quarre de la droicte AB, & dans l'hyperbole la diference des meſmes quarrez des droictes DE, DF, ſera egale au quarré de la droicte AB.

Nous deduirons auſſi quelques problemes, par exemple d'vn poinct donné mener vne droicte touchante vne ſection de Cone donnée.

Trouuer deux diamettres coniuguez en angle donné.

Trouuer deux diametres en angle donné & en raiſon donnée.

Nous auons pluſieurs autres Problemes & Theoremes & pluſieurs conſequences des precedents, mais la defiance que i'ay de mon peu d'experience & de capacité ne me permet pas d'en auancer dauantage aduant qu'il ait paſſé à l'examen des habiles gens, qui voudront nous obliger d'en prendre la peine; apres quoy ſi l'on iuge que la choſe merite d'eſtre continuée, nous eſſayrons de la pouſſer iuſques où Dieu nous donnera la force de la conduire.

A PARIS, M. DC. XL.

图 42

由贝里耶家族继承。在巴黎的那一册本来装订在帕斯卡尔的数学手稿集里，于20世纪初期被单独做成一册。这部手稿集曾于1723年由玛格丽特·贝里耶捐赠给克莱蒙的奥拉托利会，几年后又被奥拉托利会修士皮埃尔·盖里耶（Pierre Guerrier）收藏在了他的私人书房里。后者的继承人盖里耶·德·贝让斯，在1779年将手稿集捐给了皇家图书馆。

43

戈特弗里德·威廉·莱布尼茨（Gottfried Wilhelm Leibniz）：致埃蒂安·贝里耶的信，关于《帕斯卡尔先生涉及圆锥曲线的几份手稿》（*Sur quelques manuscrits de M.Pascal touchant les sections coniques*），1676年8月30日。手抄本，18世纪初期

法国国家图书馆，手写本部，Français 20945, f. 306 v° –308，本书未展示其图片

《论圆锥曲线》中提到的《圆锥曲线基础知识大全》并未能面世，尽管帕斯卡尔在1654年《致著名的巴黎数学学院》（展品目录11）中再度提及这个计划，将它形容为“关于圆锥曲线的完整研究（*Conicorum opus completum*），它将从一个或者几乎一个命题出发，包含阿波罗尼奥斯的圆锥曲线以及其他无数圆锥曲线。我从16岁开始就构思这篇论文了，之后将其构建与整理成型”。1675年6月，帕斯卡尔的外甥，埃蒂安·贝里耶将舅舅涉及此计划的手稿交给了当时正在巴黎的莱布尼茨，想咨询他的意见以期将之出版。莱布尼茨于1676年8月将笔记返还。1711年，它们与帕斯卡尔的所有亲笔手稿一起，被放在了圣日耳曼德佩（Saint-Germain-des-Prés）修道院，但后来都遗失了。存留至今的主要证据便是1676年8月30日莱布尼茨将笔记寄还给埃蒂安·贝里耶时附上的书信。莱布尼茨表示，这些笔记“足够完整和完善，可以付诸出版”。他对材料进行了整理，给出了一个出版方案，并且指出帕斯卡尔设想的作品是由一系列小的论文组成，其结构方式类似于《德通维尔书信集》

（展品目录 90）。如今，只有第一篇小论文，《圆锥曲线概论》（*Generatio conisectionum*），可以借助莱布尼茨做的抄本而被还原：由于这些笔记并没有按照莱布尼茨的建议得以出版，我们只能通过他于 1676 年 8 月 30 日信中的大致描述来了解其他论文。

“去除所有物质的”空间：从“表面的真空”到“绝对的真空”

44

伽利略：《关于力学和局部运动的两门新科学的谈话及数学证明》（*Discorsi e dimonstrazione matematiche, intorno a due nuove scienze attenenti alla mecanica & i movimenti locali*）。莱顿，Bonaventure 和 Abraham Elzevier 出版，1638 年

法国国家图书馆，珍稀本馆藏，Rés. V. 1050，本书未展示其图片

人们对真空存在的认定始于 1630 年的意大利，归功于以伽利略为核心的一些人的观察。热那亚工程师乔万・巴蒂斯塔・巴利阿尼（Giovan Battista Baliani）询问伽利略，为何他修建的、用于给城市的高架渠供水的虹吸管不能正常运转。伽利略在 1630 年 8 月 6 日的回复中提到了一种真空的“力”或是阻力，摒弃了亚里士多德以来的传统理论，即自然是惧怕真空的。当时的伽利略还不能对“真空的力”这一假设做出证明。随后，1638 年，他在《两门新科学的谈话及数学证明》中再次提到这一假设。他指出，佛罗伦萨的挖井工人发现，用泵抽水的高度不能超过 18 法寻[①]。

① 一法寻约等于 1.624 米。——译者注

这本《谈话与数学证明》曾为奥尔良公爵加斯东（Gaston d' Orléans）所拥有，以金色小牛皮做封皮，上有其首字母组成的图案。

45

皮耶托·阿尼基利（Pietro Anichini）：埃万杰利斯塔·托里拆利（Evangelista Torricelli）肖像画。铜版画，1650年左右

法国国家图书馆，版画部，N 2，本书未展示其图片

托里拆利（1608—1647）对真空问题的关注源于他的老师伽利略。他同时也对1640年至1643年间，学者加斯帕罗·贝尔蒂（Gasparo Berti）在罗马进行的实验非常感兴趣。贝尔蒂让人制作了一个12米长的铅管，其上端被一个玻璃球封住，下端是一个水龙头。他将管子注满水后固定在他房子的墙上，下端放入装了水的水池中，然后将水龙头打开。他注意到，水在管子中保持着一个固定的高度，与伽利略指出的佛罗伦萨的挖井工人观察到的高度相符合（展品目录44）。1644年托里拆利简化并完善了这一实验。为了使用更短并且更易于操作的导管，他用汞也就是水银代替了水——水银的密度是水的14倍。与推测的一样，导管中的水银所保持的高度是贝尔蒂观察到的水的高度的十四分之一。法国将这个实验称为“水银实验”，或者“意大利实验”。托里拆利和他的同人，文森佐·维维亚尼（Vincenzo Viviani），在1644年多次重复了这一实验，并于同年6月11日将其介绍给了意大利的另一位学者，米开朗基罗·里奇（展品目录46）。随后的书信交流提出了两个问题。在回答“什么物质占据着导管上部”时，托里拆利提出了真空的假设；在回答“为什么水银在导管中保持一个固定的高度”时，他提出了大气压力的假设。

托里拆利的这幅肖像版画是皮耶托·阿尼基利根据洛郎佐·利皮（Lorenzo Lippi）在1650年，也就是托里拆利过世后绘制的肖像画而制

作的。版画于 1715 年作为《托里拆利学院课程》(*Lezioni accademiche*) 一书(佛罗伦萨，Jacopo Guiducci 出版)的卷首插图出版。

46

埃万杰利斯塔·托里拆利：致米开朗基罗·里奇(Michelangelo Ricci)的两封书信之节选，1644 年 6 月 11 日和 28 日。1644 年 7 月交给梅森的手抄本。

法国国家图书馆，手写本部，Nouv. acq. lat. 2338

托里拆利和里奇 1644 年往来的信件并没有被出版，不过一些手抄本的传阅使得它们很快在当时的欧洲学术圈流传开来。一个月后，梅森便通过托里拆利 1644 年 6 月 11 日和 28 日的两封信的节选获知了“水银实验”。这些节选是罗贝瓦尔(展品目录 76)的一个学生，弗朗索瓦·杜·威尔杜(François Du Verdus)在里奇位于罗马的家中抄写了之后交给他的。梅森很快便让他的圈子知晓。因此，帕斯卡尔当时虽然身在鲁昂，却得知了这个实验。他在 1647 年创作的《关于真空的新实验》(展品目录 52)的“致读者”中这样写道：这个实验“从罗马以书信的形式传到了巴黎的梅森神甫这里，他在 1644 年便将其介绍给了全法国。所有的学者和好奇之士都表示十分钦佩。他们将消息传得举世皆知。我是从极其通晓古典学的军防长官佩蒂先生那里听说的，而他是从梅森神甫那儿得来的消息”。

47

皮埃尔·佩蒂(Pierre Petit)：致皮埃尔·夏努(Pierre Chanut)的信，1646 年 11 月 26 日。手抄本，1646 年前后

法国国家图书馆，手写本部，Français 12277，本书未展示其图片

收到托里拆利信件节选(展品目录 46)的几个月后，梅森在意大利

45

Al S.r Ricci.

Extrait d'une Lettre du Sieur Torricelli.

Noi habbiamo fatto molti vasi di vetro, et anco Canne come i segnati A, e B, grossi e di collo lungo due Braccia. questi pieni d'argento vivo, poi serratogli con un dito la bocca e rivoltati in un vaso dove era l'argento vivo C, si vedevano votarsi, e non succeder niente nel vaso che si votava. Il collo però AD restava sempre pieno fin all'altezza d'un braccio e $\frac{1}{4}$ e un dito di più. per mostrar poi che il vaso fosse perfettamente voto, si riempiva la catinella sotto posta d'acqua fin in D, e alzando il vaso a poco a poco, si vedeva quando la bocca del vaso arrivava all'acqua, descender quell'argento vivo del collo, e riempirsi con impeto horribile d'acqua fin' al segno E affatto.

Il discorso si faceva mentre il vaso AE stava voto, e l'argento vivo si sosteneva ben che gravissimo nel collo AC; questa forza che regge quell'argento vivo contro la sua naturalezza di ricader giù si è creduto fin adesso che sia stata interna nel vaso AE, ò di vacuo, ò di quella robba sommamente rarefatta, ma io pretendo che ella sia esterna, e che la forza venga di fuori. Su la superficie del liquore che è nella catinella gravita l'altezza di 500 miglia d'aria. però qual maraviglia è se nel vaso CE, dove l'argento vivo non ha inclinatione ne anco repugnanza, per non esservi nulla entri, e vi s'inalzi fin tanto che si equilibri con la gravità dell'aria esterna che lo contringe. L'acqua poi in un vaso simile ma molto più lungo salirà quasi fin' a 18 braccia e tanto più dell'argento vivo, quanto l'argento vivo è più grave dell'acqua per equilibrarsi con la medesima cagione che spinge l'uno e l'altro. Confermava il discorso l'esperienza fatta nel medesimo tempo col vaso A, e colla canna B, nei quali l'argento vivo si fermava sempre nel medesimo horizonte A B, segno quasi certo che la virtù non era dentro, perche più forza haverebbe havuto il vaso AE, dove era più robba rarefatta, e attraente, e molto più gagliarda per la rarefazion maggiore che quella del pochissimo spatio B &c.

图 46

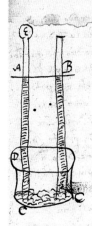

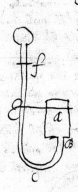

暂居了一段时间（从 1644 年 12 月到 1645 年 3 月），补充了他获得的信息。1644 年 12 月，他在佛罗伦萨碰到了托里拆利本人。后者在他面前重复了水银实验。梅森在罗马遇到了里奇。在回到法国后，他试图在皮埃尔·夏努——他是一名在里永（Riom）出生的法官——的帮助下重复实验，却以失败告终。他的一位朋友，军事工程师皮埃尔·佩蒂（1598—1677）也试图重复实验，仍旧没有成功。直到 1646 年秋天，人们才在法国重现了这一实验。佩蒂在前往迪耶普（Dieppe）办事的途中顺道去鲁昂拜访了埃蒂安·帕斯卡尔，并告诉了他这些尝试。他在 1646 年 11 月给夏努的信中说道："帕斯卡尔先生非常高兴听到这样的实验，一方面因为它十分新颖，另一方面也因为他一直以来都认可真空的存在。"佩蒂从迪耶普回到鲁昂之后，正是与帕斯卡尔和他的儿子一起，在法国土地上第一次成功地重现了托里拆利的实验。他们在一天中实现了三次成果丰富的尝试。他在给夏努的信中对此做了详细描述，尽管并没有说明实验的具体日期。不过，一位鲁昂人，雅克·布瓦里耶（Jacques Poirier）（展品目录 48），在他于 1648 年出版的《关于真空的最新实验之解答》（*Responsio ad experientiam nuperam circa vacuum*）一书中，认定这场实验是在 1646 年 10 月进行的。

48

雅克·布瓦里耶：《自然中是否存在真空》（*An detur vacuum in rerum natura*）。［鲁昂，1647 年］

法国国家图书馆，珍稀本馆藏，R. 13514，本书未展示其图片

雅克·布瓦里耶是鲁昂大主教学院（collège archiépiscopal de Rouen）的老师。该学院由大主教弗朗索瓦·德·阿尔莱（François de Harlay）于 1640 年创立。他在学校教授哲学，当时的哲学囊括了自然科学，或者叫作"自然哲学"。他于 1645 年出版了一篇亚里士多德《物理学》的评论，因此，他是站在亚里士多德学派的立场上来看待真空实验的。

布瓦里耶采用了学院式的提问方式来命名他的论作：《自然中是否存在真空》。他的答案是否定的，因为他坚信自然对真空状态充满恐惧。

这篇文章没有署明日期，它是在 1646 年秋天出版的吗？就像通常所认为的那样，它是针对 1646 年 10 月法国首次重现的托里拆利实验（展品目录 47）的第一份回应吗？我们可以对此表示怀疑，因为布瓦里耶在文中没有提到佩蒂，只说了“小帕斯卡尔先生，他完全没有辜负他那杰出而博学的父亲”，并且补充道：“他叫来了城市里最博学的人来作为见证人。”这段记录并不符合佩蒂致夏努信中对 1646 年 10 月那场实验的描述，而更加接近 1647 年 7 月罗贝瓦尔向他的朋友皮埃尔·德努瓦耶（Pierre Desnoyers）描述的那些实验：“今年 1 月和 2 月帕斯卡尔先生在所有学者面前进行的实验。”尽管可能需要把布瓦里耶论文的出版时间推迟几个月，这篇文章仍然是对于在鲁昂进行的真空实验——帕斯卡尔参与的那几场和他组织的那几场实验——的第一篇评论文章。

此处展出的这一册十分珍贵，它被装订在了包含有七篇文本的合集中。这几篇文本都与 1647—1648 年间进行的关于真空的讨论有关，其中包括《关于真空的新实验》（展品目录 52）一文。这一册原本来自杜普伊（Dupuy）兄弟二人的藏书室：皮埃尔（1582—1651）和雅克（1591—1656）当年处在欧洲学术网络的核心位置，对所有的新事物都关注有加。

49

皮埃尔·基法尔（Pierre Guiffart）：《论真空，谈帕斯卡尔先生之实验及布瓦里耶之论文》（*Discours du vide, sur les experiences de Monsieur Pascal et le traité de M. Pierius*）。鲁昂，Jacques Besongne 出版，1647 年

法国国家图书馆，阿瑟纳尔馆，8° S. 6610，本书未展示其图片

皮埃尔·基法尔是一名鲁昂的医生，他在《论真空》一文中描述了帕斯卡尔于 1647 年 1 月和 2 月在鲁昂举行的公开实验。他在文章开头写

道："帕斯卡尔先生最近在市里举行了几场实验，并邀请他认识的所有学者。我也很荣幸受到了他的邀请，见证了后面的两次实验。他的目的在于向人们展示自然中可能存在着真空。这些实验让人们知道，他的智慧绝不是徒有虚名。"基法尔也想借助此文对布瓦里耶之前发表的文章（展品目录 48）做出回应，并且指出，帕斯卡尔在几个月后重复 1646 年 10 月的实验这一举措，将一个科学问题变成了一场公共辩论。《论真空》卷首的材料也证实了这一点：里面的签名大多出自鲁昂法院的显要人物。

50

雅克琳・帕斯卡尔：给吉尔贝特・贝里耶的信，1647 年 9 月 25 日。手抄本，18 世纪

法国国家图书馆，手写本部，Français 12988，本书未展示其图片

1647 年夏天，帕斯卡尔和他的妹妹雅克琳比他们的父亲早几个月离开鲁昂前往巴黎。9 月，帕斯卡尔在巴黎遇到了笛卡尔，后者刚处理了在布列塔尼、普瓦图和都兰（Touraine）的一些家庭事务而准备返回荷兰。阿德里安・巴耶（Adrien Baillet）在他的《笛卡尔先生的一生》（*Vie de Monsieur Descartes*）中如此描述道："他遇到了小帕斯卡尔先生。后者那时在巴黎，非常想与他相会。小帕斯卡尔先生被告知可以在最小兄弟会修道院见到笛卡尔先生，便前往此处并与之交谈甚欢。笛卡尔先生非常愉快地听他讲述了他在鲁昂做的关于真空的实验。帕斯卡尔先生当时正在准备出版实验报告，他在笛卡尔先生回荷兰后不久便给他寄去了一册。……笛卡尔先生对这次谈话非常满意，他觉得帕斯卡尔先生的实验非常符合他的哲学原理，尽管帕斯卡尔先生当时出于与罗贝瓦尔先生和那些支持真空存在的人保持一致意见，并不同意笛卡尔先生的哲学观点。" 1647 年 9 月 25 日雅克琳・帕斯卡尔给同父亲一道留在鲁昂的姐姐吉尔贝特写了封信，信中仅证实了巴耶一部分的说法。她明确地说道，

帕斯卡尔和笛卡尔的会面连续进行了两天，即 1647 年 9 月 23 日与 24 日的早上，在第一天他们讨论了真空的问题。但是，这封信提到这次会面并不是帕斯卡尔提出的，邀请来自笛卡尔一方，“因为他老早就对父亲和哥哥的才华有所耳闻”。而且，会面的地点并不是在梅森居住的最小兄弟会修道院，而是在帕斯卡尔家中。第一天罗贝瓦尔在场，而第二天则是维永·达利布雷。至于对真空实验的阐释，双方远远没有达成一致，尽管帕斯卡尔此时因为生病而没有参与到罗贝瓦尔替他主持的争论中：“当人们在向他讲述了实验并问他认为导管内的物质是什么时，笛卡尔先生十分严肃地说道，这就是他提出的微小物质（matière subtile）。哥哥对此做出了他力所能及的回应，而罗贝瓦尔先生认为哥哥没有力气表达，与笛卡尔先生进行了不甚热烈的交谈。”

51 （图见第 114 页）

热拉尔·艾德林克（Gérard Edelinck）：笛卡尔肖像画，根据弗朗斯·哈尔斯（Frans Hals）作品创作。铜版画，1696 年以后

法国国家图书馆，版画部，Réserve Qb 201（40）fol.

尽管这幅版画号称是根据现已遗失的弗朗斯·哈尔斯的画作绘制的，但是它很有可能是左右颠倒地复制了雅克·吕邦（Jacques Lubin）的作品，而后者是基于哈尔斯的画作制作的，为了给 1696 年问世的夏尔·佩罗的《名人录》（展品目录 3）第一卷做插图。不过，艾德林克的版画在质量上远远高于吕邦的作品。

52

布莱斯·帕斯卡尔：《关于真空的新实验，借助长短与形态不同的导管、针筒、波纹管和虹吸管，以及各种流体，如水银、水、酒、油和空气等实

图 51

施》（*Expériences nouvelles touchant le vuide faites dans des tuyaux, syringues, soufflets, et siphons de plusieurs longueurs et figures: avec diverses liqueurs, comme vif-argent, eau, vin, huyle, air, etc*）。巴黎，Pierre Margat 出版，1647 年

法国国家图书馆，珍稀本馆藏，Rés. p. R. 169

这本小册子有 30 页左右，于 1647 年 10 月出版，梅森通过他遍布欧洲的圈子使之广为扩散。它是作为将要问世的“完整论文”的简明版而面世的，并遵照了后者的大纲进行撰写。小册子的第一部分，也是展开得最详细的部分，记录了帕斯卡尔主持的真空实验，但其描述与基法

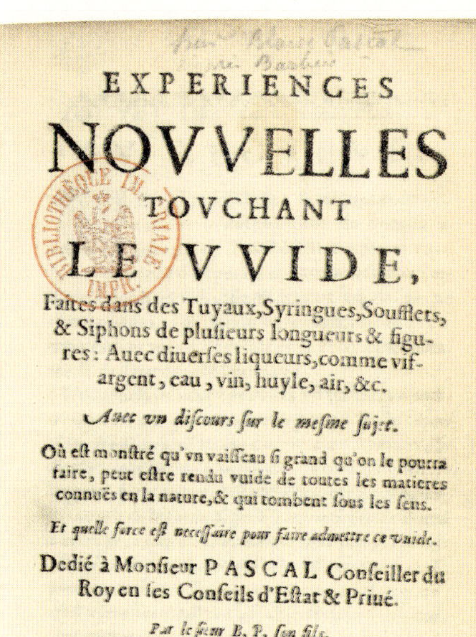

EXPERIENCES
NOVVELLES
TOVCHANT
LE VVIDE,

Faites dans des Tuyaux, Syringues, Soufflets, & Siphons de plusieurs longueurs & figures : Auec diuerses liqueurs, comme vif-argent, eau, vin, huyle, air, &c.

Auec vn discours sur le mesme sujet.

Où est monstré qu'vn vaisseau si grand qu'on le pourra faire, peut estre rendu vuide de toutes les matieres connuës en la nature, & qui tombent sous les sens.

Et quelle force est necessaire pour faire admettre ce vuide.

Dedié à Monsieur PASCAL Conseiller du Roy en ses Conseils d'Estat & Priué.

Par le sieur B. P. son fils.

Le tout reduit en Abbregé, & donné par aduance d'vn plus grand traicté sur le mesme sujet.

A PARIS, Chez PIERRE MARGAT, au Quay de Gesvres, à l'Oyseau de Paradis.

M. DC. XLVII. *Auec Permission.*

1

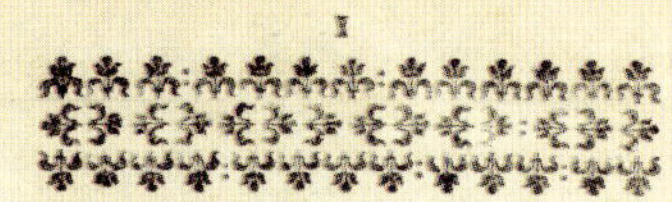

ABBREGE' DE LA premiere partie, dans laquelle sont rapportées les Experiences.

EXPERIENCES.

I. VNE syringue de verre auec vn piston bien iuste, plongée entierement dans l'eau, & dont on bouche l'ouuerture auec le doigt, en sorte qu'il touche au bas du piston, mettant pour cet effect, la main & le bras

B

图 52

尔的《论真空》（展品目录 49）中的说法有很大不同："实验的部分结束后，不再需要纠缠于细节，而需要对观察到的内容进行总结，不是展示实验者的工作，而是展示现象的形成机制。"（Descotes 1993）第二部分则是在实验基础上提出的一系列"命题"，它们推出的结论是导管上部"看起来空的空间""是真正的空，不由任何物质构成"：这是一种"绝对的空"。最后部分是批驳反对这一论点的不同说法，尤其针对那些声称这个空实际上是由"他们想象出来的一种物质"所填充的人。帕斯卡尔在隐射笛卡尔和他对"微小物质"的假设。"完整论文"并没有在帕斯卡尔生前问世。在他去世之后第二年，才由他的姐夫弗洛朗·贝里耶精心整理后出版，这便是《液体平衡与大气重力论》（展品目录63）。不过这部作品的论述方式与1647年公布的方式大不相同。

53

埃蒂安·诺艾勒（Étienne Noël）：致布莱斯·帕斯卡尔的信，1647年10月20日至25日。手抄本，1662年以前

法国国家图书馆，手写本部，Dupuy 945，本书未展示其图片

“我拜读了您的《关于真空的新实验》，我认为它们无比美好与精妙。但是我无法理解在水或者水银退去后，导管中这个看起来为空的东西是什么。我觉得这是一种体（corps），因为它具备体的反应。”《关于真空的新实验》一问世，埃蒂安·诺艾勒（1581—1659）便致信帕斯卡尔，在信的开头如此问道。他是一名耶稣会教士，巴黎克莱蒙公学（collège de Clermont à Paris）的院长，并且曾是笛卡尔在拉福莱希公学（collège de La Flèche）时的老师。他的想法一部分源自亚里士多德主义的传统，一部分源自笛卡尔的思想。他拒绝相信真空的存在，尤其认为如果“将空看作是一切体的缺失”，谈论空的空间本身就充满了内部矛盾，因为根据笛卡尔的《哲学原理》（*Principes de la philosophie*）——其拉丁文版出版于1644年，并于1647年被翻译成法文——“所有的空间一定是体”。这封信开启的论战，是帕斯卡尔的真空实验所引发的所有论战中最重要的一个，它以帕斯卡尔在1648年2月写给勒巴耶尔的信（展品目录56）为终结。

在此所展出的诺艾勒信的手抄本是在帕斯卡尔逝世前誊写的，它曾属于邦雅曼·安普鲁（Benjamin Amproux），巴黎高等法院的推事，也是17世纪后半叶著名的科学爱好者。这个手抄本较早的誊写时间说明，帕斯卡尔和诺艾勒之间的书信当时便在科学界内得以传播。

54

布莱斯·帕斯卡尔：给埃蒂安·诺艾勒神甫的信，1647年10月29日。手抄本，1662年以前

法国国家图书馆，阿瑟纳尔馆，Ms. 4119，本书未展示其图片

帕斯卡尔的回信不单是对对方提出的反对意见的驳斥，还是一堂真正的关于方法的课程。他在信中指出了科学知识与信仰的边界：前者遵守的是显著性原则，该原则让精神能够对可被证实的真理确信无疑；而“对于圣灵所揭示的信仰的奥义，我们的精神只需顺从，这顺从让我们相信感官和理性所不可触及的奥义”。诺艾勒从缺乏证据证明的原则中得出结论，并不知道区分这些不同秩序下的真理。帕斯卡尔的论证首先依托了笛卡尔式的理性原则，他提出的规则是：“我们所肯定和否定的东西对感官或者理性——根据它是由感官还是理性所认知的——而言是如此的清晰和显而易见，精神不可能对它们的确定性持有怀疑。”然而，帕斯卡尔论证的结尾虽也隐射了笛卡尔，却是对后者提出质疑：“我最后想讨论的是您在信中说道，您不相信我反驳的第四点意见—— 一种所有感官尚未知觉和认识的物质充盈着这个空间——是由物理学家提出的。我要回应的是，我可以肯定，事实恰恰相反，因为它正是当今最著名的物理学家之一的观点，您可以在他的论著中看到，他认为在宇宙中有一种普遍存在的、无法感知的神奇物质，它和天空以及元素属于同一种实体。”因此，他和诺艾勒的论战不单针对耶稣会士，还针对了笛卡尔的“微小物质”理论，甚至整个笛卡尔的物理体系，后者把所有的体都视作空间，并将空间隶属于几何学。“帕斯卡尔的思考部分是从笛卡尔出发的，同时也是与其对立的”（Chevalley 2005）：这促使他写道——如果我们相信安托万·芒若（Antoine Menjot）在《遗作集》（*Opuscules posthumes*）（阿姆斯特丹，1697）中所做的记录的话——笛卡尔的哲学是“自然的小说，几乎就像堂·吉诃德的故事一样”。帕斯卡尔这封回

信的手抄本很有可能制作于帕斯卡尔生前。它出自法兰西学院的第一位秘书，瓦朗坦·龚拉尔（Valentin Conrart，1603–1675）之手。

55

埃蒂安·诺艾勒：《空之充盈，或者说体，它填充着新实验中表面看来的真空》（*Le Plein du vuide, ou le corps, dont le vuide apparent des experiences nouvelles, est rempli*）。巴黎，Jean du Bray 出版，1648 年

法国国家图书馆，哲学、历史和人文科学部，R. 25830，本书未展示其图片

诺艾勒的这本书于 1648 年 1 月问世，使得他从上一年 10 月起就与帕斯卡尔展开的关于真空的争论为更多人所知。他始终坚持他在 1647 年 10 月给帕斯卡尔写的第一封信（展品目录 53）中的观点，再次强调帕斯卡尔所谓的由真空占据的空间实际上充满了一种“净化后的空气”，他将其称为“以太”（éther），由此站在了笛卡尔的“微小物质”假设这边。帕斯卡尔与诺艾勒论战时的真正对手是笛卡尔，他在《空之充盈》出版后不久给勒巴耶尔的信（展品目录 56）中，明确地说到了这一点：帕斯卡尔提到了诺艾勒对他 1647 年 10 月 29 日的那封信的回应——他当时认为不应该再对此信做出回复——并说道，这名耶稣会士的观点“与笛卡尔先生的观点没有任何不同，他们对……充满了这个空间的物质的认识一致，他自己也是这么认为的，他在第六页中说，他称为微小空气的东西，与笛卡尔先生提出的微小物质并无二致。因此，我觉得没有太大必要立即反驳他，因为我应该回应的是首先提出这个观点的人”。

56

布莱斯·帕斯卡尔：致雅克·勒巴耶尔的信，1648 年春。手抄本，18 世纪

法国国家图书馆，手写本部，Français 13913，本书未展示其图片

这封长信是与诺艾勒论战中最重要的材料，不仅因为它标志着论战的结束，更因为它见证了帕斯卡尔对托里拆利实验的思考发生了转变。帕斯卡尔首先再次阐释了为何驳斥耶稣会士对水银实验中试管上方所占据物质的性质的解读，随后他解释了第二个现象，即水银在试管中保持一定的高度而不是流到下方的盆中。在这个问题上，他的观点与诺艾勒在信中表达的观点一致："对于液体的悬置，他将其解释为外部空气的重量。我非常高兴看到他在这个问题上达到的高度，与那些最敏锐分析实验的人不相上下。您知道，四年多以前，伟大的托里拆利给里奇先生的那封信（展品目录 46）表明他从那时开始就持这样的想法，而且所有的学者都同意这个看法，并越来越对此深信不疑。不过，我们还是要等待实验的认证，它将在我们最高的山峰之一上举行。我想短时间内不会收到结果，因为我在六个多月前写信问时，收到的回复还是，由于下雪，人们难以抵达山顶。"

由此，帕斯卡尔从真空的假设逐步转向托里拆利最早提出的，但未做实验进行验证的气压的假设。从这时开始，帕斯卡尔致力于获取这个证据。给勒巴耶尔的这封信预告了后来的多姆山（puy de Dôme）实验，成了 1647 年的《关于真空的新实验》（展品目录 52）和 1648 年的《关于液体平衡的重要实验之报告》（展品目录 59）之间的连接点：一边是将自然中的真空展示出来，一边是解释机械现象，它们以前被认为是自然惧怕真空的表现。

57

马林・梅森：《物理数学新观察》（*Novarum Observationum physico-mathematicarum*），第三卷。巴黎，Antoine Bertier 出版，1647 年

法国国家图书馆，珍稀本馆藏，Rés. V. 846，本书未展示其图片

梅森的《物理数学新观察》创作于 1647 年夏，出版于 10 月，继续

了他的《物理数学思考》（*Cogitata physico-mathematica*）和他 1644 年的《几何总概要》（*Universæ geometriæ synopsis*），构成了“一种当时的科学生活的日志”的第三卷（Mesnard 1964）。文中对真空研究的叙述占据了重要地位，表明这个问题是 1647 年科学界的热点，而这在很大程度上归功于帕斯卡尔的实验。除了对历史的见证，梅森的这本书也记录了对后续研究的一个重要观察：托里拆利实验中试管内水银的高度在法国和意大利并不相同，这暗示着，就像托里拆利推断的那样，大气压力或者说“空气柱”能够对此做出决定性的解释。为了证明这一点，只需要通过在不同海拔高度进行实验来改变大气压力或者说“空气柱的长度”。就像梅森在前言中解释的那样：“如果说空气柱是试管中真空的原因，也就是水银高度——它与其重力相抗衡——的原因，那么，如果我们在一个塔楼顶端或者山顶进行实验，由于空气柱的长度相对较短，水银的高度应该会更低。”当帕斯卡尔发表他的《关于真空的新实验》（展品目录 52）时，梅森开启了后续的道路，第一次用书面的形式表达了后来的多姆山实验的原理。不过，我们没有办法知道这个想法是来源于他与帕斯卡尔的讨论，还是与笛卡尔的讨论（展品目录 62）。

这一册原本曾为奥尔良公爵加斯东所有，以金黄色小牛皮做封皮，上有其首字母组成的图案。

58

埃蒂安·诺艾勒：《重力抵消，即空气重力与水银重力之平衡》（*Gravitas comparata, seu comparatio gravitatis æris cum hydrargyri gravitate*）。巴黎，Sébastien 和 Gabriel Cramoisy 出版，1648 年

法国国家图书馆，哲学、历史和人文科学部，R. 25833，本书未展示其图片

梅森于 1647 年 10 月在《物理数学新观察》（展品目录 57）里做出提议之后，曾尝试让一位名叫勒德纳尔（Le Tenneur）的法官，在多姆

山实际操作高海拔上的真空实验。勒德纳尔在 1648 年 1 月 16 日的信中为他无法实施计划而道歉。该计划没有了下文，为了验证大气压力的假设，梅森似乎将重心放在了“真空中的真空”的实验上，即把水银实验放在失去外部空气压力的环境中进行。在 1648 年 1 月 31 日写给梅森的一封信中，笛卡尔不无讽刺地提到了对方寻求适当实验方式的头几次尝试：“我不知道您的那些真空寻觅人如何制造一个完全密闭的、外界空气无法进入的房间来进行他们的实验。”几个月后，即 7 月 17 日，哈雷·德·蒙弗拉内（Hallé de Monflaines）——帕斯卡尔在圣昂热（展品目录 20）事件中的旧友——询问梅森他所专注的实验：“我请求您告诉我，您所说的那个可以证明空气柱存在的、真空中的真空实验。”诺艾勒在 1648 年夏天出版的《重力抵消》一书的核心内容，便是梅森及同伴于 1648 年上半年进行的研究：诺艾勒已经忘记了最近的那场关于“真空充盈”的争论（展品目录 55）。他在书中描述了两个为了实现真空中的真空实验的装置，第一个被认为是帕斯卡尔所创，第二个则由罗贝瓦尔所设计。

59（图见第 122 页）

《关于液体平衡的重要实验之报告》（*Récit de la grande expérience de l'équilibre des liqueurs*）。巴黎，Charles Savreux 出版，1648 年

法国国家图书馆，阿瑟纳尔馆，4° S. 3294（7）

梅森没能亲眼看到他在《物理数学新观察》的前言中所描述的实验付诸实践：他于 1648 年 9 月 1 日离开了人世。两周左右之后，也就是 9 月 19 日，弗洛朗·贝里耶应他妻弟的请求，分别在多姆山的山脚、山腰和山顶进行了水银实验，观察到导管中的水银高度确实发生了变化，并且与大气压力假说所推测的情况相符。在收到弗洛朗·贝里耶的报告之后，帕斯卡尔本人也在巴黎圣雅克塔的塔底和塔顶，进行了一场尺度

较小的实验。

被后世称作“多姆山实验”的这场实验，是印证托里拆利假说的第一场决定性实验。帕斯卡尔赶紧将结果发表了出来，这便是《关于液体平衡的重要实验之报告》。这部作品于 1648 年底出版，由三大部分组成：帕斯卡尔于 1647 年 11 月 15 日写给贝里耶的信，信中请贝里耶“在同一天，使用一个导管和同一管水银，在多姆山山顶和山脚等不同地方进行数次普通的真空实验”；贝里耶在 1648 年 9 月 22 日给帕斯卡尔的回信中，详细地描述了 9 月 19 日在多姆山的实验，以及第二天在克莱蒙大教堂最高的塔楼的塔底和塔顶进行的实验；帕斯卡尔给读者的寄语，在回顾了他自己在圣雅克塔楼进行的实验之后，再次预告了他在《关于

16

argent ont eſté priſes fort exactement, mais celles des lieux où les experiences ont eſté faites, l'ont eſté bien moins.

Si i'auois eu aſſez de loiſir & de commodité, ie les aurois meſurées auec plus de preciſion, & i'aurois meſme marqué des endroits en la montagne de cent en cent toiſes, en chaſcun deſquels i'aurois fait l'experience, & marqué les differences qui ſe ſeroient trouuées à la hauteur du vif-argent en chacune de ces ſtations pour vous dõner au iuſte la difference qu'auroient produit les premieres cent toiſes, celle qu'auroient donné les ſecondes cent toiſes, & ainſi des autres, ce qui pourroit ſeruir pour en dreſſer vne table, dans la continuation de laquelle ceux qui voudroient ſe donner la peine de le faire, pourroient peut eſtre arriuer à la parfaitte cognoiſſance de la iuſte grandeur du diametre de toute la ſphere de l'air.

Ie ne deſeſpere pas de vous enuoyer quelque iour ces differences de cent en cent toiſes, autant pour noſtre ſatisfaction, que pour l'vtilité que le public en pourra receuoir.

Si vous trouuez quelques obſcuritez dans ce recit, ie pourray vous en eſclaircir de viue voix dans peu de iours, eſtant ſur le point de faire vn petit voyage à Paris, où ie vous aſſeureray, que ie ſuis,

De Clermont ce 22. ~~Nouembre~~ Septembre 1648.

MONSIEVR,

Voſtre tres-humble & tres-affectionné ſeruiteur. PERIER.

Cette

17

Cette Relation ayant eſclaircy toutes mes difficultez, ie ne diſſimule pas que i'en receus beaucoup de ſatisfaction, & y ayant veu que la difference de vingt toiſes d'eſleuation, faiſoit difference de deux lignes, à la hauteur du vif-argent, & que ſix à ſept toiſes, en faiſoient enuiron demy ligne, ce qu'il m'eſtoit facile d'eſprouuer en cette ville, Je fis l'experience ordinaire du Vuide au haut & au bas de la tour S. Jacques de la Boucherie, haute de 24. à 25. toiſes, ie trouuay plus de deux lignes de difference à la hauteur du vif-argent, & en ſuitte, ie la fis dans vne maiſon particuliere haute de 90. marches, où ie trouuay tres ſenſiblement demy ligne de difference, ce qui ſe rapporte parfaitement au contenu en la relation de Monſieur Perier.

Tous les curieux le pourront eſprouuer eux-meſmes, quand il leur plaira.

De ceſte experience, ſe tirent beaucoup de conſequenſes, comme

Le moyen de cognoiſtre ſi deux lieux ſont en meſme niueau, c'eſt à dire eſgalement diſtans du centre de la terre, ou lequel des deux eſt le plus eſleué, ſi eſloignez qu'ils ſoient l'vn de l'autre, quand meſmes ils ſeroient Antipodes, ce qui ſeroit comme impoſſible par tout autre moyen.

Le peu de certitude qui ſe trouue au Thermomettre pour marquer les degrez de chaleur, (contre le ſentiment commun,) & que ſon eau hauſſe par fois lors que la chaleur augmente, & que par fois elle baiſſe lors que la chaleur diminuë, bien que touſiours le Thermomettre ſoit demeuré au meſme lieu.

L'ineſgalité de la preſſion de l'air, qui en meſme degré de chaleur, ſe trouue touſiours beaucoup plus preſſé dans les lieux les plus bas.

Toutes ces conſequences ſeront deduites au long dans le traicté du Vuide, & beaucoup d'autres, Auſſi vtiles que curieuſes.

Longueur du demy pied, ſur lequel ont eſté priſes toutes les meſures des Experiences contenuës en la Relation de Monſieur Perier.

图 59 第 16 和 17 页间附加了半页纸张，其页边空白处写有：“半法尺的长度，所有度量均以它为标准”

真空的新实验》（展品目录 52）中提及的“完整论文”。他将在这篇文章中对所有的真空实验做出阐释。

60

杜·布歇（Du Bouchet）：《奥维涅地区地图》（*Carte du pais d'Auvergne*）。巴黎，Michel van Lochom 出版，1645 年。铜版画

法国国家图书馆，地图与平面图部，Ge Dd 2987（610），本书未展示其图片

多姆山的高度被标注在克莱蒙市的北部。

61

让·贝盖（Jean Pecquet）：《新解剖学实验》（*Experimenta nova anatomica*）。巴黎，Sébastien 和 Gabriel Cramoisy 出版，1651 年

法国国家图书馆，珍稀本馆藏，Rés. 4° Ta[30]. 2，本书未展示其图片

著名的生理学家让·贝盖（1622—1674）大力支持通过实验更新科学知识，也对真空实验表现出极大兴趣。他将《新解剖学实验》中一章的篇幅都贡献给了这些实验。他着重描述了帕斯卡尔发起的多姆山实验以及真空中的真空实验。后者由帕斯卡尔的一位朋友，阿德里安·奥朱尔特（Adrien Auzoult）主持——他与哈雷·德·蒙弗拉内（展品目录 58）一样，共同参与了圣昂热事件（展品目录 20）。

62

勒内·笛卡尔：《笛卡尔先生书信集，他在信中回复了多个关于屈光学、几何学以及其他内容的难点问题，第三册也是最后一册》（*Lettres de Mr Descartes : où il répond à plusieurs difficultez qui luy ont esté proposées sur la Dioptrique, la Geometrie, et sur plusieurs autres sujets. Tome troisiesme et dernier*）。 巴 黎，Charles Angot 出 版，1667 年

法国国家图书馆，珍稀本馆藏，R. 3522，本书未展示其图片

笛卡尔虽然拒绝用真空来解释水银实验中导管上方被释放的空间（展品目录 54），但是却公开支持用大气压力来解释为什么水银会固定在一个高度。他在 1647 年 12 月 13 日给梅森的信中写道："我建议帕斯卡尔先生做实验看看在山上时水银的高度是否和在山下时相同。我不知道他去做没有。"于是，设计多姆山实验的功劳便可能归功于笛卡尔，他可能在 1647 年 9 月与帕斯卡尔会面时（展品目录 50）对他提到了这个想法。这封信没有出版，但是 1667 年出版的《笛卡尔书信集》的第三册，收录了一封他在 1649 年 8 月 17 日写给皮埃尔·德·卡尔卡维（Pierre de Carcavy）（展品目录 83）的信。这封信是笛卡尔在得知了《关于液体平衡的重要实验之报告》（展品目录 59）的内容后写的，他再次强调道："我听说帕斯卡尔先生在奥维涅的山上做了，或者让人做了一个实验。我请您告诉我实验的结果，水银在山脚是否上升得更高，以及它比在山顶时高出多少。我应该从他口中而不是从您这儿获得这个消息，因为这实验是我两年前想到的，并且我当时保证，即使我没有做过该实验，我对它的结果也深信不疑。"这个关于原创的问题很难核实。不过可以确定的是，帕斯卡尔是第一个实现该实验的人，他将科学认识的确切性建立在了可观察的明显事实而非理论之上。

展出的这册子原属于皮埃尔－达尼埃尔·于埃（Pierre-Daniel Huet）（展品目录 181），他将笛卡尔信中所有提到帕斯卡尔的部分都找了出来，并在页边上做了标记。

63（见 126 页图）

布莱斯·帕斯卡尔：《液体平衡与大气重力论》（*Traités de l'équilibre des liqueurs, et de la pesanteur de la masse de l'air*）。巴黎，Guillaume Desprez 出版，1663 年

法国国家图书馆，珍稀本馆藏，Rés. p. R. 592

帕斯卡尔留下了一篇《论真空》的前言的草稿和一些片段，这些文字应创作于 1651 年，是帕斯卡尔在 1647 年和 1648 年所宣布的“完整论文”（展品目录 52 和 59）的一部分。前言的草稿——帕斯卡尔在其中明确区分了权威和理性这两种知识源泉的“不同权力”——始终没有得以出版，而其他的片段则作为《液体平衡与大气重力论》的附录在 1663 年出版。这部书是在帕斯卡尔死后由弗洛朗·贝里耶出版的，其主体部分是对 1651 年草稿的彻底重整，而 1651 年的草稿则更接近综合概述。帕斯卡尔很有可能在 1654 年就完成了改写工作，因为在那一年，他对勒巴耶尔学术圈（展品目录 11）的成员们说道：“一部关于真空的论文很快就会交付印刷。”至于为什么帕斯卡尔没有兑现这个承诺，我们不甚清楚，不过，当时他的注意力也同时放在了概率计算的数学问题上（展品目录 68），可能有一定影响。

该册子原属于皮埃尔－达尼埃尔·于埃，封皮为仿碧玉花纹的小牛皮制作，上有其首字母组成的花纹。卷末有他手写的一些笔记：于埃抄录了卢克莱修[①]《物性论》（*De natura rerum*）中的五行诗句（Ⅳ，1021—1025），并记下需参照梅森《物理学与数学问题》（*Questions physiques et mathématiques*）中的第三问。

① Lucretius（约公元前 99—约前 55），古罗马诗人、哲学家，著有哲理长诗《物性论》。——译者注

Figures du Traité de l'Equilibre des Liqueurs.

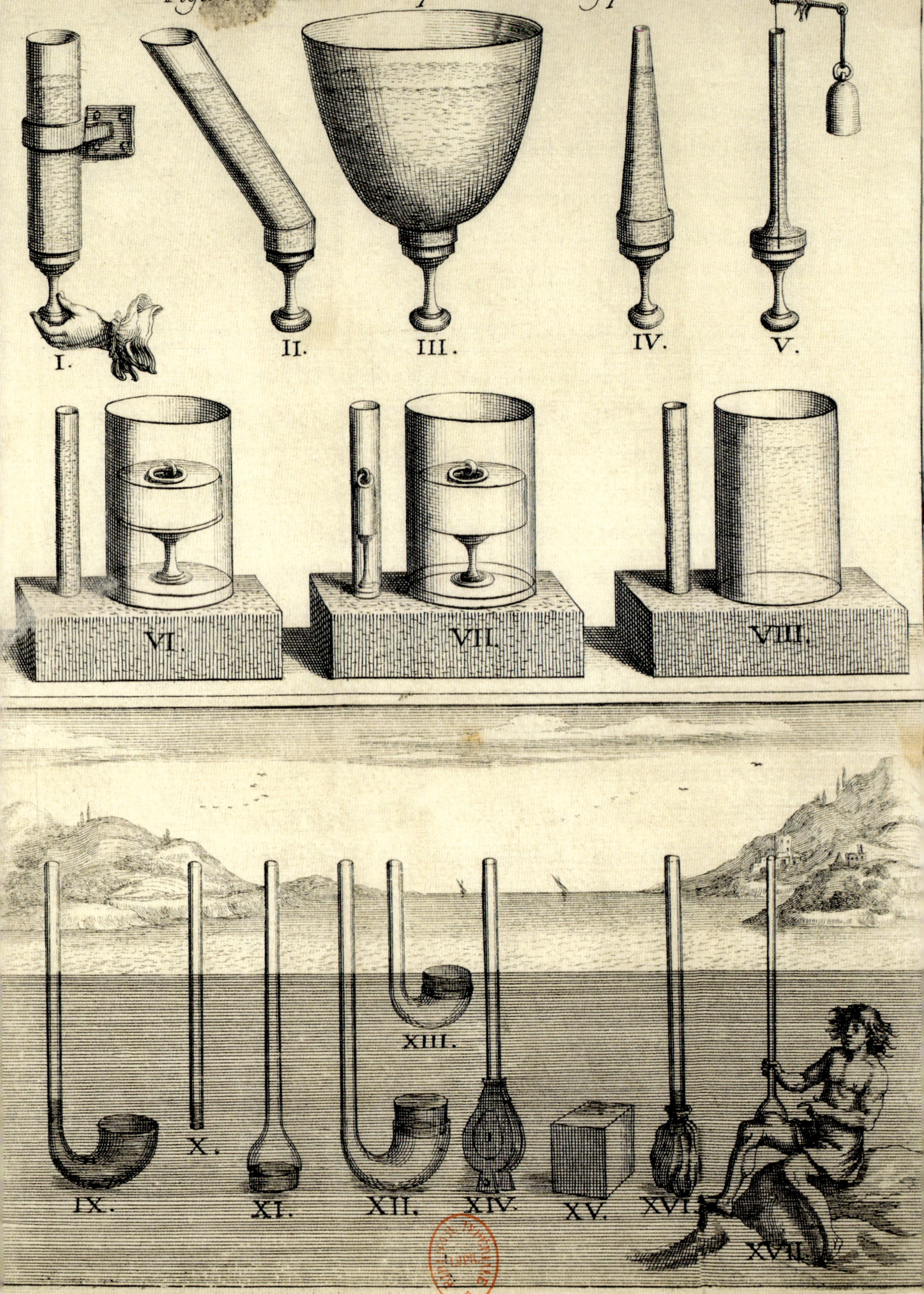

I. II. III. IV. V.

VI. VII. VIII.

IX. X. XI. XII. XIII. XIV. XV. XVI. XVII.

“机遇的几何学”

64（图见第 128 页）

勒南（Le Nain）：《下双六棋的人》（*Les Joueurs de trictrac*），布上油画

巴黎，卢浮宫博物馆，绘画部，RF 2397

赌博者、棋牌、骰子或双六棋都是 17 世纪风俗画画家喜爱的主题。这幅著名的油画为勒南兄弟之一所作，可能是马蒂约（Mathieu），它描绘了绅士之间下双六棋的情景。这个游戏是当时上流社会最喜爱的娱乐活动之一。梅雷骑士（展品目录 29）这个身为绅士的大玩家向帕斯卡尔提出了“骰子的问题”和“赌局的赌金分配问题”。这些问题引导帕斯卡尔展开了一套数学理论，他在致勒巴耶尔学院的文章中（展品目录 11）将之称为“机遇的几何学”，因为该理论“结合了数学论证和机遇的偶然性”。“骰子的问题”寻求的是计算玩家在投多少次后，两颗骰子能得到两个六点。而“赌局的赌金分配问题”则是计算如果赌局——不管是什么游戏——中断，即没有玩够最初设立的局数，应该如何在玩家中分配注入的赌金。

65

弗朗西斯科·莫洛里科（Francesco Maurolico）：《算术两卷》（*Arithmeticorum libri duo*）。威尼斯，Francesco de Franceschi 出版，1575 年

法国国家图书馆，珍稀本馆藏，V. 6098（2），本书未展示其图片

意大利墨西拿（Messina）的著名数学家弗朗西斯科·莫洛里科（1494—1575）的《算术两卷》编纂于 1557 年左右，但在作者死后才得

← 图 63

图 64

以出版。该书的一个重要部分是研究有形数的。有形数[①]的几何学，也被莫洛里科称为“思辨的几何学”，可以追溯到一个极为古老的传统。古罗马末期的波爱修斯（Boethius）研究了几何图形的属性和数字属性之间的关系。数字由此可以被形容为三角形的、金字塔形的、多边形的，等等。莫洛里科的研究并没有重复这个传统，而是将它引向了一个关于数的现代理论。1575 年的版本问世以后，很多 17 世纪的数学家，包括帕斯卡尔，都从中获取灵感。帕斯卡尔在《A. 德通维尔书信集》（展品目录 90）的开

① 关于有形数的定义，参见第 84 页。——译者注

头部分便明确地提到了莫洛里科。不过，在撰写《A. 德通维尔书信集》之前，莫洛里科的有形数几何学便已经帮助帕斯卡尔设想用递推（récurence）方式进行证明，而这正是《论算术三角形》（展品目录 70）的核心问题。在《论算术三角形》的第一版中，有一个章节叫作《有形数》，这个表达随后被帕斯卡尔舍弃，而改为“数之序”（ordre numérique）。

66

马林·梅森：《对抗怀疑论和皮浪主义的科学之真》（*La Vérité des sciences contre les sceptiques ou pyrrhoniens*）。巴黎，Toussaint du Bray 出版，1625 年

法国国家图书馆，珍稀本馆藏，R. 9668，本书未展示其图片

梅森（展品目录 12）对音乐的热爱让他在《科学之真》一书的第三卷，提出了这样一个问题，即“是否可能针对一个主题创作一首乐曲，而这首乐曲是针对同一主题所创作的所有乐曲中最美的”。回答这个问题则需要将针对同一个主题的所有音乐作品都考察一遍，梅森因此创立了一个组合的计数方法：把所有的结果都列在一个表中，写明“从 1 到 50 的各种数量的弦、声音和嗓音所可能允许的乐曲的数量，如此一来，演奏管风琴、斯频耐琴或者其他具备 50 根弦，或 50 个键或 50 根管子的乐器的人，便可以知道对于一个固定的主题，如果他每根弦、每个键在每首乐曲中只碰一次的话，他能够演奏出多少数量的乐曲”。梅森也很快指出这样一种计算方法可以普遍化：“这个表格也可以用于其他事物，因为如果我们想知道，一定数量下，每个士兵、每个字母或者其他什么，可以改变多少次他们的顺序或者序列，或者这些人或物能够被变换多少次，只要它们的数目不超过 50，表格上的数马上就能告诉您答案。不过，如果有 51 个的话，只需要将最后一行的，与 50 对应的那个数乘以 51 即可，如此直到无穷。”

67

皮埃尔·艾利贡纳（Pierre Hérigone）：《数学课程第二卷》（*Cursus mathematici tomus secundus... Tome second du Coursmathématique*）。巴黎，作者和 Henri Le Gras 出版，1634 年

法国国家图书馆，珍稀本馆藏，V. 18275，本书未展示其图片

皮埃尔·艾利贡纳熟识梅森的圈子以及埃蒂安·帕斯卡尔。他与后者一道，是 1634 年检验让 – 巴蒂斯特·莫林（Jean-Baptiste Morin）的经度测量法的委员会的成员。艾利贡纳留下了篇幅巨大的、拉丁语和法语双语的《数学课程》。该著作包括六卷，涉及数学领域的各个方面及其应用。第二卷中的一章着重研究组合计算。在介绍代数的小节中，他也绘制了二项式（binôme）乘方计算表格。帕斯卡尔对此表格有所了解，因为他在《论算术三角形》（展品目录 70）一书的结尾处讨论了如何“采用算术三角形进行二项式和余线（apotome）的乘方计算”，并且引用了艾利贡纳的研究：“我不再演示如何计算，因为其他学者已经做了这方面的研究，比如艾利贡纳。”

68 （图见第 131 页）

皮埃尔·德·费马（Pierre de Fermat）：《数学作品集及书信选集》（*Varia opera mathematica. Accesserunt selectæ quædam ejusdem epistolæ*）。图卢兹，Jean Pech 出版，1679 年

法国国家图书馆，珍稀本馆藏，Rés. V. 644

皮埃尔·德·费马（1601 ? —1665）是图卢兹（Toulouse）的法官，他去世后出版的数学研究包含了他在 1654 年夏天与帕斯卡尔交流的四封信。其中的一封，写于 7 月 29 日，提到了赌金分配问题是由梅雷骑士（展品目录 29）向帕斯卡尔提出的，并且其他人也投身到对该问题的

图 68 皮埃尔・德・费马肖像画

研究中，尤其是罗贝瓦尔。不过，费马是帕斯卡尔的主要对话者，也同他一道，是对概率计算的发明做出了最大贡献的人。两位学者的通信使我们能够见证这个数学发展史的核心时期。“局的价值”这一概念把梅雷骑士提出的问题数学化，在引入这一概念后，帕斯卡尔提出了一个不同于费马的解决办法。费马的方法在于直接计算可能的组合，而帕斯卡尔则从递推法，准确地说，是反向递推法出发，即通过假设的边界来思考真实情况。为了计算当游戏中断时，决定赌金分配的赢局的可能性，帕斯卡尔想象如果游戏得以进行到底，所有可能发生的情况（每个玩家赢或者输的局数），然后由此回溯到中断的那个特殊时刻的情况。

他由此发明了——虽然并没有对此命名——“预期数额”（espérance mathématique）这一数学概念。

展出的该册印刷于大型纸张上，卷首有由弗朗索瓦·波瓦里（François Poilly）制作的费马的肖像版画。

69

克里斯蒂昂·惠更斯（Christiaan Huygens）：《论赌博中的计算》（*De Ratiociniis in ludo aleæ*），载弗朗斯·冯·斯霍滕（Frans van Schooten）的《数学练习第五册》（*Exercitationum mathematicarum liber V*）。莱顿，Jean Elzevier 出版，1657 年

法国国家图书馆，珍稀本馆藏，V. 6239，本书未展示其图片

1655 年惠更斯（1629—1695）第一次前往法国旅行，在此期间，他很有可能通过罗贝瓦尔获悉了赌金分配的问题。应他的老师弗朗斯·冯·斯霍滕之邀，他就这个主题写了一篇小文。他在 1656 年 4 月 18 日给罗贝瓦尔的信中写道：“几天前，我在斯霍滕先生的邀请下撰写了关于赌博的基本计算，他想将文章刊印出来。”弗朗斯·冯·斯霍滕将这篇名为《论赌博中的计算》的文章从荷兰语翻译为拉丁语后，附在他的《数学练习第五册》的最后，于 1657 年出版。这是有关概率计算的第一部公开发表的作品。惠更斯在此补充了他的原始文本。该文本解决了他从卡尔卡维 1656 年 9 月 28 日的信中获知的、费马向帕斯卡尔提出的问题。惠更斯提出了新的解决办法，但同时也承认法国数学家们的贡献，他们是最早思考如何计算偶然事件的人。拉丁版文章的出版很快便让费马和帕斯卡尔的研究闻名于整个欧洲学界。帕斯卡尔本人也在 1658 年 7 月将一本《数学练习》寄给了列日（Liège）的数学家勒内－弗朗索瓦·德·思吕斯（René-François de Sluse）（展品目录 79）。

70

布莱斯·帕斯卡尔:《论算术三角形,附加与此相关的几个小论文》(*Traité du triangle arithmétique, avec quelques autres petits traitez sur la mesme matière*)。巴黎,Guillaume Desprez 出版,1665 年

巴黎,圣热纳维耶芙图书馆,4° V 99 Inv. 579 Rés

《论算数三角形》由 11 篇不同的论文组成,其中前五篇为法文,后六篇为拉丁文。帕斯卡尔在其中系统性地介绍了他在偶然事件计算上的发现。他论述的中心为一个“算术三角”的图形,它呈表格的形式,每列和每行均有数字,对应了给定的递推关系,构成了被帕斯卡尔称为“数之序”,也就是以往人们叫作“有形数”的东西(展品目录 65)。

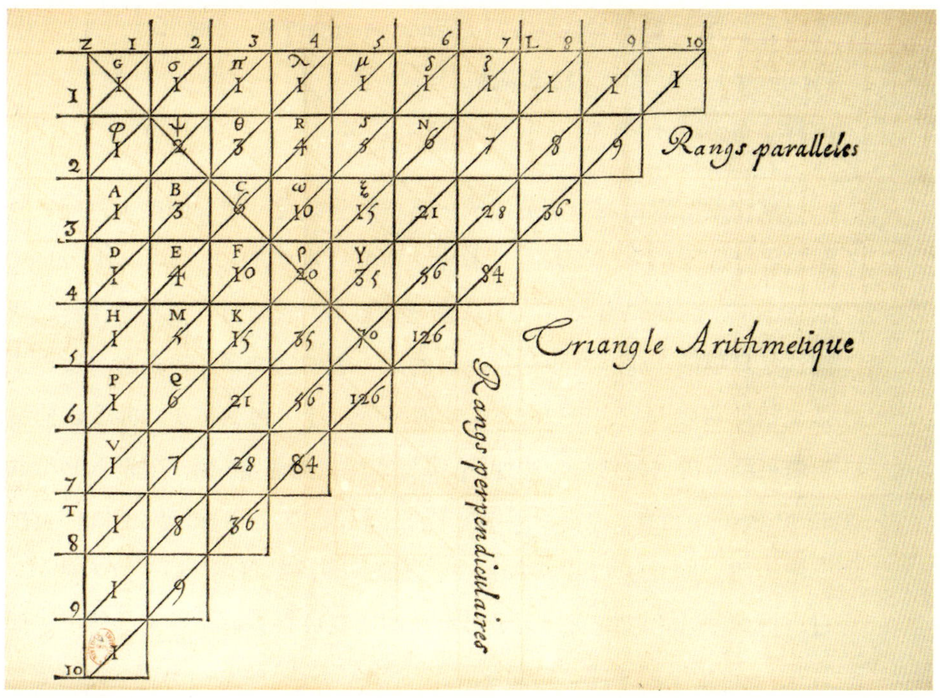

图 70 帕斯卡尔的“算术三角”(复制本:法国国家图书馆,珍稀本馆藏,Rés. V. 860)

这个排列方法本身并没有什么革命性的地方，16 世纪有多名数学家已经研究过了，然而帕斯卡尔有所创新，就在于他提供了一套理论，并通过该理论展示了递推论证的原则（展品目录 68）。这本书在帕斯卡尔去世后的第三年问世，其首页的《告读者书》中写道，这部著作中的所有文章“源于帕斯卡尔先生留下的材料，它们已经被印刷出来，这证明帕斯卡尔先生本来是想将其发表的。但是不久后，由于他放下了这方面的研究，所以忘记了将其出版”。整部书中只有封面、《告读者书》以及印有算术三角图形的那一页是 1665 年印刷的，其他部分实际上集合了已经在 1654 年印刷的部分：帕斯卡尔在那一年 11 月的“第二次皈依”（展品目录 148），让他放弃了发行作品的想法。

71

《赌金分配可参照的规则》（*Règles auxquelles se peuvent rapporter les partis*）。手写本，18 世纪初期？

法国国家图书馆，手写本部，Nouv. acq. fr. 5176, f. 32–37，本书未展示其图片

这份手写本由两个部分组成：第一部分研究“赌局的赌金分配”，第二部分研究“骰子的分配”。科学史研究者皮埃尔·科斯塔贝勒（Pierre Costabel）于 1962 年 5 月 21 日在该手写本的首页写下了一条注释，谈到这是惠更斯《论赌博中的计算》的第一版的法文译文，而这一版早于他交给斯霍滕并发表于 1657 年的那一版。让·梅纳尔（1964）认同科斯塔贝勒所指出的抄写人的身份：手写本应该为菲洛·德·毕耶特（Filleau des Billettes）所作，他是洛阿内公爵圈子里的“帕斯卡林”小团体的一员，菲洛·德·拉雪兹（Filleau de La Chaise）（展品目录 183）的弟弟。不过，梅纳尔认为这些文字不是惠更斯的研究成果，而是菲洛·德·毕耶特在 18 世纪早期关注赌局问题后，在阅读此作品的基础上写下的笔记。

无穷算术

72

博纳文图拉·卡瓦列里（Bonaventura Cavalieri）：《连续不可分量的新几何学》（*Geometria indivisibilibus continuorum nova quadam ratione promota*）。博洛尼亚，Clemente Ferroni 出版，1635 年

法国国家图书馆，珍稀本馆藏，V. 6133，本书未展示其图片

博纳文图拉·卡瓦列里（1598?—1647）是博洛尼亚的数学老师，他在 1635 年出版的这部著作是第一个深入介绍“不可分量法”的作品。该方法作为古老“穷举法”的替代方法，用于计算弧形或不规则图形的面积或体积，即将有限的几何体视作由一系列单元生成的产物，这些单元无穷小或者说“不可分量”，比几何体低一维度，数量无限：点是直线的“不可分量”，线段是面的“不可分量”，面是体的“不可分量”。两个面的“不可分量”之间的关系可以被用来比较两者的面积，并且可以通过积分而非计数（dénombrement）的方法来计算面积。这种积分法基于一种对扫过面的线段进行叠加的原理（principe de balayage），计算“不可分量”的“总和”（somme），进而求得面积。同样，也可用两个体的“不可分量”之间的关系来比较两者的体积，或通过叠加扫过体的面来求得体积。帕斯卡尔在其第一封关于旋轮线的、寄给多人的信中（展品目录 81），表现出了他对“不可分量”理论的关注。他在信中呼吁同时代的学者“通过古人的方法，或者依照不可分量理论”来解决他提出的问题，并且借用卡瓦列里的《连续不可分量的新几何学》第四册中的一个例子，表达了自己的观点。同样，在《A. 德通维尔书信集》（展品目录 90）篇首一封给卡尔卡维的信中，帕斯卡尔大量使用了“不可分量”理论中的术语，其提到的“线之和”“面之和”和“弧之和”意指其考察的图形无穷等分之后的元素之和。帕斯卡尔在解释时反对传统

主义者，指出他们“不愿意理解‘不可分量’理论，并认为用无限数量的线来表达面是对几何学的亵渎，而这只是由于他们缺少智慧”。不过在他的论证中，帕斯卡尔并没有严格按照卡瓦列里的意思来使用“不可分量”一词，他使用的意思是经过修订的，考虑到了针对卡瓦列里方法的主要反对意见：帕斯卡尔笔下的“小份”（petites portions）有别于卡瓦列里的“不可分量”，它们与它们所组成的几何体是同质的（一个面被分割为无穷多的无穷小的面，一个体被分割为无穷多的无穷小的体）。

73

博纳文图拉·卡瓦列里：《几何练习六》（*Exercitationes geometricae sex*）。博洛尼亚，Giacomo Monti 出版，1647 年

法国国家图书馆，珍稀本馆藏，V. 6135，本书未展示其图片

列日的议事司铎（chanoine）勒内－弗朗索瓦·德·思吕斯在 1658 年 4 月 6 日给帕斯卡尔写的信中，讨论了关于尤其复杂的曲线的属性（特别是“悬链线”，也就是惠更斯称作“火焰形线”的曲线）等几何问题，希望定义其面积、切线和重心（展品目录 80）。他写道：“我认为您的原则非常可靠，并且与卡瓦列里在《几何练习》中以及沃利斯在《无穷算术》中使用的原则非常接近。”卡瓦列里在他的《几何练习》中再度大量讨论了“不可分量”问题，回应了数学家保罗·古尔丁（Paul Guldin）对其方法的批评，并且借此机会修正了 1635 年出版的《连续不可分量的新几何学》中的几处缺陷（展品目录 72）。

74

约翰·沃利斯（John Wallis）：《数学研究第二部分》（*Operum mathematicorum pars altera*）。牛津，Octavian Pullen 出版，1656 年

法国国家图书馆，文学和艺术部，V. 6560，本书未展示其图片

牛津教授约翰·沃利斯（1616—1703）的《数学研究》的第二部分包括了他最重要的作品中的两部：《圆锥曲线论》（*De sectionibus conicis*）（沃利斯在该文中首次用符号∞来指代无穷大）和《无穷算术》（*Arithmetica infinitorum*）。在这两部作品中，他依托了卡瓦列里的“不可分量”法。思吕斯（展品目录 79 和 80）认为帕斯卡尔在一些尤为复杂的几何问题上的想法，同沃利斯与卡瓦列里接近。同帕斯卡尔的数学研究一样，沃利斯的作品继承了卡瓦列里和托里拆利（展品目录 77）的研究，表现了数学思想中的革命性变化，而这一变化脱胎于“不可分量”法。后者“要求人们在严格意义上的表象（représentation）不再存在时，继续延伸通过直觉的呈现而让人联想到的属性，并且用理想化的想象来替代直觉的真实材料”（布伦施维格：《数学哲学的步骤》*Les Étapes de la philosophie mathématique*）。

75

马林·梅森：《佛罗伦萨公爵的数学家和工程师，伽利略之新思想》（*Les Nouvelles Pensées de Galilée, mathematicien et ingénieur du duc de Florence*）。巴黎，Henri Guenon 出版，1639 年

法国国家图书馆，文学和艺术部，V. 20941，本书未展示其图片

梅森（展品目录 10）所著的《伽利略之新思想》是将这位佛罗伦萨学者的思想引入法国的重要作品之一。梅森尤其着力于“亚里士多德圆轮悖论”——这个问题他已经关注了十年左右，而伽利略在 1638 年出版的《谈话与数学证明》的第一日谈中提到过——为什么两个圆心重叠但半径不同的圆轮，绕同一个轴并延同一直线旋转，在相同时间内划过相同的距离，然而它们的周长却是不同的？从这个问题引申出沿直线无滑滚动的圆周上的一点的运动所画出的特殊曲线的属性问题，或者用帕斯卡尔在 1658 年写下的话（展品目录 86）说：“车轮上的一颗钉子在正

常行驶时在空中画出的路径，从这颗钉子开始离开地面，到轮子运动一周后将它重新带回地面为止，并且假设车轮是完美的圆形，而钉子位于圆周之上，且地面是完全平整的。”

早在 1628 年，并且后来在 1633 年到 1634 年，梅森便让罗贝瓦尔确定这个曲线的形状并计算它的面积。他把这种曲线命名为“旋轮线”（roulette），并同时把罗贝瓦尔的首次计算结果放在“新观察”（Nouvelles observations）的第 11 篇中，作为他的论文《宇宙和谐》（*L'Harmonie universelle*）（展品目录 12）的补篇于 1638 年发表：罗贝瓦尔在 1634 年至 1635 年间发现了旋轮线的形状。他还在 1637 年发现了“圆在滚动一周的过程中，在空中画下的线条所包含的面积，以及圆滚动时与圆周所处同一平面的下方所包含的面积，是该圆面积的三倍”。《伽利略之新思想》补充了罗贝瓦尔已发表的研究成果。

此处展出的这一册为皮埃尔和雅克·杜普伊兄弟二人的藏书（展品目录 48）。

76

吉尔·佩尔森·德·罗贝瓦尔（Gilles Personne de Roberval）：《简论运动之组成与判定曲线的切触线之方法》（*Brieves observations sur la composition des mouvemens et sur les moyens de trouver les touchantes des lignes courbes*）。手抄本，并附有原作者的亲笔笔记，约 1642 年与 1668 年

法国国家图书馆，手写本部，Français 9119，本书未展示其图片

罗贝瓦尔在这篇作品中重新审视了他几年前对梅森关于旋轮线的第二个问题的回答：在定义了它的形状后，需要确定它的切线。这个手抄本出自罗贝瓦尔的一名学生之手，弗朗索瓦·杜·威尔杜（François Du Verdus）（展品目录 46），他大约在 1642 年誊抄了此作。而老师又亲

笔修改了好几处地方，这些修改是 1668 年罗贝瓦尔在科学院举行讲座的契机下进行的。1693 年皇家印刷商出版的《皇家科学院诸位先生之数学与物理作品选》（*Divers ouvrages de mathématique et de physique par Messieurs de l'Académie royale des sciences*）中，这部手写本被收录在内，文章首页的《告读者书》详细说明了这一情况。

77

埃万杰利斯塔·托里拆利（Evangelista Torricelli）:《论球面与球体第二册》（*De sphæra et solidis sphæralibus libri duo*）。佛罗伦萨，Amatore Massa 和 Lorenzo de Landis 出版，1644 年

法国国家图书馆，珍稀本馆藏，V. 6139，本书未展示其图片

托里拆利（展品目录 45—46）这篇论文的附录名为《摆线的面积》，是第一篇针对梅森称为"旋轮线"（roulette）而托里拆利继承伽利略的叫法称作"摆线"（cycloïde）的曲线，并付诸印刷的论文。托里拆利的作品对当时的学界有重大影响。由于他借鉴了不可分量法，所以沃利斯（展品目录 74）是通过他了解到卡瓦列里（展品目录 72—73）的研究成果的。托里拆利的论文也在帕斯卡尔对旋轮线的思考演变中扮演了关键性角色。帕斯卡尔在《关于旋轮线的文字》（*Écrits sur la roulette*）的第一部分末尾（展品目录 81）给出的曲线的定义，正是借鉴了托里拆利的研究："圆 DL 圆周上的一点 D 与直线 AD 相切。若将圆 DL 延直线 DA 向 A 点以线性旋转的方式移动，使得圆上的每个点始终依次接触线 DA，直到点 D 再次与直线相切（例如在点 A 处），则在圆 DL 圆周上的点 D 将画出一道曲线，该曲线从直线 AD 向上移动，最高达到点 C，最后回到点 A。该曲线则被称作摆线。"

78

吉尔·佩尔森·德·罗贝瓦尔：《论旋轮线及其面积》（*De trochoide ejusque spatio*）。手写本，1670 年前

法国国家图书馆，手写本部，Nouv. acq. lat. 2340，本书未展示其图片

就像他的《简论运动之组成》（展品目录 76）一样，罗贝瓦尔研究“旋轮线”（roulette）——后来他借用希腊语“轮子”一词，trochos，用更为学术的 trochoïde 重新命名该曲线——属性的手稿直到 1693 年才发表于合集《皇家科学院诸位先生之数学与物理作品选》。不过罗贝瓦尔于 1670 年 4 月在该科学院举办的三场演讲中宣读过这一文章。就像出版的书中显示的那样，该手写本附有罗贝瓦尔在 1646 年或 1647 年写给托里拆利却从未寄出的一封信。托里拆利在 1643 年的书信中描述了摆线的部分属性，并于 1644 年公开发表（展品目录 77），但从未提及罗贝瓦尔在几年前得出的研究结果。罗贝瓦尔对此十分不满，因此在信中追溯了 1628 年以来的关于旋轮线的研究，以期证明该曲线属性的发现者是法国人，而非意大利人伽利略和托里拆利。十二年后，帕斯卡尔在他的《旋轮线研究史》（展品目录 86）中重新使用了这些论据。

撇开关于首创者的争论和对敏感神经的触怒——罗贝瓦尔易怒的性格使他十分容易如此——这些论战说明了 cycloïde 或者说 trochoïde 或者说 roulette，在 17 世纪的最后二十余年里，逐步成了欧洲学界研究的重要问题之一。

79

勒内－弗朗索瓦·德·思吕斯（René-François de Sluse）：《来自巴黎的问题》（*Problema missum Parisiis*）。作者亲笔手稿，1657 年 12 月左右

法国国家图书馆，手写本部，Latin 10247，本书未展示其图片

正如当时的大部分学者一样，列日人勒内－弗朗索瓦·德·思吕斯（1622—1685）并非专职的数学研究者。结束了在鲁汶的学习后，他于1643年在罗马获得了法学博士学位。在罗马度过的十年中，他也积极投入到他感兴趣的数学领域，尤其关注卡瓦列里和托里拆利关于不可分量几何学的研究。他于1650年被任命为列日大教堂的议事司铎。在这个城市中，他与当时最杰出的数学家们保持着大量通信，例如身在罗马的米开朗基罗·里奇（Michelangelo Ricci）（展品目录46），海牙的克里斯蒂昂·惠更斯（展品目录69和84），牛津的约翰·沃利斯（展品目录74）等。他与帕斯卡尔的通信使得后者在1657年再度回归到数学研究上——此前因为1654年的"第二次皈依"（展品目录148），帕斯卡尔终止了这项活动。思吕斯在佛罗伦萨人柯西莫·布鲁纳提（Cosimo Brunetti）的帮助下，与帕斯卡尔建立了联系。思吕斯是在罗马结识布鲁纳提的，而后者1655年在巴黎生活，其间认识了阿尔诺（展品目录103和139页图）并成了波尔－罗雅尔的常客——因为这层关系，后来是他将《致外省人信札》翻译成了意大利文。1657年夏天，思吕斯给布鲁纳提寄去了一封信，希望他转交给巴黎的数学家们，信中讨论了重心计算的几何问题，他同时也将这一问题寄给了惠更斯。布鲁纳提将该问题介绍给了帕斯卡尔，它可能是帕斯卡尔参与研究，并在来年投身旋轮线论战的契机（展品目录81—87）。帕斯卡尔在他的《旋轮线研究史》（展品目录86）一书中提到的"未曾预料的契机"，很可能指的是思吕斯的邀请，而不是吉尔贝特·贝里耶在《帕斯卡尔先生的一生》中所记录下的失眠夜中的剧烈牙痛。帕斯卡尔说："一个未曾预料的契机让我想到了几何学，于是我建立了计算体、平面与曲面以及曲线的体积和重心的方法，我想很少有物体不适用于这些方法。"在给思吕斯的回信中，除了解决方法外，帕斯卡尔还提出了两个问题。思吕斯对第一个问题的答复的原件如今被附嵌在帕斯卡尔遗留下来的"关于旋轮线的文字"中（展品目录81）。展出的这篇手稿则是思吕斯对另一个随后收到的"来自巴黎的问题”的回复。

80

勒内－弗朗索瓦·德·思吕斯：致帕斯卡尔的一封信的草稿，1658年4月6日。作者亲笔手稿

法国国家图书馆，手写本部，Latin 10249，本书未展示其图片

1658年至1660年间，思吕斯与帕斯卡尔直接通信，而不再依靠布鲁纳提转交。信件的原件均已遗失，但思吕斯的18封信中，有两封信的抄本被保留了下来，另外的信则留下了作者亲笔书写的草稿。1658年4月6日的这封信，也就是思吕斯直接寄给帕斯卡尔的第一封信，便是如此。此信是对3月24日帕斯卡尔来信的回复，涉及自上一年开始二人便交流的几个问题（展品目录79），也提到了帕斯卡尔感兴趣的特殊曲线的研究——帕斯卡尔将后者视作他对圆锥曲线的思考（展品目录42）的延伸。思吕斯写道：“从很早开始，我便思考您提到的悬链线以及其他各种暂且被称作旋轮线和椭圆的曲线。……我找到了其中不少曲线的面积、重心和［通过将曲线绕其轴或底边旋转所得到的］体，但没有解决所有曲线的这些问题。”思吕斯也借这个机会向帕斯卡尔表明，他觉得帕斯卡尔在这些问题上的解决方法与卡瓦列里和沃利斯的“不可分量”法（展品目录73—74）类似。因此，不管是从问题的提出，还是从帕斯卡尔所提供的解决办法的角度，他与思吕斯的通信酝酿了关于旋轮线的竞赛（展品目录81）。

1658年4月6日的信以《圣经》的一段文字（《以赛亚书》49 : 5）的阐释结束。帕斯卡尔之前就这一段询问了思吕斯的看法。后来他将所征求的意见纳入了为《思想录》所准备的关于预言的材料（S. 718）中。这表明，那时候数学家帕斯卡尔和护道者帕斯卡尔之间的界限尚未划分。

81

[布莱斯·帕斯卡尔]:《经过这几个月来我们对旋轮线及其重心的思考》,[关于旋轮线的第一封信]。[巴黎,1658 年 6 月 28 日以前]

法国国家图书馆,珍稀本馆藏,Rés. V. 859

1658 年 6 月末,帕斯卡尔向当时“最博学的几何学家们”提出了挑战,以一种惊人的方式打破了他在《追思》(展品目录 148)中“忘记上流社会以及除上帝之外的一切”的宣言:他以匿名的方式号召开展一个旨在解决有关“旋轮线”或者说“摆线”(展品目录 75)的三个问题的竞赛。第一个问题在于确定旋轮线其中一段的面积和重心;第二,将该曲线段绕其底边和曲线的轴旋转而得到一个体,求其体积和重心;第三,求用一个面穿过这些体之后得到的半边体的重心。答案需要在 10 月 1 日前上交。如果没有获得足够令人满意的答案,匿名发起人将公布他得出的结论——这证明这个竞赛是帕斯卡尔向他的同时代人提出的挑战,遵循才智“比武”的精神。这种比赛在 17 世纪的欧洲学术界十分普遍,但是“旋轮线竞赛”的特殊之处在于它是匿名组织的,并且两个奖项奖励的是真金白银而不是荣誉:一等奖为奖金 40 皮斯托尔[①],二等奖为 20 皮斯托尔,如果只有一个胜出者,则他将获得 60 皮斯托尔。

1658 年 6 月印刷的这两张纸上说明了竞赛的目标和条件,开启了随后直到第二年 1 月为止,以相似形式出版的一系列匿名文章,它们被统称为“关于旋轮线的文字”:文字一共有六篇,八个版本,因为其中两篇同时出版了法文版与拉丁文版。前三篇发表于 1658 年 6 月到 10 月 9 日之间,制定或重温竞赛的规则;后面三篇发表于 1658 年 10 月 10 日到 1659 年 1 月 20 日之间,回顾了“旋轮线研究史”,既包含了对该曲

① Pistole,法国古币名。一个皮斯托尔等于 10 个利弗尔(livre),而一个利弗尔约合 409 克银的价格。——译者注

nanciſcantur, & ex quibus forſan apud poſteros gratiam inibimus.

Hoc vnum reſtat vt lineæ Cycloidis deſcriptionem exhibeamus, a quâ breuitatis cauſâ abſtinendum arbitrabamur, cùm hæc linea jampridem Galileo, Toricellio, & alijs innotuerit, ſed quia eorum libri omnibus non ſunt obnoxij, ideò hanc ex Toricellio damus.

Deſcriptio Cycloidis.

Concipiatur ſuper manente rectâ lineâ AD, circulus DL contingens rectam DA in puncto D. noteturque punctum D tanquam fixum in peripheriâ circuli DL: tùm intelligatur ſuper manente rectâ DA conuerti circulum DL motu circulari ſimul & progreſſiuo verſus partes A, ita vt ſubinde aliquo ſui puncto rectam lineam AD ſemper contingat, quouſque fixum punctum D iterum ad contactum reuertatur putà in A. Certum eſt quod punctum D fixum in peripheriâ circuli rotantis AC, aliquam lineam deſcribet, ſurgentem primò a ſubjectâ lineâ AD, deinde culminantem verſus C, poſtremo pronam deſcendentemque verſus punctum A. Et talis linea vocata eſt Cyclois.

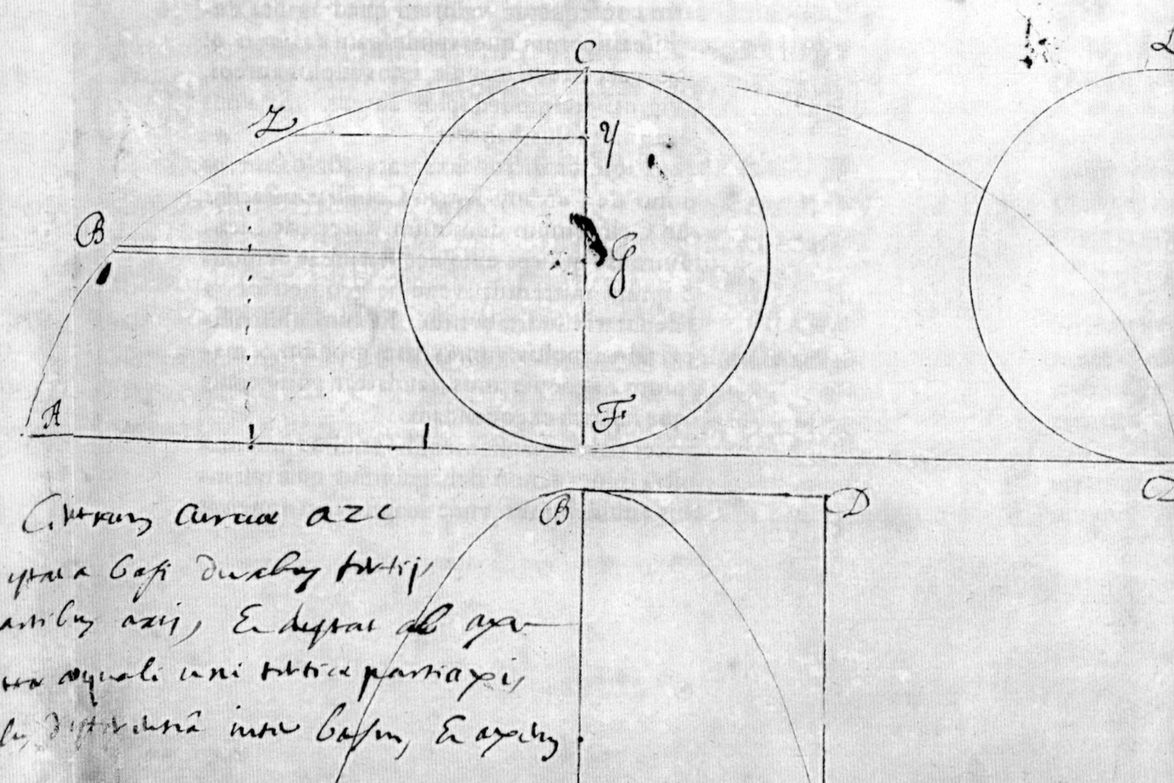

图 81　帕斯卡尔手绘图及手写笔记

线的发现的叙述（展品目录 86），同时也宣布了竞赛的结果（展品目录 87），并且对拉鲁维尔（Lalouvère）神甫提出的质疑（展品目录 88）做出了解答。

由于这些文字用于内部传阅，所以每个版本的印刷数量都极其稀少，每版发行二至七册。这里展出的第一封信保存在非常珍贵的《帕斯卡尔数学写作集》中，这个集册收集了他自己的文稿，并且他的那册《论圆锥》（展品目录 42）原本也在里面。第三页下面的两个手绘图形——一个摆线图形和一个抛物线图形，很有可能出自帕斯卡尔本人之手。

82

［布莱斯·帕斯卡尔］：《当我们提出的关于旋轮线的两个问题受到质疑时，杰出的神学专家卡尔卡维向我们指出》，［关于旋轮线的第二封信］。［巴黎，1658 年 7 月 19 日以前］

克莱蒙 – 费朗，市政图书馆，R. 1036，本书未展示其图片

1658 年 7 月中旬，帕斯卡尔发表了第二封信，信中对竞赛对象做了重要说明。首先，他指出竞赛涉及的不是所有的摆线，而只是它最经典的形式（“简单、自然和基本的摆线”）。其次，由于他获悉一部分问题已在先前被罗贝瓦尔解决，或者根据罗贝瓦尔的推导可以很容易得出答案（展品目录 75 和 76），所以他将竞赛局限在了之前提出的第三个问题上，至少将它作为主要问题，因为只有这个问题需要一个全新的解决方案。虽然帕斯卡尔没有明确将另外两个问题排除，但是他暗示它们难度低，把它们放在了次要的位置上。竞赛希望得到的结果并不是集体对科学的发展做出的贡献，而是个人智慧力量的展示，所以帕斯卡尔对推理的优美和准确同样重视：他期望“邀请博学的几何学家们在考虑到便利与乐趣的基础上解决问题，请他们排除所有与智慧的敏锐无关的东西，因为只有这一品质值得我们重视，而我们想挑战与褒奖的也只有它”。

这里展出的第二封信保存在一个集子中，后者收录了六篇关于旋轮线的文字，每篇均为一个独立出版物。玛格丽特·贝里耶在 1723 年将该文集捐献给克莱蒙奥拉托利会。

83

热拉尔·艾德林克（Gérard Edelinck）：皮埃尔·德·卡尔卡维肖像画。铜版画，1675 年

法国国家图书馆，版画部，Ec 75 Rés. fol.，本书未展示其图片

皮埃尔·德·卡尔卡维（1607—1684）与梅森（展品目录 11）往来密切。是他将帕斯卡尔引荐到了利昂古尔官邸（展品目录 25）。1658 年，帕斯卡尔委托他来主持旋轮线竞赛：帕斯卡尔将奖金交付给他，让他来收取答案，并且也由他来指定评委。对帕斯卡尔而言，卡尔卡维具备两大品质：一是他在当时欧洲的学术界人脉极广，二是他与波尔 - 罗雅尔关系密切。并且通过他的代言，帕斯卡尔可以匿名组织整个竞赛：卡尔卡维是比武场的传令官，而他则是无名骑士。

84

热拉尔·艾德林克：克里斯蒂安·惠更斯肖像画。铜版画，1687 年

法国国家图书馆，版画部，Estampes, N 2，本书未展示其图片

1658 年 6 月 28 日，巴黎的天文学家伊思马埃尔·布里约（Ismaël Boulliau）给惠更斯写了一封信。布里约常常参加勒巴耶尔以及后来克劳德·弥龙（Claude Mylon）主持的学院聚会（展品目录 11）。他在惠更斯 1655 年游历巴黎之际（展品目录 69）结识了后者，并且因为自己 1657 年以法国大使秘书的身份前去荷兰，与之关系更为密切。布里约写道：“先生，随信附上一个陌生人对回应其问题者的承诺。若您愿意研

究这些问题，可以获得不少皮斯托尔。”布里约从弥龙那里得到两份 7 月份的挑战书，同时还寄给了惠更斯（展品目录 82）：一份是给惠更斯的，另一份则是给他的老师斯霍滕的。于是，从弥龙的学院，也就是梅森学院的最后继承者那里，竞赛以接力的方式传递，使帕斯卡尔得以保持匿名。比如科奈勒姆·迪格比（展品目录 12）在英国学者间扮演了同布里约一样的角色。只有思吕斯（展品目录 79）与帕斯卡尔有直接联系，不过后者假装自己只是一个中间人。

就像很多其他人一样，惠更斯只是附带地参与到挑战中，只给出一些局部答案，对奖金并不感兴趣。7 月 25 日，在强调了“陌生人的问题”的高难度后，惠更斯寄给了布里约一些解决办法，但是认为没有必要附上演算过程，“因为我并没有找到问题剩余部分的答案，因此无法竞争奖励”。9 月他寄出的补充说明，则讨论了摆线所得出的体的重心，与竞赛主题无关。帕斯卡尔在竞赛契机下——虽然是在竞赛之外——收到的最重要的信件来自英国建筑学家克里斯多佛·雷恩（Christopher Wren）。雷恩成功地计算出了摆线的长度（其轴线的四倍）。帕斯卡尔当时的研究还未达到这个程度，但他很快便发现，自己能利用这个结果来彻底确认，他所创立的计算曲线生成的面和体的面积、体积以及重心的方法是普遍适用的。这解释了为什么帕斯卡尔在 1658 年 10 月提出了一系列新的问题并重启竞赛（展品目录 86）。

惠更斯的这个肖像于 1687 年由艾德林克刻绘，用于版画家雅克·安托万·弗里格·德·沃洛斯（Jacques Antoine Friquet de Vaurose）在 1685 年便计划创作的肖像集。这个肖像集未能问世。版画所依据的画稿很有可能参考了 1671 年卡斯帕·纳切尔（Caspar Netscher）绘制的惠更斯肖像画。

85

［布莱斯·帕斯卡尔］：《10 月 1 日，也就是收取解决方案的最终时间

已经到来》，［关于旋轮线的第三封信］。［巴黎］，1658 年 10 月 7 日

巴黎，科学学院档案馆，86 J 11，本书未展示其图片

竞赛结束几天后，帕斯卡尔在这第三封信中重申了竞赛条件。他首先回复了来自外国学者的质疑。他们认为，由于在当时战争中的欧洲，信件的寄送耗时极长且极具不确定性，如此短的回复期冒犯了并非身在法国的他们。另外，帕斯卡尔取消了只提供了错误计算的参赛者的资格，尽管后者声称可以受到 6 月那封信的庇护，因为信上写道，“如果混入了错误的计算，我们将不做追究”。在帕斯卡尔看来，错误的计算只有在提供了合理的推导过程的情况下才能被原谅。虽然帕斯卡尔没有道出姓名，但这两个回应针对的是英国学者沃利斯（展品目录 89）和耶稣会士拉鲁维尔（展品目录 88）。最后，帕斯卡尔准备打出他的王牌，并宣告他的胜利。他宣布已经将写有“真正的计算”，并附有公证书的手稿“交给了数名值得信赖的人”，其中包括卡尔卡维和罗贝瓦尔。这些手稿已遗失。

第三封信的法文版仅存有两册印刷版与两本手抄本。现在展出的这一册保存在一个收录了六封关于旋轮线的文字的集册中（该集册包含有七个印刷版，因其中第三封信既有拉丁文版又有法文版）。玛格丽特·贝里耶在 1723 年将该文集捐献给克莱蒙奥拉托利会。1804 年前夕，它开始为私人所收藏，最终于 1931 年由保罗·埃尔布隆纳（Paul Helbronner）捐赠给了科学学院（Académie des sciences）。

86

［布莱斯·帕斯卡尔］：《旋轮线，也称圆滚线或摆线的研究历史，追溯我们如何一步步理解这种曲线的性质》（*Histoire de la roulette, appelée autrement la trochoïde, ou la cycloïde, où l'on rapporte par quels degrez on est arrivé à la connoissance de la nature de cette ligne*）。［巴黎］，1658 年 10 月 10 日

法国国家图书馆，珍稀本馆藏，Rés. V. 854，本书未展示其图片

这第四篇关于旋轮线的文字在整个系列中占据了极其重要的地位。其最长的论述部分讲述了自梅森的提议以来（展品目录 75），研究旋轮线的历史。帕斯卡尔由于不知道罗贝瓦尔的研究成果，在他的第一封信中只引用了托里拆利的研究（展品目录 77），为此他颇感尴尬，并毫不犹豫地指责托里拆利偷偷地将法国几何学家的成果占为己有。他为罗贝瓦尔辩护的语言与罗贝瓦尔自己在他本打算寄给托里拆利的信中（1646—1647）的说辞非常接近（展品目录 78）。

随后，帕斯卡尔介绍了所收集的回信，既包括并非以参加竞赛为目的而只是借机对摆线进行的思考或是给出的部分答案，也包括真正为了参加竞赛的回信。大部分的回信属于第一类：帕斯卡尔提到了勒内 – 弗朗索瓦・德・思吕斯（展品目录 79），米开朗基罗・里奇（展品目录 45—46），克里斯蒂安・惠更斯和克里斯多佛・雷恩（展品目录 84）。参加竞赛的候选人只有两个，约翰・沃利斯和安托万・拉鲁维尔（展品目录 87）。

最后，帕斯卡尔提出了三个“关于旋轮线性质”的新问题，即确定曲线任意部分的重心，计算该部分在绕轴旋转后所得的曲面，以及该面的重心——最后这个问题被帕斯卡尔称作“最难的，实质上是我提出的唯一问题”。这些问题通常被称作“10 月问题”，以便和 6 月提出的问题加以区分。由此，帕斯卡尔在第一场竞赛中又开启了第二场竞赛，尽管这次没有提供奖励。不过和 6 月一样，回信的期限是三个月：如果到了 1658 年 12 月 31 日，他仍然没有收到令人满意的答复，他将发表自己的研究成果。

展出的这一册原本收集在伊思马埃尔・布里约的一个集子中（展品

目录 84），该集子汇集了六篇帕斯卡尔旋轮线文字中的四篇，共五个版本，其中《旋轮线研究史》包含了法文版和拉丁文版（*Historia trochoidis sive cycloïdis*）。

87

［布莱斯·帕斯卡尔］：《对旋轮线之公开竞赛的回信的情况介绍与评论。因无人提供真正的解决方案，故该奖项无人可以领取》（*Récit de l'examen et du jugement des escrits envoyez pour les prix, proposez publiquement sur le sujet de la roulette. Où l'on voit que ces prix n'ont point esté gagnez, parce que personne n'a donné la veritable solution des problesmes*）。［巴黎］，1658 年 11 月 25 日

克莱蒙－费朗，市政图书馆，R. 1037，本书未展示其图片

身为利昂古尔公爵的总管，卡尔卡维（展品目录 83）不得不因职务所需，在旋轮线竞赛的收尾阶段离开巴黎。因此直到 1658 年 11 月 24 日，他才得以检验约翰·沃利斯和图卢兹的耶稣会士安托万·拉鲁维尔的回复。拉鲁维尔的方案很快便被排除，不但因为他只寄了一封错误的计算结果且没有论证过程，还因为拉鲁维尔很快承认他的错误但却没有提供修改方案，这表明他在事实上退出了竞赛。因此只剩下了沃利斯的回答。虽然沃利斯号称“提出了解决所有问题的方法”，但是他的回答被认为在多处均有谬误，且这些错误“不是计算的问题，而是方法的问题”，更何况他并没有真正地回答竞赛所提出的问题。关于旋轮线的第三封信（展品目录 85）已经让人预见到了结果：没人从竞赛中胜出，是帕斯卡尔赢了。我们无从知晓提出这个结论的评审委员会的构成情况。会议后第二天发表的报告，即六篇旋轮线文字中的第五篇，只提到了“几何学上极其博学之人”而并没有给出姓名。也许帕斯卡尔和卡尔卡维的身边还有罗贝瓦尔和弥龙（展品目录 11），但是没有证据能证明。沃利斯甚

至在第二年提出了一些质疑。在他的《论文两篇》（展品目录 89）中，他谈到评价结果是由“我不知姓名的、卡尔卡维先生所指定的一些人给出的，如果他确实指定了谁的话”。

现展出的这一册保存在一个包括了帕斯卡尔多篇科学文稿的集子中。后者为克莱蒙奥拉托利会存留，收录了五篇关于旋轮线的文字，每篇均为一个单独出版物。

88

安托万·拉鲁维尔（Antoine Lalouvère）：《伽利略和托里拆利关于摆线之二十条命题》（*De cycloide Galilæi et Torricelli propositiones viginti*）。［图卢兹］，1658 年 7 月 21 日

法国国家图书馆，阿瑟纳尔馆，Fol. S. 1257（13），本书未展示其图片

拉鲁维尔神甫是图卢兹耶稣会公学的老师，他从皮埃尔·德·费马那里得知了关于旋轮线的竞赛的事宜（展品目录 68）。他印刷了一本八页的小册子以作答复，提出了 20 条命题，并在两年后出版的论文《论摆线》（*De cycloide*）（图卢兹，1660 年）中重新使用了这些内容。拉鲁维尔的回信因计算错误被评审委员会取消了参赛资格。不过早在 10 月，帕斯卡尔在他的第三封信中（展品目录 85）就严厉批评过这封回信，并且还以更加伤人的方式，在《旋轮线研究史》（展品目录 86）中重提此事。帕斯卡尔的批评带有一定的虚伪色彩，因为他自己在 1658 年 6 月也并不知晓罗贝瓦尔的研究，却在后来点名批评拉鲁维尔，而绝口不提罗贝瓦尔，并使用另一种逻辑思维方式来掩盖他的抄袭行为：“虽然他的方法是不一样的，但是我们知道，改写别人提出的命题并非难事，并且在得知了解决答案之后用新的方法再度解决问题也是一件容易的事情。”在这篇控诉中，我们是否能够看到第八封《致外省人信札》（展品目录 120）的影子？帕斯卡尔在其中指控耶稣会士允许偷

盗的行为："是怎样奇特的仁慈让你们认为这些财物不属于它们本来的合法所有者，而应归属于偷盗它们的人，只因这样能保护后者的荣誉不受损害？"无论如何，拉鲁维尔对此十分恼怒，很快给予回击。帕斯卡尔的第六篇，也是最后一篇关于旋轮线的文字便是对此争议的回应。他将这篇文字命名为《旋轮线研究史续》（*Suite de l'histoire de la roulette*），日期为 1658 年 12 月 12 日。1659 年 1 月 20 日，他在还未发行的剩余册子中增加了几行字。

展出的这一册保存在一个合集中，该合集来自巴黎的克莱蒙耶稣会公学。

89

约翰·沃利斯：《论文两篇。其一，论旋轮线及其生成之体；其二，书信，内涉及蔓叶线及其生成之体》（*Tractatus duo. Prior, de cycloide et corporibus inde genitis. Posterior, epistolaris; in qua agitur, de cissoide, et corporibus inde genitis*）。牛津，Leonard Lichfield 出版，1659 年

法国国家图书馆，珍稀版馆藏，V. 6562，本书未展示其图片

对于不可分量法的兴趣（展品目录 74）自然使得沃利斯对旋轮线竞赛中提出的问题十分关注。他通过科奈勒姆·迪格比的书信了解到了这项竞赛（展品目录 84）。他在 1658 年 8 月 29 日给卡尔卡维寄去了回信，并在竞赛结束之后继续进行他的研究。这些研究成果构成了他《论文两篇》中第一篇的内容。论文在 1659 年发表于牛津，名为《论摆线》：其中的第一部分围绕着 6 月提出的问题，第二部分则回答了 10 月提出的问题。沃利斯同时还提到了竞赛的举办方式并表达了自己的不满：他批评帕斯卡尔过于轻率地在《旋轮线研究史》（展品目录 86）中指责托里拆利和拉鲁维尔剽窃，并且对罗贝瓦尔抱有不公平的偏爱。他还指出了帕斯卡尔为自己预留的角色是颇为暧昧的——这个看法有一定的道

理——因为如此一来他既是裁判员也是参与竞赛者："我那时已经感觉到了可疑。我猜测，那个据说被卡尔卡维授权收取、查看、回复信件甚至判断它们是否符合竞赛条件的帕斯卡尔，正是发起竞赛的匿名人。"抛开这些轶事，对《论文两篇》的分析使我们能够重构沃利斯 1658 年 8 月寄出的内容，并且判断出竞赛评审委员会在总体上的结论（展品目录 87）是公正的：当时，沃利斯并没有就提出的问题给出令人满意的答复。《论文两篇》也仅仅提供了他那并不完善的思考结果：直到 1670 年，他才在《力学》（*Mechanica*）一书中给出一个完整并且成立的答案，并进一步对帕斯卡尔在《A. 德通维尔书信集》（展品目录 90）中的结论做了补充。这表明，旋轮线竞赛尽管在形式上值得商榷，但是确实为思想发展做出了贡献。

90

［布莱斯·帕斯卡尔］：《A. 德通维尔书信集，包含他对几何学的一些创见（*Lettres de A. Dettonville contenant quelques-unes de ses inventions de geometrie*）。巴黎，Guillaume Desprez 出版，1659 年

法国国家图书馆，珍稀版馆藏，Rés. p. V. 612

由于承诺了如果没有获奖者，他将出版 1658 年 6 月和 10 月提出的，关于旋轮线问题的答案，这使得帕斯卡尔不得不快速行动。《德通维尔书信集》的头几页的印刷从 1658 年 12 月的下半月便开始了，最晚在次年 3 月的头几日结束，因为它们从 3 月 7 日起已经开始发售了。就像 1657 年他在出版《致外省人信札》（展品目录 139）时的操作一样，帕斯卡尔并没有完全公开自己的身份。他采用的阿莫斯·德通维尔（Amos Dettonville）这一笔名，是由他在《致外省人信札》里使用过的路易·德·蒙塔尔特（Louis de Montalte），和出现在《思想录》里的萨洛蒙·德·涂尔梯（Salomon de Tultie）这两个笔名易位构词得来的：

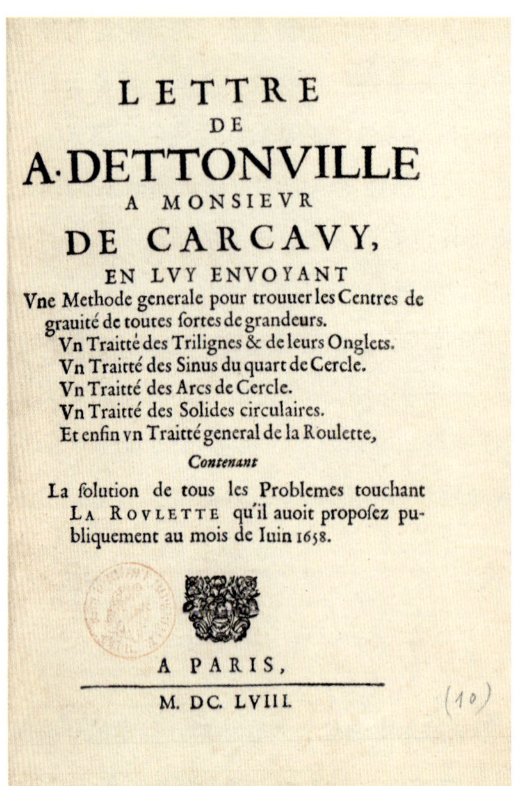

LETTRE
DE
A·DETTONVILLE
A MONSIEVR
DE CARCAVY,
EN LVY ENVOYANT
Vne Methode generale pour trouuer les Centres de grauité de toutes sortes de grandeurs.
Vn Traitté des Trilignes & de leurs Onglets.
Vn Traitté des Sinus du quart de Cercle.
Vn Traitté des Arcs de Cercle.
Vn Traitté des Solides circulaires.
Et enfin vn Traitté general de la Roulette,
Contenant
La solution de tous les Problemes touchant LA ROVLETTE qu'il auoit proposez publiquement au mois de Iuin 1658.

A PARIS,
M. DC. LVIII.

图 90

根据不同的需要署名的内容，根据“文学话语的性质所关联的副本的需求”（Le Guern 2015），同一个笔名有着不同的拼法。《德通维尔书信集》是旋轮线竞赛的最后一幕，它既是帕斯卡尔最后的一本科学著作，也为数学学科的历史开创了新纪元。它为积分学打下了基础，实现了《旋轮线研究史》（展品目录 86）中宣布的内容：摆线不是单纯地作为研究对象，而是在“最难的一类主题的研究”上，试验一种更加普遍的推导方式（“很少有什么不适用于这些方法”）的契机。帕斯卡尔遵照了德扎尔格（展品目录 41）的教导，找到了“普遍的方式”。

不过，帕斯卡尔所采用的极为简略的语言也带来了很大的问题。惠更斯在 1659 年 5 月 22 日写给卡尔卡维的信中便指出了这一点：“我越

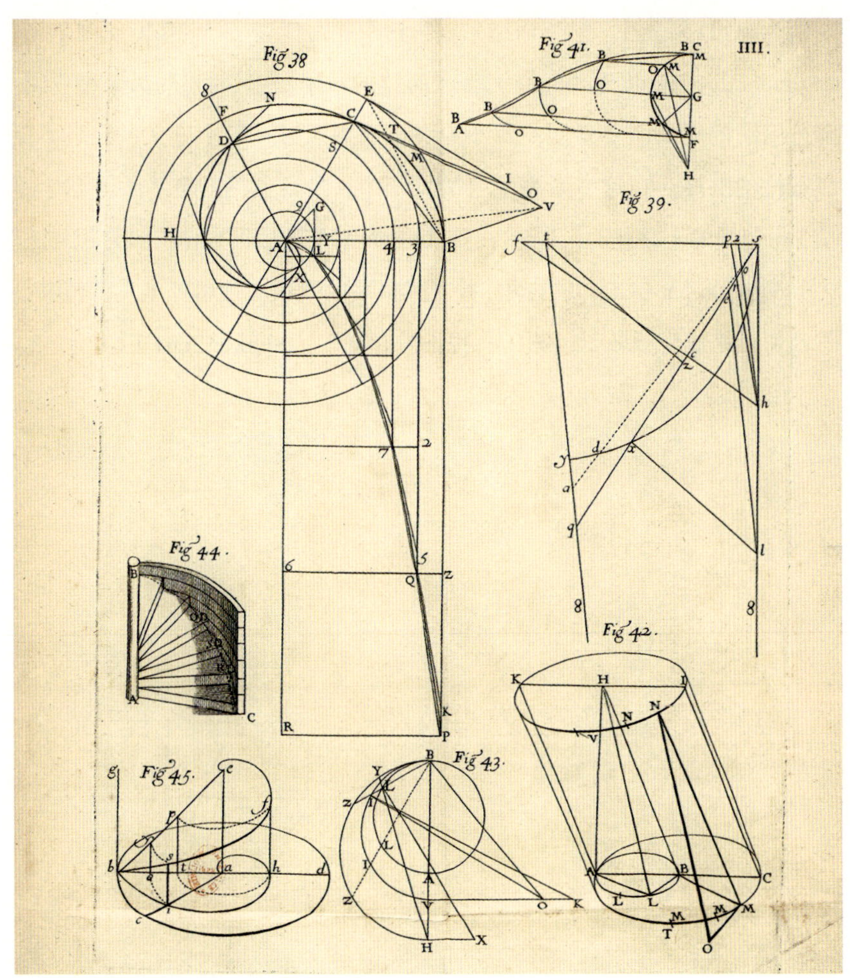

图 90 （几何图形插图）

来越欣赏德通维尔先生论文的精妙，但是不得不说，在试图建立问题时它便像迷宫一样。”作品的出版情况也像迷宫一样：文章不是连贯的论述，而是九篇松散的小论文，每篇的页码都是独立的，并且它们的编排与封面说明的顺序不同。它们被分割成了四个部分，每个部分构成了一封信：第一封致卡尔卡维，第二封致惠更斯，第三封致思吕斯，而第四封则是写给“A.D.D.S. 先生”——梅纳尔认为这个缩写代表了“索邦博士阿尔诺”（Arnauld docteur de Sorbonne）。至于阅读的顺序，它又需遵照另一种逻辑。部分问题的解决需要参照一篇小论文，又参照另一篇小论文，而且不是以线性的顺序。在这一系列复杂的文字中，最富创见的是《致卡尔卡维信》中包含的《论直角三边形》。它综合介绍了被后世称作“部分积分法”（intégration par partie）的方法，并且其最后的四项命题超越了几何范畴，“几何最终成为服务于运算的一种抽象存在”（Merker 2001）。

图 147b →

LA RETORIQVE

Iay ſur les bons espritz la ſecrette puiſſance
Que lambre a ſur la paille,& laymant ſur le fer
Iay la graue douceur qui peut ſeulle apaiſer
D'vn peuple mutine la farouche inſolence

Le pouuoir qu'amphion, auoit ſur les rochers,
La grace & la douceur, de la lire d'orpheé;
Ladreſſe darion, a trouuer des nochers,
& les vertus encor, du Diuin Caduceé.

Huret Inuentor

Rouſſelet fecit

de l'impreſſion de Mariette Auec Priuilege

作家帕斯卡尔

劳伦·苏西尼

据他同时代的人所说，帕斯卡尔“比任何人都清楚真正的修辞学”[①]。夏多布里昂（Chateaubriand）认为他“固定了”“博须埃（Bossuet）和拉辛的语言”[②]——尽管两者并没多大可比性……在伏尔泰看来，他甚至固定了法语本身。西莱（Cirey）的隐居者[③]将《致外省人信札》视为“人们所见到的第一部天才的散文”，并把“语言的固定时期”“追溯到”这部作品：“这里包含了所有形式的雄辩术。百年过去了，没有一个词受到语言变化的影响，虽然活着的语言常常因为这种变化而变质。”[④]伏尔泰是否想通过赞颂书写了“小信札”（《致外省人信札》的另一种叫法）的论战家，来更好地击败那个《思想录》里“卓越的愤世嫉俗之人”[⑤]？从某种意义上讲是这样的。但是圣－伯夫（Sainte-Beuve）也这

---

① 安托万·阿尔诺和皮埃尔·尼科尔：《逻辑学，或思维的艺术》（*La Logique ou l'Art de penser*）（1664），多米尼克·德斯科特版，巴黎，Champion 出版社，2011 年，第 474 页（Ⅲ，19）。

② 弗朗索瓦－勒内·德·夏多布里昂：《基督教真谛》（*Le Génie du christianisme*，1802），皮埃尔·雷布（Pierre Reboul）版，巴黎，Garnier-Flammarion 出版社，1966 年，两卷本，第一卷，第 426 页（Ⅲ，ii，6）。

③ 即伏尔泰。他在西莱城堡居住了十余年。——译者注

④ 伏尔泰：《路易十四时代》（*Le Siècle de Louis XIV*，1751），让－克里斯蒂安·贝迪菲斯（Jean-Christian Petitfils）版，巴黎，Perrin 出版社，2005 年（第 32 章）。

⑤ 同上。

么说：帕斯卡尔“确立了法语散文”[①]。从不同的角度得出如此一致的结论绝不是无关紧要的。英国有莎士比亚，意大利有但丁——似乎可以说法国有帕斯卡尔。

为了更好地理解这样的评价，让我们回到源头来重新阅读第一封《致外省人信札》（展品目录114）的第一行。1656年1月23日，第一版第一次印刷时，读者看到的是这样的话语：

帕斯卡尔“确立了法语散文”。英国有莎士比亚，意大利有但丁——似乎可以说法国有帕斯卡尔。

> 我们之前确确实实被骗了。我昨天才获知真相。[②]

这一开场白给人留下了强烈印象。人们常常把它和同年出版的普尔神甫[③]的《女雅士》[④]、瑟格雷[⑤]的《法国新故事》[⑥]，或者夏博兰[⑦]的《圣女贞德》[⑧]相比较。拉布鲁耶（La Bruyère）、伏尔泰、狄德罗、孟德斯鸠、司汤达、纪德、米肖，以及无数其他人都将从中汲取灵感。当时，法国

---

① 夏尔－奥古斯丁・圣－伯夫：《波尔－罗雅尔》（*Port-Royal*），Gallimard 出版社，“Bibliothèque de la Pléiade”系列，1953年，第一卷，第135页。

② 转引自让・梅纳尔：《〈致外省人信札〉前奏》，载《帕斯卡尔国际研究中心学报》（*Courrier du CIBP*），第18刊，1996年，第13页。

③ Abbé de Pure（1620–1680），法国作家和翻译家。——译者注

④ “您太严厉了，阿卡同特，您应该更和善一些，就算不是对作品，至少也是对他的制造者。”［米歇尔・德・普尔：《女雅士，或名内室沙龙的秘密》（*La Précieuse, ou les Mystères de la ruelle, dédiée à telle qui n'y pense pas*），巴黎，Pierre Lamy 出版社，1656年］。

⑤ Jean Regnault de Segrais（1624–1701），法国作家、诗人和翻译家。——译者注

⑥ “现今统治着法国的荣耀的君主亲自临政的第一年刚刚结束，一位高贵的公主就离开了巴黎，住进了她在乡下拥有的几处别墅中最美丽的一栋。”［让・雷格诺・德・瑟格雷：《法国新故事，或名奥莱丽公主的消遣活动》（*Les Nouvelles françaises, ou les Divertissements de la princesse Aurélie*），巴黎，A. Sommaville 出版社，1656—1657年，第2页］。

⑦ Jean Chapelain（1595–1674），法国作家和文学评论家。——译者注

⑧ “我歌唱圣女贞德和神圣的勇敢 / 她在法国深陷危机的紧急时刻，/ 重新唤醒了国王日渐消逝的美德，/ 把他被英国践踏的国家扶植而起。”［让・夏博兰：《圣女贞德，或名被解救的法国，英雄史诗》（*La Pucelle ou la France délivrée, poème héroïque*），巴黎，A. Courbé 出版社，1656年，第3页］。

文学主要还使用着继承自西塞罗的圆周句[①]风格，一下子，一切都被归零，新的规则诞生了。

一开始，用不到12个词，立刻介绍并指责了公众的意见（“我们”……）。这些词已经构成了两个句子，两者粗鲁地被句号分割开，之间没有连词，没有从句，甚至没有一个补语。只有最简单的主谓结构，划分直白，简明易懂，立刻宣告了话语发展乃至整部作品的不同主题：一方面，从错误到真理的动态过程，即富有启发性的错误和真理的历史；另一方面，阐释了从“我”到“我们”，从基督徒到世界（“我们之前”。“我才”）之间关系的复杂辩证法，后来那句著名的“我不属于波尔－罗雅尔”[②]将更加明晰地表述这些关系。

当时，法国文学主要还使用着继承自西塞罗的圆周句风格，一下子，一切都被归零，新的规则诞生了。

两个短小的句子，言简意赅、清晰、短促，冷冰冰地被放置在同一行文字中，小小的四字副词“确确实实”（bien）却表达了一丝细微的讽刺，把人带入了距离感以及和善的微笑，有效地缓和了句子所表达的极端的烦躁情绪。

现在的我们也许难以想象这样一种开头所表达的激情，更难想象话语开头处使用这样的句法所包含的挑战性色彩。一个小小的细节却表明了这点。自这篇第一封信札的第三次印刷开始，排版人就急于把第二个句号换成了逗号，意图把前两次印刷中分离的部分集中在一起，放到一个表面看起来像圆周句的整体中，弱化作者如此明确的“断裂式”文风。[③]这也许是时代特色，却是白费力气：一个全新的书面语产生了，更加自然、更加简单、更加活泼，用一个词来说，更加现代。它从此获得了文人雅士的青睐，以至于立刻成为新的、判断优美文笔的规范，也就是说，

① style périodique，圆周句是一种精心组织的、篇幅较长的句式，其节奏像圆周一般，饱满并且让人能够预知结尾。——译者注

② 布莱斯·帕斯卡尔：《致外省人信札》，路易·歌涅（Louis Gognet）和杰拉尔·费雷罗尔（Gérard Ferreyrolles）版，巴黎，Classiques Garnier出版社，2010年，第443页（第十七封信）。

③ 关于这个问题，参见让·梅纳尔：《〈致外省人信札〉前奏》，第13页。

符合优美的文笔是符合优美口语习惯的文笔。

意味深长的是，这次出击所采用的文风后来被运用到了帕斯卡尔所有非科学类的作品中。这些作品从总体上趋向一种交谈和闲谈的修辞风格，一种生动的、突破了所有条条框框的语言，似乎没有经过深思熟虑就从心中喷薄而出，并且希望对方也以这种方式作答。经过了三个半世纪，这样的风格依旧让我们觉得如此亲切，并且如此易懂。

帕斯卡尔最早由父亲教授知识，后来出入于学术群体和上流社会，并没有像当时的孩子那样接受学校教育，这在一定程度上解释了他的风格。他对雄辩的理解并没有包含理论性和抽象性的元素，也没有应用至上主义，而是注重此时此地人与人之间的交流，因此，它取决于难以预计的场景和对话人始终改变着的心情——说话人需要与之相适应。证明了这点的正是帕斯卡尔极为灵活的文风，同时他还注重避免抽象、夸张、卖弄学问，坚持最大限度地接近具体的现实和活生生的人。

在这个问题上，对《思想录》的修改最具代表性。他把“想象”改成了“虚妄的幻影”[①]，把“自然的广阔”改成对“她宽广的胸膛”[②]等描述；他把难以想象的概念用能够唤起具体形象甚或是印象的语言来表述，以利于立刻把握交流的内容。同样，对“山岭”的模糊指称逐渐被“比利牛斯山”[③]这一具体的称呼所取代；“神秘”（mystère）变成了“深渊”（abîme）[④]；一段带有系动词的文字（“我们所有的人

帕斯卡尔把难以想象的概念用能够唤起具体形象甚或是印象的语言来表述，以利于立刻把握交流的内容。

---

① 布莱斯·帕斯卡尔：《思想录、小作品和书信》（*Pensées, opuscules et lettres*），S.164（S 指片段的序号，根据瑟里耶 2011 年版）。

② S. 230.

③ 参见 S. 94 的手稿：“~~山（mo）~~［被帕斯卡尔划掉］比利牛斯山这边的真理到那边便成了谬误”；蒙田：“这些山岭阻隔了怎样的真理，而它又是世界哪头的谎言？”［《蒙田随笔》，Ⅱ，12，皮埃尔·韦雷（Pierre Villey）版，巴黎，Quadrige/PUF 出版社，1988 年，三卷本，第二卷，第 579 页］。

④ 参见 S. 230 的手稿：“没有这个神秘……我们对于自己而言都是不可理解的。我们存在的条件的核心便~~藏在此处~~躲藏在这深渊之中。”

都总是犹豫不定的”）变为具有戏剧力量的隐喻（“我们在一片广阔的地带飘荡，永远犹豫不定”[①]）。遵照同样的逻辑，那些哪怕有些许专业性质的词汇也被最普通的词语所取代。用简单的一条杠杠，帕斯卡尔用“狗”代替了“猎犬”[②]，用“主人”代替了“信徒”[③]；他放弃使用人获得恩典的“能力”这一神学概念，或者放弃把人类表述成“管子间的音阶并非相邻的……管风琴”，而改为“奇怪的、多变的……管风琴”[④]。这保证了一种语言，它完全透明，或者说至少能够抵御不利于理解的因素；这清楚地表达了一种意愿，即继爱比克泰德和蒙田之后，使用“日常生活中的对话”的语气：帕斯卡尔明确道，这种“写作的方式”是“最常使用的”，因此也是“最能被理解的”[⑤]。

《致外省人信札》和《思想录》中，帕斯卡尔对一切判断表述优劣的既定规则漠不关心，而他对情感表露的有意避免，也与这一态度相呼应。帕斯卡尔交流的原则，甚至他缓缓说服对方的原则，是力图符合被礼貌（honnêteté）[⑥]——“我唯喜欢这个普世价值”[⑦]——修饰过后的本性的要求，这不仅从他对“夸张的词汇”的“憎恨”[⑧]中反映出来，而且表现为他多次提到的那种对言语内部源头的明确信任。

那么“评注者”（remarqueurs）[⑨]的作品呢？帕斯卡尔完全摒弃它

---

① 参见 S. 230 的手稿。

② 参见 S. 168 的手稿。

③ 参见 S. 78 的手稿。

④ 参见 S. 88 的手稿。

⑤ S. 618.

⑥ 在 17 世纪的法国，honnêteté 特指上流社会绅士的一种气度风格，即拥有良好的教育，但不卖弄学问，行为方式符合社交和伦理规范，对自己的情绪和行为能够全面把控。——译者注

⑦ S. 532.

⑧ 帕斯卡尔：《论几何学精神》，收录于《帕斯卡尔全集》，梅纳尔版，巴黎，Desclée de Brouwer 出版社，1964—1992 年，第三卷（后文统称为 OC Ⅲ），第 427 页；参见“我憎恨……自负之人”（《思想录》，S. 503）。

⑨ Remarqueur，指那些致力于对 17 世纪法语做评注的作家［例如沃热拉（Vaugelas）、梅纳日（Ménage）、布乌尔（Bouhours）等］。

们："人们只听从耳朵，因为他们缺失了心灵。"[1] 在这个问题上，他追随的是以赛亚[2] 而非沃热拉[3]，是达米安·弥桐[4] 而非让·马瑟[5]，是基督徒或者上流社会的绅士，而不是语言或者巴那斯山[6] 的立法者。较之于只关注言说优美的语言纯正主义者，帕斯卡尔更欣赏表达"内心的和当下的情感"[7] 的人，那些想以此传达"心中所感受到的波动"[8] 的人。如果说这涉及上流社会对话艺术的基石——正像玛德莱娜·德·斯库德里[9] 书中所写的那样，"我们一旦思索过多，就说不出合适的话了"[10]——，乃至基督教的基石——精神先于语言，心灵的单纯先于那些可能与之背道而驰的思虑——，这并不代表修辞学不占有任何地位。因为，如果只是执着于以作者的身份讲话，如何能够打动那些听话的男男女女呢？

帕斯卡尔更欣赏表达"内心的和当下的情感"的人，那些想以此传达"心中所感受到的波动"的人。

① S. 503.

② 以赛亚，犹太先知，《圣经》中的人物。——译者注

③ Vaugelas（1585–1650），法国语法学家。——译者注

④ Damien Mitton（1618–1690），法国古典时期的"君子品德"问题的理论家，在《思想录》一书中作为代表不信教（libertin）的对话人出现。

⑤ Jean Macé（1600–1671），皈依后名为莱昂·德·圣-让（Léon de Saint-Jean），著有《轻松学习语言，并纯正地用法语对话和写作的普遍方法》（*Méthode universelle pour apprendre facilement les langues, pour parler purement et écrire nettement en français*）一书（1652）。

⑥ 巴那斯山（Parnasse）为古希腊神话里日神阿波罗和缪斯女神们的住所，常常用于隐喻诗歌甚或是广义上的文学和艺术——译者注

⑦ S. 360（帕斯卡尔为"当下"一词做了着重标记）。

⑧ 安托万·龚博，即梅雷骑士：《对话录》（*Les Conversations*），1668 年：《第五次对话》，"关于正义的谈话"（参见《梅雷骑士全集》，夏尔-亨利·布多尔（Charles-Henri Boudhors）版，巴黎，Fernand Roches 出版社，1930 年）。

⑨ Madeleine de Scudéry（1607–1701），乔治·德·斯库德里的妹妹，法国 17 世纪著名小说家，并主持有文学沙龙。著有长篇小说《阿尔塔梅纳》（*Artamène*），《克莱莉》（*Clélie*）等。——译者注

⑩ 玛德莱娜·德·斯库德里：《"论优雅的气度"和其他对话（1653—1684）：对雅士文化之档案的分析》（*De l'air galant et autres conversations（1653–1684）: pour une étude de l'archive galante*），德尔菲娜·德尼（Delphine Denis）版，巴黎，Champion 出版社，1998 年，第 93 页。

费奈隆[1]将"说话的人"和"背诵或朗诵的演说家"区分开来[2]。而20年前的《思想录》就已经解释了"自然的风格"所带来的愉悦："人们以为会遇到一位作者，而却只看到了一个人。"[3]没有什么比这些惊喜更巧妙的了：

> 当一则风格自然的讲话描述一种激情或是一种效应时，我们在自己身上找到了我们所听到的那东西的真理。我们并不知道这真理就在那里，于是我们会去热爱那个让我们感受到它的人，因为他所展示的并不是他的所有物，而是我们自身所拥有的东西。这恩惠使他在我们眼中变得可爱，而不仅是因为我们与他之间心智上的共鸣必然引导我们去爱他。[4]

也就是说，最有效地取悦与说服对方的办法——也就是最好的、在无意识中滋养精神的办法——便是让本性发声。

不过，这一操作中修辞性的意图，以及其必须保持的小心谨慎，并不会与指导和完善该操作的精神格局相分离。"引导我们去爱他"，*inclina cor meum*...[5]《思想录》的此处与《诗篇》第118篇相应和，暗示了作品中修辞概念的神学内涵；也许，这也暗示了依托在"本性"（nature）之上的"心智上的共鸣"参与到了"神的世界"，这个被帕斯卡尔称作"既是我们自身又不是我们"[6]的"普世的善"，它也属于

① François de Fénelon（1651–1715），法国神学家、作家。寂静主义的主要倡导者之一。著有《特勒马科历险记》（*Les Aventures de Télémaque*）等。——译者注

② 弗朗索瓦·德·费奈隆：《关于雄辩的对话》（*Dialogues sur l'éloquence*）［1718年第一版］，收录于《费奈隆全集》，雅克·勒布朗（Jacques Le Brun）版，巴黎，Gallimard出版社，"Bibliothèque de la Pléiade"系列，1983—1997年，第一卷，第47页。

③ S. 554.

④ S. 536.

⑤ 此处拉丁文为《圣经·诗篇》第118篇选段：Inclina cor meum, Deus, in testimonia tua...（主啊，请引导我的心灵领悟你的真理……）——译者注

⑥ S. 471.

每个人身上既在场又不在场的真理的象（image）——忠于本性的语言能勾起对这些真理的回忆（anamnèse）[①]。

这是因为此处揭示了一种严格的关联关系。继圣保罗之后，帕斯卡尔写道，“本性”是“恩典（grâce）的一种象（image）”[②]。我们应该理解为，自然本性代表了一种物质的，然而不完满的版本，但同时也代表了希望。从这个意义上讲，礼貌（honnêteté）[③]也可以视作基督教的一种表象（figure），本性的雄辩则可被理解为心灵雄辩的一种表象，无须过渡，表象便成了它所要表现的东西（figuré）。这是托马斯·阿奎那神学思想的核心之一，“恩典不会破坏自然本性，而是会完善它”，[④]恩典不构成一种否定，而是完成。《思想录》的作者通过提及这一方面来吸引那些不信教的读者群。面对后者，他假装将他作为基督徒所认同的品格同时认同为一种上流雅士应具有的品格，或者说，他从这两个相互交叉的角度来支持一种修辞学原则，即“真正的雄辩不屑于雄辩”[⑤]，为解释这个原则，他不惜常常使用夸张的方式。

帕斯卡尔文字的最大矛盾之处在于，一方面他大量使用一些手法来表达一种生动的自发的语言，似乎后者是从一个简单的对话或者祈祷活动中喷涌出来；而另一方面，他对这些手法的使用最终超越了当时的日常语言，为他的写作开启了在当时不可想象的格局，使人们接受它，并在那个注重古典修辞的时代，使它成为法国文学性散文的最早的标杆之一。

帕斯卡尔大量使用一些手法来表达一种生动的自发的语言，最终为他的写作开启了在当时不可想象的格局。

① anamnèse，有强烈的哲学和宗教含义。在柏拉图笔下，它指对灵魂所保有的关于理念的印象的回忆；在天主教背景下，指在弥撒中，信徒们共同忆及基督受难、复活与升天等故事。——译者注

② S. 306 和 738。参见圣保罗：《罗马书》，1：20。

③ 参见第 162 页注释 5。——译者注

④ 《神学大全》，Ⅰa, q. 1, a. 8, s. 2（巴黎，Cerf 出版社，2000 年，四卷版，第一卷）。参见帕斯卡尔：《信仰没有破坏自然本性，而是教导它》（S. 754）。

⑤ S. 671.

早在17世纪初期，“厘清语言”[①]的诉求已经不只是在萌芽状态了，诸如取消*quanquam*[②]，取消“学究式的大段圆周句”[③]等。从这个意义上说，撰写《思想录》时期的帕斯卡尔并没有发起颠覆式的革命：他只是把最初想到的复杂的圆周句（“正如我们……并且……，正如为了……，应当……；因此为了……应当……”[④]）——这是演说家的老习惯——改成了几个短句，或者在右侧（“他们，这些独断主义者，懂得什么……？”[⑤]）和左侧（“这件衣服，它是一种力量”[⑥]）进行拆分，或者把语句的结构打碎（“那些控制住了自己情绪的哲学家，哪种物质能够做到？”[⑦]）。他只是行动起来，从长期以来处于上升态势的运动中汲取养料：1650—1660年间，因为对话体修辞和上流社会谈话艺术的发展，这一运动更加蓬勃。帕斯卡尔并没有和他的时代脱节，他使它明白自己的情况，而他真正的贡献在别处。他的贡献不在于发明了一种“通过即时的、断断续续而能捕获人心的机锋话语，来思考和表达情感的艺术”[⑧]：塞内卡[⑨]已经开创了这一艺术。他的贡献也不在于他拆分句子的这一倾向；这种分裂在当时成了自然而尽可能准确表达情感冲动的新标准。他的贡献更在

---

① 纪晓姆·杜·威尔（Guillaume du Vair）：《论法语修辞，以及它地位如此低下的原因》（*De l'éloquence française et des raisons pourquoi elle est demeurée si basse*），［1595］，拉杜昂（R. Radouant）版，巴黎，法国印刷和书商协会，1908年，第133页。

② 拉丁语，意为“虽然”，过去常用于论文的开头。——译者注

③ 圣方济各·德·沙雷（François de Sales）：《给安德烈·弗莱密奥阁下的一封信，1604年10月5日》（Lettre à Monseigneur André Frémyot，5 October，1604），收录于《全集》，圣母往见会（la Visitation）修女编著，安纳西修道院，里昂，E. Vitte出版社，1892—1935年，第12卷，第321页。

④ 参见片段S. 289的手稿。

⑤ S. 111.

⑥ S. 123.

⑦ S. 147. 此段的意思为：没有任何物质能控制住激情，哲学家们能够做到，这证明他们拥有某些超越物质的东西。——译者补充注释

⑧ 马克·福马洛里（Marc Fumaroli）：《帕斯卡尔和法国的修辞传统》（*Pascal et la tradition rhétorique gallicane*），收录于《帕斯卡尔的方法》（*Méthodes chez Pascal*），梅纳尔主编，巴黎，PUF出版社，1979年，第369页。

⑨ Seneca（约公元前4年－公元65年），古罗马重要的悲剧作家和斯多葛派哲学家。——译者注

于他推动了这一趋势，或者更准确地说，他将其推到了令人眼花的极致。

下面就让我们通过这些现象来做判断吧。尽管这只是一些未完成的片段，但是它们表明，《思想录》里最残破的碎片往往也是最具实验性的，值得重新被研读。

以下是令人惊叹的几段，一句话的不同成分像诗行一样，各占据着一个自然段：

> 上帝
> 为自己创造了一切，
> 给了自己苦和善的力量。①

横向的画线把相互关联的内容分割开：

> 我常常同你说话，给你建议，因为你的引导者不能和你交谈。
> 因为我不想让你缺少引导者。
> 也许我这么做是应他的请求，因此他引导着你而你却看不见他。②

以下对句号的使用理论上是错误的：

> 如果一切只有一个原则。一切只有一个终结。一切都通过他，一切都为了他。因此，真正的宗教应该教会我们只敬拜他，只爱他。③

增加副词句（“陷于苦恼中的耶稣。”④“相对于耶稣而言的一切。”⑤）或者附带的句子：

---

① S. 649.

② S. 756.

③ S. 237.

④ S. 749.

⑤ S. 330；他的手写稿字体有变化。这个副词句所插入的片段，肯定是帕斯卡尔在整理手稿时加上的。因此，需要明确的是，他是有意如此写的，而且在书写时认为它是“完成了”的。

上帝创造了第一个人，并且在他身上创造了所有的人性。

上帝把他造成正义、健康而强壮的人。

没有任何贪欲。

有着既可向善亦可向恶的自由意志。

希望得到至福，并且不能不如此希望。[①]

将流出的句子和时间变成数量众多的“状态”——贝鲁勒[②]会这么形容——和敬拜路上的停留：

205. [基督]从家中出来，前往橄榄山，走过汲沦谷[③]的激流，

206. 他来到客西马尼园[④]，

207. 留下他的门徒，像往常一样，登上橄榄山。

208. 他叫上彼得、雅各和约翰，非常悲伤地告诉他们，他的灵魂非常悲伤，直至死亡。

209. 他稍稍远离了他们，

210. 大约抛掷一块石头所能达到的距离。

211. 他祷告。

212. 面朝大地。

213. 三次。

214. 每一次，他回到门徒身边，发现他们都睡着了。[⑤]

这句式前所未有，独一无二，展现了一个能见到异象之人的才华：帕斯卡尔突出了17世纪那日常语言的力量，成了一个炼金术士，把古典文学的修辞转变成了与我们的现代性相通的文学语言。

---

① 《论恩典》（OC Ⅲ，第792页）。

② Pierre de Bérulle（1575–1629），法国神学家和政治家。——译者注

③ Qidron，耶路撒冷城外的一条山谷，它将圣殿山和橄榄山隔开。——译者注

④ Gethsemani，根据《新约》，耶稣受难前夜，耶稣和门徒在此处祷告。——译者注

⑤ 《耶稣基督简传》（*Abrégé de la vie de Jésus-Christ*）（OC Ⅲ，第289—290页）。

当然，这并不是他的目的所在。事情十分独特，这个语言的转变的历史首先是信仰转变的历史，《追思》一文很好地体现了这点（展品目录 148）。该文是过去情感所留下的断壁残垣，而不仅是反映了一场精神的震动。在两次连续的修改后，它的结构和文字小心翼翼地成型了，标志着帕斯卡尔作品中一种全新语言的诞生，不但记下了过去的帕斯卡尔向全新的帕斯卡尔转变的过程，还使“火之夜”的叙述获得了它的全部意义：这不是对已经彻底完成的恩典的庆祝与怀念——“过去不应该妨碍我们”[①]——而是对过去时刻不断地重审与更新，并将其报与现在知晓。

于是，那些大量的、没有动词因而失去了时间印记[②]的句子，那句著名的“喜悦、喜悦、喜悦并喜极而泣”，到那句需像赞美诗般吟诵的“耶稣基督”。于是，那些诗行式的句子排列，和那些极其独特的、一句话分成几个自然段缓缓展开的片段，比如这句令人惊愕的：

这句式前所未有，独一无二，展现了一个能见到异象之人的才华：帕斯卡尔突出了17世纪那日常语言的力量，把古典文学的修辞转变成了与我们的现代性相通的文学语言。

世界对你并无

知晓，但我知晓你，

——我们甚至会以为它出自伊夫·博纳富瓦[③]之手。于是，那些突然出现的横线，它们或把卷首的“火”字圈起来并和其他部分分开，或画在那句“愿我永远不会与之分离”的下面，在他的书写中，充满了文字片段形式上的断裂和对放弃的执念[④]。除了这些极其丰富的对形式的运用，《追思》中所创作的一切都反映了一种愿望，即停下眼光和注意力，阻断话语的活力，将阅读变为聚焦其自身现实的一种沉思，也就是说，

---

① 《致洛阿内小姐的信》（*Lettre à Mlle de Roannez*），1657 年 1 月（OC Ⅲ，第 1044 页）。

② 在法语中，常常通过动词变位，即动词词尾的屈折变化，来表明动作发生的时间。——译者注

③ Yves Bonnefoy（1923–2016），法国诗人、散文家。——译者注

④ 以上三句法文原文均没有谓语。中文译文无法完全体现该文体效果。——译者注

最终是对自身当下的沉思：在帕斯卡尔看来，这是“唯一的属于我们的时间，上帝要求我们使用的时间。”①

《致外省人信札》和《思想录》中的割裂式风格，以及未完成的《护教论》（*Apologie*）里那破碎化的维度，都应该放在奥古斯丁式的神学角度下被深入地探讨。帕斯卡尔留下的片段，不仅仅诉说着被死亡中断的写作计划，它们同样显示了一种极为独特的写作模式。帕斯卡尔从看似独立的文本单元出发，随后才把它们纳入一种连续性的结构。然而，这种方法完全不是随意的或偶然的。通过嵌入和连接那些断裂的语段，模块化的文本结构，只是为了编排出一种阅读模式，一种对连贯性进行潜在不连贯阅读的模式，或者换句话说，在通过练习而不断更新的当下，一种对思想自身实行的持久的再调整。

最终的矛盾正在于此，那些各式各样的断裂的句法是针对上流绅士的，因其再现了那对话时的跳跃语气，可它们在最终时刻却否定了对话艺术：它们在每个言语中都巧妙地安排了无声的空白，它们由此邀请读者进行一种沉思式的阅读，发掘话语中的每个留白，并延续这种回响（réverbérations）。这可以附带成为对诗意语言的一个定义吧。

① 《致洛阿内小姐的信》（*Lettre à Mlle de Roannez*），1657 年 1 月（OC Ⅲ，第 1044 页）。

《致外省人信札》之战

“人的意志不是靠自由来达到恩典，而是靠恩典达到自由”，公元 5 世纪之初，圣奥古斯丁在《论斥责与恩典》（*La Correction et la Grâce*）中如是说。同样，在《论自由意志》（*Du libre arbitre*）中他谈道：“我们的自由在于我们服从真理。”

当人的本性被原罪玷污后，人是否还能自由地将意志转向善，转向造物主？或者，像奥古斯丁所认为的那样，人被恶所禁闭在对自身的爱和贪欲中，只能够被上帝的恩典所驱动着向善？由此，人的自由除了接受神的驱使外——下定决心让自己被裁决，还有其他的活动吗？这些问题都是至关重要的，因为这决定了人为了永恒的救赎应该如何行动。帕斯卡尔后来在《思想录》中写道：“灵魂的不死对于我们是如此重要，与我们如此密切相关，只有完全丧失所有情感的人，才会对这个问题无所谓。”

文艺复兴时期的人文主义和宗教改革使这个关于自由和恩典的讨论——这讨论困扰着人们，它如此古老与关键，几乎与教会历史融为一体——具备了新的现实意义。伊拉斯谟 1524 年出版的《论自由意志》（*Du libre arbitre*），以及 1526 年路德为反驳此作品而写作的《论意志的捆绑》（*Serf arbitre*），便充分证明了这一点。特伦托公会议（Concile de Trente，1545–1563）对这个讨论尤其关注。它禁绝了新教立场的过分绝对化，但并没有为天主教教会内部的争论画上句号：1640 年，荷兰神学家詹森[①]撰写的《奥古斯丁》（*Augustinus*）将讨论引向了最激烈的时刻。

① Cornelius Jansen（1585–1638），法文转写为 Jansénius，荷兰神学家，詹森主义因他得名。——译者注

1656 年帕斯卡尔在动笔创作《致外省人信札》时，抓住的正是这个关系到所有基督徒的存在的教义问题，这个他们应该信仰什么的神学问题，这个他们应该怎样做的道德问题。《致外省人信札》是一部论战作品，熟识科学论证的大师在这里转化成了精于劝说之法的修辞大师：对理性的卓绝运用均为了呼唤它服从。《思想录》中的一个片段——它保存在名为《论服从和对理性的运用》的那一编中——写道："上帝的引导便在于通过理性将宗教灌输在精神中，通过恩典将它灌输于心灵中。"

从暗战到明战

91

弗朗索瓦·贝里耶：《圣奥古斯丁将心献给孩童耶稣》（*Saint Augustin offrant son cœur à l'enfont Jésus*）。木板上油画，1634 年

圣德尼，艺术和历史博物馆，Inv. 06.01.01，本书未展示其图片

这幅画是为圣德尼刚建造的加尔默罗会（carmel）礼拜堂（1625）绘制的。它的风格受到西蒙·武埃（Simon Vouet）风格的影响。弗朗索瓦·贝里耶曾在 1631 年至 1633 年间以画师和版画师的身份为武埃工作。这幅大尺寸的作品描绘了圣奥古斯丁拿着自己的心脏这一标志他身份的传统象征物，但是它将这一传统主题转换成了一个祭献的场景。这样的选择参考了圣奥古斯丁在《诗篇阐释》（*Enarrationes in Psalmos*）中对赞美诗第 131 篇的注释："除了成为上帝的殿，我们还能为他许下怎样的誓愿呢？我们任何的献祭都比不了向他诉说《以赛亚》中的话：以我们为祭吧！"

92

米歇尔·拜依乌斯（Michel Baius）:《论人的自由意志和力量》（*De libero hominis arbitrio et ejus potestate*）。鲁汶，Barthélemy Gravius 出版，1563 年

法国国家图书馆，哲学、历史和人文科学部，D. 11938，本书未展示其图片

特伦托公会议结束之际，鲁汶的神学家米歇尔·拜依（Bay），又叫作拜依乌斯（1513—1589），在他的论文《论人的自由意志和力量》中，宣扬一种奥古斯丁式的、要求严格顺从的恩典理论。他的反对者们请求教皇庇护五世（Pius V）绝罚拜依乌斯的 77 条神学主张。教皇 1567 年颁布了诏书《从所有的苦难中》（*Ex omnibus afflictionibus*）[①]。不过这篇宣判书却有一些模棱两可之处，使得不同的甚至是相反的理解成为可能。而且，为了照顾鲁汶天主教大学杰出教授的权威，诏书既没有指出被禁绝的论断的作者，也没有说明它们出现在哪些书中。因此，拜依乌斯的追随者可以在接受绝罚的同时，否认这些主张出自拜依乌斯之口。“拜依乌斯主义”之争中出现的一些涉及权利（droit）和事实（fait）的词汇[②]，成了后来的詹森教派之争的核心内容。

93

路易·德·莫利纳（Luis de Molina）:《论自由意志与获赠恩典间之一致、神之预见、天意、命定与永罚》（*Concordia liberi arbitrii cum gratiæ donis, divina præscientia, providentia, prædestinatione, et*

① 教皇诏书通常取其正文的开头几个词来命名。——译者注

② 这一组概念较难理解。“权利”，即指教皇有禁绝某些主张的权利，但是这并不意味着“事实上”某位作者（拜依乌斯或是后来的詹森）在书中宣扬了这些主张。对“权利”和“事实”的区分实际上宣称了教皇唯有在教理问题上无谬误，而否定了他在判断具体事实时不会出现谬误。——译者注

reprobatione）。里斯本，Antonio Ribeiro 出版，1588 年

法国国家图书馆，珍稀版馆藏，Rés. D. 3683，本书未展示其图片

葡萄牙耶稣会士路易·德·莫利纳（1536—1600）依托其修会成员，尤其是雷奥纳都斯·雷休斯（Léonard Lessius）对托马斯·阿奎那的《神学大全》的注释，在他撰写的《论自由意志与获赠恩典间之一致》一文中，综合而系统地介绍了一种关于恩典的神学理论。相比拜依乌斯和他的支持者的严苛观点，该理论赋予了人类意志更高的价值：恩典并不是一种令上帝预定之人接受其救赎的必要力量，它让人可以自由地决定将其意志面向善——用专业术语来讲，恩典不是“有效的”（efficace），而是“充分的”（suffisante）①。

很多神学家都反对这种调和神的主动性和人的主动性的论断，因它似乎局限了神的全能。多明我会教士（dominicain）的反对尤为激烈，他们认为莫利纳 1588 年发表的论点是对托马斯主义的歪曲。因此，这本书被交由罗马教廷所组织的“恩典争论会议”（congrégatio de Auxiliis）查验。他们的会议从 1598 年持续至 1607 年，但直至会议结束，教义上的难点也未得到解决：教皇保罗五世（Paulus V）并没有绝罚莫利纳主义，只是强制要求缄默，禁止涉及该问题有争议部分的任何形式的讨论。

94 （见 176 页图）

高尔内琉斯·詹森（Cornelius Jansénius）：《奥古斯丁》（*Augustinus*）。

---

① 充分恩典与有效恩典的区分是一个重要的神学问题。所谓充分恩典，即给予人做善事的力量的恩典，但是它并不干预行为本身；而有效恩典，则是指一定会产生效果的恩典。该问题是耶稣会士与詹森派之间争论的核心问题之一。在耶稣会士看来，上帝赋予了所有人恩典，人是否能获得救赎取决于自由意志的选择，即恩典是充分的；而詹森派认为，人因原罪而人性败坏，自由意志也随之丧失，只有被上帝选定，获得了恩典的人，其信仰才能得到支撑，其意志才能摆脱原罪的奴役，做出善的选择，从而获得救赎，因此恩典是有效的。——译者注

鲁汶，Jacob Zeger 出版，1640 年

法国国家图书馆，珍稀版馆藏，Rés. D. 312（1）

在成为伊珀尔（Ypres）的主教之前，高尔内琉斯·詹森（1585—1638）在身为奥古斯丁主义阵地的鲁汶大学教授神学。他继承了拜依乌斯（展品目录 92）的观点并激烈地为其辩护。他在 1620 年末至 1636 年间，著书整合了奥古斯丁关于恩典的理论，系统地介绍了奥古斯丁在不同作品中主张的观点。詹森在 1638 年因为鼠疫逝世，因此自己并没有出版该书，而是他的学生们出版了这部作品。《奥古斯丁》的首版于 1640 年在鲁汶问世，其卷首插图表达了作品中包含的论战精神：圣奥古斯丁的左手拿着被神之爱点燃的心，脚下踩着异端鼻祖柏拉奇[①]和他的门徒赛雷提思乌斯（Cælestius）和朱利安（Julien），他们认为人性并未因亚当的原罪而堕落，并且可以不依靠恩典便主动向善。奥古斯丁在画面中央，围绕在他周围的分别是，于 417 年第一次宣布禁绝柏拉奇主义的英诺森一世（Innocentius Ⅰ），以及再度重申此令的他的三位继任教皇，佐西玛（Zosimus）、卜尼法斯（Bonifacius）和策肋定（Cælestinus）。早期教会教皇们这样的排列秩序本身便反映了那句格言："Ubi est Augustinus, ibi est Ecclesia"（圣奥古斯丁所在之处便是教会）。在詹森和鲁汶的其他拥护奥古斯丁主义的神学家眼中，莫利纳主义（展品目录 93）正是一种新柏拉奇主义或者半柏拉奇主义，它背离了教会真正的且不变的教义。詹森的作品从 1641 年开始便在法国出版了。可以肯定的是，帕斯卡尔在投入《致外省人信札》的写作之前，在他的"第一次皈依"（展品目录 16）之时便已经知道了这部作品：我们不但能够在他的《论真空》（*Traité sur le vide*）的前言的写作计划中——不晚于 1651 年（展品目录 63）——看到他阅读的影子，其实早在 1647 年，在圣昂热事件

① Pelagius 生活在公元 4 至 5 世纪，其神学观点强调人的自由意志的作用，被视作异端。——译者注

图 94　《奥古斯丁》首版的卷首插图

之时（展品目录 20），帕斯卡尔以及他的朋友阿德里安·奥朱尔特和哈雷·德·蒙弗拉内，就已经向他们的对话者打听了詹森的观点。

展出的这一册装裱于 17 世纪，是为巴黎最小兄弟会修道院制作的。

95

安托万·阿尔诺：《论频繁的圣餐礼》（*De la frequente communion*）。巴黎，Antoine Vitré 出版，1648 年

法国国家图书馆，珍稀版馆藏，Rés. D. 12421，本书未展示其图片

安托万·阿尔诺（1612—1694）在 1638 年“皈依”并追随圣西朗（展品目录 16），成了他最杰出的门徒。圣西朗与詹森早已相识，他认同詹森在教义上的观点，便邀请阿尔诺来捍卫《奥古斯丁》一书。阿尔诺于是在 1644 年至 1645 年间发表了两篇《为詹森辩护》（*Apologies pour M. Jansénius*），且获得了巨大成功。不过他最有影响力的作品是出版于 1643 年的《论频繁的圣餐礼》。这是阿尔诺出版的第一部作品，在这本书中，他认为圣西朗宣扬的皈依方法正是早期教会所实践的方法，即推迟举行悔悟者领圣餐的圣事，如此一来，这种剥夺会激起他将自己的心灵完全改换一新的愿望。这一方法充满了奥古斯丁式的精神，即基督徒的生活不应容忍原罪和恩典间永不止息的混合。阿尔诺的论文引起了激烈的论战：他反驳了一名耶稣会士瑟梅荣（Sesmaisons）的观点，反过来他则成了耶稣会士们攻击的对象。撇开这个争论不谈，这部神学作品在大学神学家之外的广大读者群中也引发了反响，因此在后来的《致外省人信札》论战的准备工作中，它扮演了重要角色。

第六版的《论频繁的圣餐礼》上附加了一幅卷首插图。插图是弗朗索瓦·波瓦里（François de Poilly）根据菲利普·德·尚拜涅的一幅画制作的。它表现了国王命令将没有穿婚庆礼服的宾客扔进深渊的寓言故事，“因为被召的人多，选上的人少，然被选拔者寡”（《马太福音》

22 : 13—14）。展出的这一册由红色的摩洛哥皮做封皮，封面上印着掌玺大臣塞吉埃（Séguier，1588–1672）的纹章图案，封底上印有他的首字母图案。

96

［乌尔班八世：诏书《在伟大之作品》（*In eminenti*）］，《确认庇护五世和格列高力十三世所颁布的禁止部分神学判断或主张之宪令。并禁止曾为伊珀尔主教的高尔内琉斯·詹森所作、由鲁汶之雅克·泽格尔出版于 1640 年之〈奥古斯丁〉一书》（*Confirmatio Constitutionum Pii Papæ V et Gregorii XIII prohibentium quasdam theologorum sententias et opiniones. Nec non prohibitio libri, cui titulus Ipprensis episcopi, excusi Lovanni typis Jocobi Zezeri anno 1640*）。罗马，教廷财务院印刷处，1643 年

法国国家图书馆，珍稀版馆藏，D. 2851（2），本书未展示其图片

《奥古斯丁》（展品目录 94）一书的出版从 1641 年起便引发了鲁汶耶稣会士的攻击，这最终导致了 1643 年乌尔班八世在诏书《在伟大之作品》中，禁绝了詹森的论文。这份“确认庇护五世和格里高利十三世之宪令”的诏书再次禁绝了拜依乌斯的错误言论（展品目录 92），并扩大至《奥古斯丁》，认为其违背了保罗五世在 1607 年颁布（展品目录 93），并由乌尔班八世在 1625 年再次强调的要求沉默的命令。不过，教皇避免在教义层面对该事件表明态度：他只是从管理层面发布决定，从总体上禁止阅读詹森的书，将它视作错误理论，却并未从中梳理出确实可称为异端的主张。

此处展出的这一册诏书装订在一本集册中，其中还收有 16 篇“与詹森作品有关的”印刷本或手写本。集册是 1650 年为巴黎最小兄弟会修道院的图书馆所制作的。

97

［卡波然（Gaborens）］，《一名修士兼神学教授的演讲，关于他因恩典争论而不得不前往巴黎的一次旅行》（*Discours d'un religieux professeur en theologie, sur le sujet d'un voyage qu'il a esté obligé de faire à Paris, à l'occasion de la doctrine de la grace*）。巴黎，［无书商名］，1652 年

法国国家图书馆，哲学、历史和人文科学部，D. 3985，本书未展示其图片

教皇诏书《在伟大之作品》完全没有解决论战的问题，从 1649 年 7 月开始，争论在法国再度被激起。当时，索邦神学院的理事尼古拉·科尔内（Nicolas Cornet）公开支持莫利纳的观点，要求索邦禁绝七条关于恩典的主张：它们明显针对的是《奥古斯丁》一书，尽管书名和作者名都并没有被提及。科尔内的行为将巴黎大学割裂开来，这里有为数众多的追随奥古斯丁主义的博士，例如阿尔诺。他们认为这个行为超越了对《奥古斯丁》这本书的讨论，试图清算奥古斯丁主义本身。阿尔诺在数周后发表的《对尼古拉·科尔内阁下之举动的评论》（*Considérations sur l'entreprise de Me Nicolas Cornet*）中便表达了此观点。

1650 年，事件被报告给了罗马教廷。与此同时，在法国开始了一场檄文之战。一位名叫卡波然的改革派教士撰写的批评文字尤其有意思。卡波然来自卢瓦尔河畔苏利（Sully-sur-Loire），与阿尔诺往来密切。他的檄文采用了文学写作的形式——这种形式将留下深远的影响：它描绘了一个人从外省到巴黎，拜访不同立场的人，以期理解这一纷争。借用詹森派的戈德弗鲁瓦·赫尔曼（Godefroy Hermant，1617–1690）的《回忆录》中的话来说，"这样的叙述尤其令人愉悦，因为它十分新颖，之前从未有过什么用文字描述为弄清神学问题而前往巴黎的旅行"。卡波然采用的幽默手法将神学讨论戏剧化，便于非宗教领域的读者理解事件。后来，皮埃尔·尼科尔在他的《为索邦博士阿尔诺涉及权利的主张而辩护》

（*Défense de la proposition de M. Arnauld docteur de Sorbonne, touchant le droit*）（展品目录 115）一文中模仿了这一手法。在此基础上，帕斯卡尔在他最早的几篇《书信》（*Lettres*）（展品目录 114）中也采用了这个技巧：外省人这一人物已经诞生了。

98

[诺埃尔·德·腊拉纳（Noël de Lalane）]：《关于恩典的五项主张之简短分辨……从中可以清楚地了解这些主张被赋予的不同意思，其三列分别阐述了加尔文派和路德派、柏拉奇派和莫利纳主义者，以及圣奥古斯丁与其弟子的理解》（*Distinction abregée des cinq propositions qui regardent la matiere de la grâce... Où l'on voit clairement en trois colones les divers sens que ces propositionspeuvent recevoir: et les sentimens, des Calvinistes & des Luthériens; des Pelagiens & des Molinistes ; de saint Augustin & de ses disciples*）。[巴黎，无书商名]，1653 年

法国国家图书馆，哲学、历史和人文科学部，4° Ld[4]. 185，本书未展示其图片

尼古拉·科尔内的支持者首先将索邦大学事件（展品目录 97）汇报给了教皇英诺森十世，并要求教皇禁绝科尔内在 1649 年 7 月向神学院揭露的头五条主张。支持奥古斯丁学说的人立刻展开反击，每个人都印刷了大量的小册子来维护自己的主张。《关于恩典的五项主张之简短分辨》是维护詹森的小册子中最重要的一册。其主要作者是索邦博士诺埃尔·德·腊拉纳，但他的同僚杜桑·德玛雷（Toussaint Desmares）、路易·葛兰·德·圣达姆尔（Louis Gorin de Saint-Amour）（展品目录 143）、尼古拉·马内歇（Nicolas Manessier）和路易·安格兰（Louis Angran）都签署了自己的名字。由于它的排版特殊，所以它也以《排成三列的文字》（*Écrit à trois colonnes*）的标题闻名：五条主张中的每一

条都对应了新教的异端阐释，柏拉奇派也就是莫利纳派的异端阐释，以及印刷在中间一列的、被视作唯一权威的奥古斯丁的阐释。这样三项并列的方式使得加尔文宗和莫利纳派的错误都充分暴露出来，并突出了奥古斯丁学说的纯粹性。帕斯卡尔后来在《论恩典》(*Écrits sur la grâce*)(展品目录 158）和《巴黎神甫之第五书》（*Cinquième Écrit des curés de Paris*）（展品目录 134）中也使用了这种手法。安托万·阿尔诺也在 1656 年出版的《再辩护》（*Apologeticus alter*）和他的《圣托马斯关于有效与充分之恩典的真正理论》（*Vera sancti Thomæ doctrina de gratia sufficiente et efficaci*）中，采用了排成列而进行解释的方法。也正因此，帕斯卡尔在第三封《致外省人信札》中提到了《再辩护》一文："阿尔诺先生在他的辩护词中将他的主张和给予他灵感的其他教父的解释并排放在几列当中，以便让最糊涂的人也能看出它们的一致。"

99

[英诺森十世：诏书《借着机会》（*Cum occasione*）]，《我们的圣教宗英诺森十世之宪令，宣布了五条关于信仰的主张并给与了定义》（*Bulle ou constitution de nostre s. Pere le Pape Innocent X. Par laquelle sont declarées & definies cinq propositions en matiere de foy*）。[巴黎]，Pierre Targa 出版，1653 年

法国国家图书馆，哲学、历史和人文科学部，E. 472（1653/07/15）

在提请教皇裁决三年之后，英诺森十世于 1653 年 5 月 31 日颁布了诏书《借着机会》，禁绝了尼古拉·科尔内指出的那头五条主张。不过就像 1567 年的诏书《从所有的苦难中》（展品目录 92）一样，1653 年的结论仍然有些模棱两可：这份诏书"借詹森的作品之机"禁绝了这些主张，却并不说明它们是否出现在《奥古斯丁》这本书中，也不明确它们被禁绝的意思是否正是詹森所表达的意思，因为它们完全脱离了上下文。这因此

BULLE, OU CONSTITUTION DE NOSTRE S. PERE LE PAPE INNOCENT X.

Par laquelle sont declarées & definies, Cinq propositions en matiere de Foy.

INNOCENT EVESQUE SERVITEUR DES SERVITEURS DE DIEU. A tous fideles Chrestiens, Salut, & Benediction Apostolique. Comme ainsi soit qu'à l'occasion de l'impression d'vn liure, qui porte pour titre, *Augustinus Cornelij Iansenij Episcopi Iprensis*, entre autres opinions de cét Autheur, auroit esté meuë contestation, principalement en France, sur Cinq d'icelles; plusieurs Euesques du mesme Royaume ont fait instance aupres de nous, à ce qu'il nous pleust examiner ces mesmes propositions à nous presentées, & prononcer vn Iugement certain & euident sur chacune en particulier.

La teneur des susdites Propositions est telle qu'il s'ensuit.

La premiere, Quelques Commandemens de Dieu sont impossibles aux hommes iustes, lors mesmes qu'ils veulent, & s'efforcent de les accomplir, selon les forces qu'ils ont presentes; & la Grace leur manque, par laquelle ils soient rendus possibles.

La seconde, Dans l'estat de la nature corrompuë on ne resiste iamais à la Grace interieure.

La troisiesme, Pour meriter & demeriter dans l'estat de la nature corrompuë, la liberté qui exclud la necessité n'est pas requise en l'homme, mais suffit la liberté qui exclud la contrainte.

La quatriesme, Les Semipelagiens admettoient la necessité de la Grace interieure preuenante, pour chaque acte en particulier, mesme pour le commencement de la Foy, & ils estoient Heretiques, en ce qu'ils vouloient que cette Grace fut telle, que la volonté humaine pust luy resister, ou luy obeyr.

La cinquiesme, C'est Semipelagianisme de dire, que Iesus-Christ est mort, ou qu'il a respandu son Sang generalement pour tous les hommes.

Nous, qui dans la multitude differente des soings, qui continuellement occupent nostre esprit, sommes particulierement touchez de celuy de faire en sorte que l'Eglise de Dieu qui nous a esté commise d'enhaut, estant purgée des erreurs des opinions peruerses, puisse combattre auec seureté, & comme vn vaisseau sur vne mer tranquille, faire voile auec assurance, les orages & les flots de toutes les tempestes estant appaisez, & enfin arriuer au port desiré du salut.

Considerans l'importance de cette affaire, nous auons fait que les Cinq propositions qui nous ont esté presentées dans les termes cy-dessus exprimez, fussent en presence de quelques Cardinaux de la Sainte Eglise Romaine, souuentefois assemblez, specialement pour ce suiet, examinées diligemment l'vne apres l'autre par plusieurs Docteurs en la Sacrée Theologie: Nous auons consideré à loisir & auec maturité leurs suffrages, rapportez tant de viue voix, que par escrit; & auons ouy ces mesmes Docteurs, discourans fort au long sur ces mesmes propositions, & sur chacune d'icelles en particulier, en differentes Congregations tenuës en nostre presence.

Or ayant dés le commencement de cette discussion ordonné des Prieres tant en particulier qu'en public, pour exhorter les fidelles d'implorer le secours de Dieu, les ayant encore ensuite fait reiterer auec plus de ferueur, & nous mesme apres auoir imploré auec sollicitude l'assistance du Saint Esprit, enfin secourus de la faueur de cét Esprit Diuin, nous auons fait la declaration, & definition suiuante.

La premiere des Propositions susdites: *Quelques Commandemens de Dieu sont impossibles aux hommes iustes, lors mesme qu'ils veulent, & s'efforcent de les accomplir selon les forces qu'ils ont presentes, & la Grace leur manque, par laquelle ils soient rendus possibles.* Nous la declarons temeraire, impie, blasphematoire, condamnée d'anatheme, & heretique, & comme telle nous la condamnons.

La seconde, *Dans l'estat de la nature corrompuë, on ne resiste iamais à la Grace interieure*: Nous la declarons heretique, & comme telle nous la condamnons.

La troisiesme: *Pour meriter & demeriter dans l'estat de la nature corrompuë, la liberté qui exclud la necessité, n'est pas requise en l'homme, mais suffit la liberté qui exclud la contrainte*: Nous la declarons heretique, & comme telle nous la condamnons.

La quatriesme: *Les Semipelagiens admettoient la necessité de la Grace interieure preuenante pour chaque acte en particulier, mesme pour le commencement de la Foy, & ils estoient heretiques, en ce qu'ils vouloient que cette Grace fut telle, que la volonté pust luy resister, ou obeyr*: Nous la declarons fausse, & heretique, & comme telle nous la condamnons.

La cinquiesme: *C'est Semipelagianisme de dire, que Iesus-Christ est mort, ou qu'il a respandu son sang generalement pour tous les hommes*: Nous la declarons fausse, temeraire, scandaleuse: & estant entenduë en ce sens, que Iesus-Christ soit mort pour le salut seulement des predestinez: Nous la declarons impie, blasphematoire, contumelieuse, derogeante à la bonté de Dieu, & heretique, & comme telle nous la condamnons.

Partant nous deffendons à tous fidelles Chrestiens de l'vn & l'autre sexe, de croire, d'enseigner, ou prescher touchant lesdits propositions, autrement qu'il est contenu en nostre presente declaration, & definition sous les Censures, & autres peines de droit portées contre les heretiques, & leurs fauteurs.

Nous enjoignons pareillement à tous Patriarches, Archeuesques, Euesques & autres Ordinaires des lieux, comme aussi aux Inquisiteurs de l'heresie, qu'ils repriment entierement, & contiennent en leurs deuoirs par les Censures, & peines susdites & par toutes autres voyes, tant de fait que de droit qu'ils iugeront conuenables, tous contredisans & rebelles, implorant mesmes contre eux, s'il est besoin, le secours du bras seculier.

Nous n'entendons pas toutesfois par cette declaration, & definition faite touchant les cinq propositions susdites, approuuer en façon quelconque les autres opinons, qui sont contenuës dans le liure cy-dessus nommé, *de Cornelius Iansenius*. Donné à Rome à Sainte Marie Majeure, l'an de nostre Seigneur 1653. le dernier iour du mois de May & de nostre Pontificat le 9. PH. DATARIUS. G. GUALTERIUS. P. CIAMPINUS.

L'an de nostre Seigneur 1653. indiction 6. & le 9. du Pontificat de N. S. P. le Pape Innocent X. le 9. iour du mois de Iuin, la susdite Constitution a esté affichée, & publiée aux portes des Eglises de Latran, de S. Pierre, & de la Chancellerie Apostolique, & au Champ de Flore, par moy, Hyerosme Mascella, Courier de nostre saint Pere le Pape.

BREF DE SA SAINTETE' AUX ARCHEVESQUES ET EVESQUES DE CE ROYAUME.

MES VENERABLES FRERES, *Salut, & benediction Apostolique. Vostre pieté fraternelle a fait tres-apropos & dans l'ordre, lors que considerant les grands troubles qui s'excitoient dans les Eglises au suiet des propositions desquelles vous nous auez escrit, elle a eu recours à ce lieu saint, que le Seigneur a choisi, pour s'informer de nous de la verité Catholique, touchant ces propositions, Nous doncques, apres la longue recherche d'vn soigneux examen, & prieres instantes faites à Dieu le Pere des lumieres, Auons declaré, & desiny par cette Constitution, que nous vous enuoyons auec les presentes, le sentiment qu'il faut auoir touchant lesdites propositions. Par cette Constitution vous entendrez de nous dans cette affaire importante la decision de la Foy Orthodoxe, & nous ne doutons point qu'elle ne doiue estre & salutaire aux peuples qui font profession du Christianisme, & tres-agreable au zele recommandable de vos Fraternitez, ausquelles Nous departons auec affection la benediction Apostolique. Donné à Rome à sainte Marie Majeure, sous l'Anneau du Pecheur le dernier iour de May, L'an 1653. de Nostre Pontificat le 9.*

MANDEMENT DE MONSEIGNEUR L'ARCHEVESQUE DE PARIS POUR LA PUBLICATION ET OBSERVANCE DE LADITE CONSTITUTION.

IEAN FRANCOIS DE GONDY, par la grace de Dieu & du S. Siege Apostolique, Archeuesque de Paris. A tous Doyens, Chapitres, Abbez, Prieurs: Et aux Curez des Eglises Parochiales de cette Ville & Faux-bourgs de Paris, & à tous autres Curez; & encores aux Superieurs & Superieures des Monasteres, & autres Communautés de cette Ville & Diocese, Salut & dilection. Le Fils de DIEU estant venu en ce monde pour reconcilier les hommes auec son Pere; & les vnir tous ensemble par le [illegible] de Paix & de Charité perpetuelle, a voulu mourir en croix les bras estendus, pour embrasser tous les peuples, *pour recueillir les enfans Dieu qui estoient dispersez, & les assembler tous en vn* & les conjoindre en vn corps mystique, (qui est son Eglise) sous vn Chef visible & vniuersel. *Il est venu (ce) dit son bien aymé Disciple)* [illegible] *afin qu'il n'y ait qu'vn troupeau, & vn Pasteur.* A sçauoir dependant de luy seul, mais Superieur C'est pourquoy ce Prince de paix disoit aux Israelites: *I'ay d'autres brebis qu'il me faut appeller & les ioindre auec celles-cy;* à tous les autres. Lequel il designa aussi, & le constitua de fait, lors qu'estant sur le point de s'en retourner à DIEU son Pere, il dit à S. Pierre, son plus feruent Disciple (auquel il auoit dé-ja donné les clefs du Royaume des Cieux, l'establissant sous soy, la pierre fondamentale de son Eglise.) *Pais mes brebis, pais mes agneaux.* Aussi ce fut à luy-mesme qu'il dit la veille de sa Passion: *Pierre, Sathan a recherché de vous cribler (ou de vous separer) tous, comme le bled: mais i'ay prié pour toy, à ce que ta Foy ne defaille point: aye donc soin, apres ta conuersion, de confirmer tes Freres.* C'est cette diuine promesse qui a tousiours depuis maintenu, *dans la Chaire de l'vnité, la Doctrine de la verité*, & conserué la paix & l'vnanimité dans le corps de l'Eglise Catholique. Car toutes les fois que quelque dissension s'est emuë touchant la Foy & la Doctrine Chrestienne, les Euesques des Eglises particulieres, ont d'ordinaire eu recours au Souuerain Pontife, successeur de S. Pierre & Vicaire de IESUS-CHRIST, en l'Eglise vniuerselle; pour en requerir la decision; & l'ayant receuë comme vn Oracle de verité, l'ont fait obseruer inuiolablement; & par ce moyen, ont entretenu l'esprit de paix, & conserué le lien d'vnité en leurs Eglises. Ainsi S. Irenée, Auditeur des Disciples des Apostres, fut enuoyé de Lion à Rome au Pape & Martyr S. Eleuthere, auec des lettres honnorables sur sa legation, pour tirer de sa bouche la resolution definitiue, sur diuerses questions; & ayant receu la response, reuint comme la Colombe, rapportant le rameau d'Oliue, que cette Eglise receut, auec le succez visible d'vne singuliere benediction. De mesmes S. Cyprien, en la cause de Nouatus, eut recours à ce S. Siege, qu'il appelloit veritablement, *La Chaire de S. Pierre, l'Eglise principale, & le centre de l'vnité Sacerdotale.* Ainsi le grand S. Basile conseilloit à S. Athanase, dans les troubles de l'Eglise Orientale, d'auoir recours au Pontife Romain, afin qu'il vsast de son auctorité, & proferast sa Sentence, par laquelle il accoiseroit cette tempeste, & doneroit le calme à tant d'Eglises qui estoient agitées de grandes contentions, non seulement touchant les mœurs; mais aussi concernantes les dogmes de la Foy. De mesme aussi S. Hierome demandoit au Pape Damase (duquel il auoit autresfois esté Secretaire, pour l'expedition des responses Apostoliques, aux consultations Synodales de l'Orient & de l'Occident, la decision de son doute, touchant les trois hypostases en la diuinité: *Icy* (dit-il) *l'Eglise est diuisée, & chacun me veut tirer à son party, là dessus ie crie, si quelqu'vn est vny à la Chaire de S. Pierre, ie suis à luy.* Et en l'Epistre precedente au mesme Pape. *Ie suis conioint à la Chaire de S. Pierre, par le lien d'vne mesme communion: ie sçais que l'Eglise est fondée sur cette pierre. Qui conque mangera l'agneau hors de cette maison, il est profane. Si quelqu'vn est hors l'arche de Noé, il perira durant le deluge. Ie ne sçais point qui est Vitalis; ie laisse là Meletius, i'ignore qui est Paulinus. Quiconque ne recueille point auec vous, il dissipe. C'est à dire qu'il n'est pas auec Iesus-Christ, mais qu'il est du costé de l'Antechrist.* L'heresie de Pelagius s'esleua peu apres (contre laquelle n'a iamais esté celebré aucun Concile general.) Qui a fait l'Eglise pour terrasser ce monstre à plusieurs testes? contre lequel elle auoit fulminé tant de Sentences de condemnation dans les Synodes particuliers d'Orient & d'Affrique, qui n'auoient eu aucun effet: sinon de recourir selon l'ordinaire au S. Siege: pour ce (disoient les Peres par la plume de S. Augustin,) *que nous estimons que ceux qui enseignent des choses si peruerses & si pernicieuses, cederont plus aisément à l'auctorité de vostre Saincteté, qui est fondée sur l'authorité des Saintes Escritures.* Aussi en la cause d'Eutyches, l'Epistre de S. Leon à Flauian (que l'on appella, *le Titre de la Foy*) fut tenuë par les Peres pour la finale determination de l'Eglise: car ayant esté leuë au Concile Oecumenique de Calchedoine, les Peres poussés du mesme Esprit diuin qui l'auoit dictée, par la bouche dudit S. Leon, s'escrierent aussi-tost: *Pierre a parlé par la bouche de Leon, c'est là la Foy des Apostres. C'est là la Foy des Peres; Quiconque ne la receura, iusqu'à vn iota, qu'il soit anathème*: Et aussi les Euesques des Gaules, ayant receu cette admirable epistre de ce grand Pape, l'embrasserent auec vn merueilleux applaudissement; de sorte qu'ils luy en rendirent des graces infinies, adjoustans qu'elle estoit receuë sans contredit par l'Eglise vniuerselle. Et que tous les Euesques confessoient, que *ce n'estoit pas sans cause que Dieu auoit estably à Rome, la Principauté du Siege Apostolique: puisque de là l'on entendoit retentir par tout le monde les Oracles de l'esprit mesmes des Apostres.* Et en vne autre Epistre Synodale addressée au mesme S. Pontife Leon; apres auoir loüé cette Lettre decisiue, auec des eloges qui ne se peuuent assez estimer, ils disent encores ces paroles remarquables: *Il faut que tout le monde auouë que Iesus-Christ a parlé par vostre bouche.* Ainsi les Euesques d'Espagne, sur semblables occurences, escriuirent à Hilaire son successeur, le suppliant d'interposer son auctorité supréme, pour faire cesser telles diuisions: *Nous recourons à la Foy* (disoient-ils) *que l'Apostre* (vaisseau d'election) *a louée: & nous demandons la resolution à ce Siege, d'où ne sort rien de temeraire: mais où tout est decidé auec vne deliberation vrayement Pontificale.* La verité de cette Tradition est si constante dans l'Eglise Catholique, que ce ne seroit iamais fait de remarquer par le menu, tous les exemples sur ce suiet. Saint Bernard enseigné par cette euidente & inuiolable tradition, escriuit aussi au Pape Innocent deuxiesme, sur semblables rencontres: *Il faut rapporter à vostre Apostolat tous les desordres qui arriuent dans le Royaume de Dieu,* (qui est l'Eglise) *& recourir à vous en toutes choses où la Religion perclite. Car là la foy doit estre là reparée, ou iamais, elle n'a receu de corruption.*

C'EST POURQUOY, Nous instruits par ces mesmes principes, dés que la question *de Auxiliis*, & autres contentions touchant la Grace, commencerent à s'esmouuoir en cette ville, pour euiter le bruit & la diuision, par nostre Decret du mois de Mars 1641. Nous imposâmes silence à tous Docteurs & Predicateurs, touchant ces matieres contentieuses, remettant l'affaire au Saint Siege, (comme majeure, & matiere de Foy) les exhortans, & mesmes les obligeans d'attendre la decision de ces differents par l'oracle ordinaire de l'Eglise, qui est le Souuerain Pontife. Or nostre Saint Pere le Pape Vrbain VIII. d'heureuse memoire, y interposa son auctorité, par vne notable declaration, qui fut par nostre ordre solennellement publiée. Mais comme l'ennemy du repos de l'Eglise eschaufa encore dauantage les esprits sur les mesmes questions: Nous n'auons rien obmis de nos soins, pour arrester le cours de ces altercations dangereuses, & obliger tous les contredisans, de se soubmettre auec tout respect (comme ont tousiours fait les vrais enfans de l'Eglise) au iugement du Saint Siege Apostolique, & de demeurer cependant dans les termes de l'vnion Catholique, & de la Charité fraternelle. A quoy aussi ils ont acquiescé, & recouru auec vne filiale submission à nostre Saint Pere le Pape, Vicaire de nostre Seigneur IESUS-CHRIST, & successeur de Saint Pierre. De maniere que finalement, & tout bien consideré, sa Sainctété n'ayant rien obmis de ce qui estoit necessaire pour impetrer l'assistance particuliere du Saint Esprit, en vne matiere si importante, auroit, [illegible] vne meure deliberation, prononcé son jugement Apostolique, qui remedie à tous ces differents, par la condamnation de cinq Propositions, exprimées par la Bulle cy dessus transcripte, qu'il nous a enuoyée pour la faire publier & obseruer en cette ville & Diocese, par tous ceux dont il a pleu à la diuine bonté nous confier la conduite. A CES CAUSES, Nous desirans rendre au Chef visible de l'Eglise, le respect & la submission que nous luy deuons: & pour retrancher toutes occasions de dispute, & establir vne parfaite concorde entre les fideles, qui sont sous nostre charge Pastorale: AVONS ORDONNE', & ORDONNONS que ladite Bulle, ou Constitution Apostolique de N. Saint P. le Pape, en matiere de foy, sera publiée Dimanche prochain, aux Prônes de toutes les Eglises Parochiales de cette ville & Diocese, & signifiée à tous les Superieurs & Superieures des Monasteres & Communautez; mesmes affichée aux portes des Eglises; imprimée & diuulguée, auec nostre present Mandement, pour estre obseruée de poinct en poinct selon sa forme & teneur, par toutes sortes de personnes de l'vn & l'autre sexe, & de quelque Ordre, qualité, ou condition qu'elles soient, sans aucune exception. Auec tres-expresses inhibitions & defenses de maintenir & defendre lesdites cinq Propositions, condamnées par ladite Bulle, soubs ombre d'explication ou autre pretexte que ce puisse estre; comme aussi de decrediter ladite Bulle par imposition d'aucune pretenduë fausseté, nullité, ou autre defaut, que l'on voudroit supposer, ny de disputer à l'encontre de viue voix ou par escrit (mesme imprimé) ny de rien faire au preiudice d'icelle, & de l'honneur & reuerence qui est deuë au saint Siege Apostolique, & de l'auctorité de nostre saint Pere le Pape, directement ou indirectement, sous peine d'excommunication, & mesme d'interdict, à l'esgard des personnes Ecclesiastiques, & autres peines de droict, selon qu'il est porté par ladite Bulle. A laquelle neantmoins nous esperons que chacun acquiescera, comme ont tousiours fait en semblables occasions, les vrais enfans de l'Eglise Catholique. Ce qui faisoit dire à saint Optat Mileuitain, qu'apres la sentence du Pape Melchiades, *Le iugement estoit clos & terminé.* Et à saint Augustin, Que puisque le Pape Innocent I. *auoit Iugé, & que son rescrit estoit manifeste, la cause estoit finie.* Il ne nous reste donc plus que d'exhorter nos Diocesains, comme faisoit l'Apostre ceux de Corinthe, disant: *Ie vous coniure par le nom de nostre Seigneur IESUS-CHRIST, que vous disiez tous la mesme chose, & qu'il n'y ait point de schismes entre vous: mais que vous soyez parfaitement d'accord, n'ayant qu'vn mesme sentiment, & vne mesme doctrine.* Et encore le mesme aux Ephesiens: *Ie vous prie de conuerser en ce monde, dignement selon la vocation en laquelle vous estes appellez. Auec toute humilité & douceur, auec patience, vous supportans les vns les autres en charité, & vous rendans soigneux de garder l'vnité d'esprit par le lien de la paix.* Dieu nous en fasse la grace. FAIT en nostre Conuent des Capucins, au Fauxbourg de Pontoise, le quinziesme de Iuillet 1653. *Signé,* I. FRAN. P. ARCH. DE PARIS.

De l'Imprimerie de P. TARGA, Imprimeur ordinaire de l'Archeuesché de Paris, ruë S. Victor au Soleil d'Or. *Auec Priuilege du Roy.*

15 juillet 1653

图 99

提供了做出相反阐释的可能。在解决了“权利上”（de droit）的问题（引用的这五项主张与教会的意见相违背）后，诏书从两个方面提出了“事实上”（de fait）的问题：这些主张的源头问题和它们的真正意思（展品目录 104）。直到 1654 年 9 月 29 日教皇颁布敕书，第二个问题才得以解决。英诺森十世的后继者亚历山大七世在两年后又发布了诏书《向神圣的》（*Ad sacram*），再度重复了敕书给出的解释（展品目录 130）。

100（见 184 页图）

《詹森派的溃败与错误》（*La Deroute et Confusion des Janssenistes*）。巴黎，Jean Ganière 出版，1654 年

法国国家图书馆，版画部，Rés. Qb 201（41）fol.

这张大幅年历发行于 1653 年 12 月，由两张拼在一起的纸张制成。下面的那张上印着 1654 年的年历，其周围的铜版画上的人物表现了“信仰”和“协和”。其中一人脚下踩着“虚假的虔诚”，另一人踩着“叛乱”。上半部分是由一块完整的雕版印制而成，颂扬了诏书《借着机会》（展品目录 99）的颁布。中间为教皇，他被圣灵所照耀，“宗教”与手持圣彼得之钥的密涅瓦[①]围绕在他身旁。教皇象征着教会的力量，他右手持着冒着火焰的剑，即宣判的武器。在画面左侧，年轻的路易十四身旁一边是“神圣的热忱”与“虔诚”，另一边是“协和”与“正义”。他是信仰与公共秩序的守卫者，伸出权杖来驱逐代表了詹森主义的伊珀尔主教詹森。后者挥舞着打开的《奥古斯丁》一书，身后是三个魔鬼：长着毛驴耳朵的“无知”、匍匐前进并将脸掩藏在面具下的“欺骗”，以及长着翅膀的“错误”。后者表现为一个年轻人的形象，他挡住了自己的眼睛，拒绝看那“象征真理的论著——一本写着 *Pro omnibus mortuus est*（“他替

① Minerva，罗马神话中的智慧女神，即希腊神话中的雅典娜。——译者注

LA DEROUTE
ET CONFVSION DES
IANS SENISTES
LE PAPE
LE ROY
LES IANSSENISTES
ALMANACH
POVR L'AN ... SIX CENS LIIII
DEDIE AV ROY
A PARIS

图 100

众人死”，这句出自圣保罗的引文，被视作可以反驳詹森派神学的命定说）的书——散发出的光芒。在詹森前面，“詹森派”成员正在前行。janséniste（詹森派）这个词是在论战中诞生的，由他们的反对者在1651年比照calviniste（加尔文派）一词所造。确实，在版画中，这些詹森派成员被《奥古斯丁》一书推着，带着悔恨者的虔诚神态，投入了加尔文向他们张开的怀抱。

根据耶稣会士勒内·拉般（René Rapin）的《回忆录》，与詹森派成员所认为的相反，制作这样一个年历的主意并不是由耶稣会士发起的，而是来自阿德里安·甘巴尔（Adrien Gambart，1600–1668），一位与圣樊尚·德·保罗（saint Vincent de Paul）熟识的巴黎神甫。这种说法是很有可能的，甘巴尔很喜欢使用象征性的表达，就像他在1664年出版的《圣方济各·德·沙雷传》一样。1654年的铜雕版在被稍作修改后，于同年被亚伯拉罕·博斯（Abraham Bosse）用作勒梅特·德·萨西的《插画集》（展品目录101）一书的插图，并在1660年经过较大修改后，在另一情境下被阿尔贝·弗拉门（Albert Flamen）再度使用（展品目录137）。

101

路易–伊萨克·勒梅特·德·萨西（Louis-Isaac Le Maistre de Sacy）：《耶稣会士名为詹森派的溃败与错误之著名年历的插画集，或耶稣会莫利纳对圣奥古斯丁的胜利》（*Les Enluminures du fameux almanach des PP. Jesuistes, intitulé, La deroute et la confusion des Jansenistes. Ou Triomphe de Molina jesuiste sur s.Augustin*）。[无出版地]，[无书商名]，[1654年]

法国国家图书馆，珍稀本馆藏，Ye. 7760，本书未展示其图片

为了回击《詹森派的溃败与错误》，勒梅特·德·萨西（展品目录

152）出版了一篇 2000 余行的讽刺诗。书的序言详细地描述了被定罪的铜雕版，并且附加了亚伯拉罕·博斯复制的 1654 年的那幅年历。帕斯卡尔从勒梅特·德·萨西的作品中获益不少，他由此了解了数名“莫利纳派人士的做法”，并在第三封《致外省人信札》中有所提及：“［耶稣会教士们］毫无远见，他们正是以这样的姿态才能维持到现在。他们时而通过教理的讲授，让一个孩童批判他们的敌人，时而举行一场表现了充分恩典战胜有效恩典的游行，时而上演一出魔鬼带走詹森的喜剧，还有一次是制作了一个年历。”这个年历指的便是《插画集》一文中所针对的年历，而除了喜剧以外，其他的事件均出现在了勒梅特·德·萨西的第十三和第十八幅“装饰画”中。这两幅画分别叫作《1651 年封斋前的周一马贡（Mâcon）的耶稣会士组织其学生们举办的游行，穿着女装的一名男孩儿表现了他们所谓的充分恩典，他将一位象征着伊珀尔主教之人作为他的战利品示众》，以及《耶稣会教士如何在他们的圣路易教理讲授课上对待被他们称作詹森派的人》。

102

［安托万·阿尔诺］：《回复一位出身高贵之人，以讨论古代教父在著书之时的行为准则》（*Response à la lettre d'une personne de condition touchant les regles de la conduitte des saints Peres dans la composition de leurs ouvrages*）。［无出版地，无书商名，1654 年］

法国国家图书馆，珍稀本馆藏，Rés. Ye. 4311，本书未展示其图片

阿尔诺的这篇文章写于 1654 年 3 月 20 日，是萨西所著《插画集》（展品目录 101）一书的后续，后者的首版发表于 1654 年 1 月，第二版增订版于 2 月问世。很快便出现了一封名为《致一位出身高贵之人以讨论第二版插画集》的信，作者在其中大力赞扬了萨西诗歌的文学价值，却对其讽刺手法持保留意见：“《插画集》让一些人感到难过，他们觉得基

督教所倡导的温和仁慈受到了伤害。” 阿尔诺撰写的《回复一位出身高贵之人》重新提起这一主题，为萨西辩护。这篇文章是帕斯卡尔在写作第十一封《致外省人信札》时的主要源泉。帕斯卡尔在这封信中面对“将神圣的事情变为笑谈”的指责，为自己辩护：“讽刺有些时候更能把人们从错误中拉回，……此时，它便是一种正义。”

103（见233页图）

［弗朗索瓦·杰拉尔冬（François Girardon）雕刻坊？］：安托万·阿尔诺半身像。大理石，1695年左右？

巴黎，圣热纳维耶芙图书馆，本书未展示其图片

弗朗索瓦·杰拉尔冬在1695年，也就是阿尔诺逝世后第二年，应圣日耳曼德佩修道院（abbaye de Saint-Germain des Prés）的要求，为其制作了一尊大理石胸像。塑像似乎毁于修道院1794年的一场大火。圣热纳维耶芙图书馆的这尊半身像可能是杰拉尔冬的雕刻坊制作的一块复制品。早在1749年，德札里耶·达尔央维乐（Dezallier d'Argenville）在他的《巴黎艺术之旅》（*Voyage pittoresque de Paris*）中便记录了圣热纳维耶芙修道院有这么一尊塑像。

104

［安托万·阿尔诺］：《英诺森十世禁绝的五项主张：而伊珀尔主教詹森之主张与被禁绝之主张相反》（*Quinque propositiones ab Innocentio decimo damnatæ: et propositiones Jansenii Jpresis efiscopi damnatis contrariæ*）。［巴黎，无书商名，1654年］

法国国家图书馆，哲学、历史和人文科学部，D. 3767，本书未展示其图片

这份呈递至法国主教会议的呈文印刷于1654年3月，即会议召开

期间。阿尔诺在其中凸显了诏书《借着机会》（展品目录 99）中模棱两可的地方，并从两个方面对“事实上”的问题提出异议：一方面，他强调被禁绝的五项主张并未出现在《奥古斯丁》一书中；另一方面，他指出《奥古斯丁》包含了与这些主张相反的内容，也同样为一些观点感到愤怒，例如“眼睛评判的一项事实可以成为一项信仰”——事实上“后者只能建立在神的启示之上”——并且“让人可以正当地指责那些完全同意这篇诏书［《借着机会》］关于信仰内容的神学家为异端”。第一篇《致外省人信札》的开头强调了这些事实，提到了索邦的博士们对阿尔诺的支持。他们在五项主张与《奥古斯丁》一书的关系问题上站在阿尔诺一边：“有一些立场更明确的人甚至声明，不管他们如何寻找，都没有在书中找到这些主张，甚至还找到了相反的观点。”

105

［安托万·阿尔诺］：《索邦一名博士致一位出身高贵之人的信，论及最近发生在巴黎一个教区并波及一位宫廷中人的事情》（*Lettre d'un docteur de Sorbonne à une personne de condition sur ce qui est arrivé depuis peu, dans une paroisse de Paris, à un seigneur de la Cour*）。巴黎，［无书商名］，1655 年

法国国家图书馆，哲学、历史和人文科学部，4° Ld4. 194，本书未展示其图片

教士们就“事实的问题”发生分歧，这个冲突也扰乱了信众，在这样的大背景下，1655 年 2 月 1 日却又产生了一个新的纷争：利昂古尔侯爵（展品目录 25）的赦罪请求被圣苏比思（Saint-Sulpice）教堂的助理司铎，夏尔·比科特（Charles Picoté）神甫所拒绝，因为侯爵与波尔-罗雅尔修道院往来密切，而修道院在圣西朗的影响下，已经成了詹森化奥古斯丁主义的法国基地（展品目录 110）。这个事件激起了强烈的情绪，阿尔诺立刻回击，在他写于 2 月 24 日的《索邦一名博士致一位出身高

贵之人的信》中，驳斥了将詹森支持者视作异端的判定，指出他们真诚地认同诏书《借着机会》的内容。匿名只是一个形式，所有人都知道“索邦博士”即阿尔诺，“出身高贵之人”即利昂古尔侯爵。由于这篇文章的问世，圣事被拒绝这个事件在法国詹森主义（Jansénisme）历史上扮演了极其重要的角色。它一下子把围绕在五项主张上的教义纷争扩大到了教士实践的领域，并且指出了论战在公共层面的意义。阿尔诺的信很快就引起了反对者们，尤其是耶稣会士极为激烈的回应，其中有国王的忏悔神甫弗朗索瓦·阿纳（François Annat，1590–1670），后者将在《致外省人信札》战役中扮演重要角色（展品目录 128）。于是又开始了一场新的笔战，其很多方面都与 1648 年至 1652 年间的投石党运动颇为相似，当时各种各样攻击马扎然的文章（mazarinades）与公共舆论为敌。

106

安托万·阿尔诺：《索邦博士阿尔诺致一位公爵兼法兰西贵族的第二封信，以回应攻击其第一封信之作品，论及发生在巴黎一个教区并波及一位宫廷中人的事情》。巴黎，［无书商名］，1655 年

法国国家图书馆，哲学、历史和人文科学部，4° Ld[4]. 203，本书未展示其图片

阿尔诺的《第二封信》，作为对《致一位出身高贵之人的信》的回击的回击，没有匿名发表。其日期为 1655 年 7 月 10 日，收信人是吕纳公爵（展品目录 107），利昂古尔侯爵的好友。这封信长达 254 页，不只是一个论战小册子，而且是一篇真正的小论文。阿尔诺在信中再次提到了圣事被拒事件，并将事件和当时关于恩典的神学争论联系起来。这篇用法语写作的书信体文章能够触动比神学家们更大的读者群，重复了阿尔诺在上一年提交给主教会议的论据（展品目录 104）：被诏书《借着机会》禁绝的主张并没有出现在《奥古斯丁》一书中。不过阿尔诺还迈出了新的一步，他将第一条主张纳为己用，即，即使正义之人也可能无

法获得恩典来完成上帝的旨意。如此一来，“权利”的问题又再度被引入到论辩中。帕斯卡尔的第一封《致外省人信札》针对的便是这个问题（展品目录 114）：“所有正义之士都始终拥有完成上帝指示的能力”这一论断是对是错？

107

皮埃尔·达雷（Pierre Daret）：吕纳公爵路易·夏尔·达尔贝（Louis Charles d'Albert）肖像。铜版画，1654 年

法国国家图书馆，版画部，N 2，本书未展示其图片

路易·夏尔·达尔贝（1620—1690），第二任吕纳公爵，是路易十三宠臣的儿子，也是将笛卡尔《哲学沉思》从拉丁文翻译到法文之人。他在 1649 年左右“皈依”，并在一段时间后，即 1650 年左右，发表了针对家庭使用的祷告集，其中的一篇《祈求上帝给予可让人走向真正而完美的皈依的恩典》的祷告，吸收了圣西朗的精神主旨以及有效恩典的教义。帕斯卡尔在 1656 年 10 月寄给夏洛特·德·洛阿内的信中写道：“我非常高兴您欣赏拉瓦勒先生（Laval）的书。”这段话明显指的是这部作品，因为拉瓦勒正是吕纳公爵在发表宗教思考时用的笔名。因祷告集中使用了奥古斯丁式的语气，它在 1659 年问世的第五版于 1661 年遭到巴黎神学院禁绝，其罪名在于重复了“最近被禁绝的、涉及恩典、自由意志与人类行为的那些观点”。1650 年，吕纳公爵认安托万·辛格林（Antoine Singlin）（展品目录 112）为他的精神导师，并决定进一步接触乡间的波尔－罗雅尔修道院。为此，他雇人修建了沃缪里耶城堡（château de Vaumurier），在投石党运动最混乱的时期，此地为隐修者们提供了庇护所，帕斯卡尔也经常拜访那里。

这幅肖像画是弗朗索瓦·佑兰（François Jollain）再版的达雷的作品，其原作首版制作于 1654 年。

108

《巴黎神学院禁查题为〈索邦博士阿尔诺致某公爵的第二封信〉一书》（*Censure de la sacrée Faculté de théologie de Paris, contre un livre intitulé Seconde lettre de Monsieur Arnauld docteur de Sorbonne, à un duc et pair de France*）。巴黎，Gaspard Meturas 出版，1656 年

法国国家图书馆，阿瑟纳尔馆，4° H. 14167，本书未展示其图片

阿尔诺的《第二封信》在公众中取得了巨大成功。不过，由于涉及了“权利的问题”，书信的作者暴露在了因离经叛道而被教会禁绝的危险之下。1655 年 11 月 4 日，索邦神学院的理事，克洛德·桂雅尔（Claude Guyard）——他也是尼古拉·科尔内（展品目录 97）的朋友——要求组成委员会，从此书所提出的“权利的问题”与“事实的问题”两方面来开展调查。由于故意指派阿尔诺的敌人为委员会成员，调查结果自然给出了禁查的结论。索邦分两次公布了这个决定，1656 年 1 月 14 日，它在事实的问题上禁绝了《第二封信》，并在 1 月 29 日在权利的问题上对之再度禁绝。由于受到禁查，1656 年 1 月 31 日，索邦博士阿尔诺被驱逐出了神学院。这些事件直接引发了《致外省人信札》战役，其第一封信与第二封信的日期分别为 1656 年 1 月 23 日和 26 日（展品目录 114）。

109

［尼古拉·艾德林克（Nicolas Edelinck）根据尼古拉·富勒格尔（Nicolas Vleughels）的作品制作］，《1717 年 5 月 5 日在索邦举行的大会》（*Assemblée tenue en Sorbonne le 5. May 1717*）。铜版画，1717 年左右

法国国家图书馆，版画部，Rés. Qb 201（88）fol.，本书未展示其图片

尼古拉·艾德林克的这幅版画没有署名，是根据富勒格尔的一幅画创作的，后者现存于凡尔赛国家博物馆，是目前所知的唯一一幅反映了17世纪索邦大会议室（Salle des actes）样貌的作品。正是在这个房间里，神学院的博士们聚集在一起，宣布他们禁查的决议。

《致外省人信札》之战：文本、源头、目标与回应

110

安托万·勒·保尔特（Antoine Le Paultre）：《建筑作品集》（*Les Œuvres d'architecture*）。巴黎，Jean Jombert 出版，［1681 年］

法国国家图书馆，珍稀本馆藏，Rés. V. 2009

要想明白为何帕斯卡尔会参与因拒绝利昂古尔侯爵的圣事要求（展品目录 105）而引发的论战，首先需要了解他从 1674 年开始便与波尔－罗雅尔建立的联系。他回到巴黎之后，便与这座位于近郊圣雅克区的修道院建立了联系，并结识了那里的忏悔神甫之一，安托万·德·勒布尔（Antoine de Rebours）。他在 1648 年 1 月 26 日给他的姐姐吉尔贝特的信中写道："当我第一次见到勒布尔先生时，便找人将我介绍给他，他十分礼貌地接待了我，正如我所期望的那样。……一番寒暄过后，我问是否能时不时地去见他，他同意了……过了一段时间我便去了，我用我惯常的直率和朴实告诉他，我们已拜读了他们的作品以及他们反对者的作品，如此便足以让他明白我们是站在他们那一边的。"

安托万·勒·保尔特（1621—1691）所作的《建筑作品集》的最后一个部分包含了一系列描绘巴黎的波尔－罗雅尔教堂的插图，大概创作于 1646 年至 1648 年间。礼拜堂内部的布置"很好地反映了波尔－罗雅尔派对教会结构的理解"（Chédozeau 1991）：参加祭礼、弥撒的世俗信众有单

图 110 巴黎的波尔－罗雅尔教堂：正视图与剖面图

独的位置，与修女们分开，以遵守隐修院的封闭原则，不过他们被安置在耳堂，而修女们在被栅栏隔开的中殿中，因此他们占据了中间位置，在修女们和祭坛处主持弥撒的神甫之间。于是，建筑结构表达了一种俗众参与圣职的宗教理念，这种理念继承了特伦托公会议的精神，但是波尔－罗雅尔对此尤为重视，帕斯卡尔的宗教作品也是一个很好的例子。

111

阿涅斯·阿尔诺嬷嬷：给丧父的雅克琳·帕斯卡尔的一封信，1651 年 9 月 26 日。作者亲笔手稿

巴黎，马扎林纳图书馆（Bibliothèque Mazarine），Ms. 4551（2, 12, A），本书未展示其图片

与哥哥同时期，雅克琳·帕斯卡尔开始经常拜访巴黎的波尔－罗雅尔修道院，并很快表明希望在那里发愿。1648年6月19日，她写信请求父亲允许她退省几个星期来考验她感受到的感召。埃蒂安·帕斯卡尔拒绝了。因此，雅克琳在父亲去世后才得以成为修女（展品目录21）。1651年10月末，她在波尔－罗雅尔退省了一段时间，随后于次年1月4日正式进入修道院。5月26日她穿上修女的衣服，取名为雅克琳·德·圣尤菲米娅（Jacqueline de Sainte-Euphémie）。1653年6月5日，她发下誓愿。

雅克琳的父亲去世几天后，波尔－罗雅尔的女修道院长阿涅斯嬷嬷，也就是安托万·阿尔诺的姐姐，给雅克琳寄去书信一封。信中提到了后者被压抑的宗教意愿，强调了牺牲的主题，其用词与圣西朗的《心灵的信札》（展品目录18）十分接近："如果您的父亲当时同意，您必然会有足够的勇气离开他，把自己献身给主，但主却安排让他离开您，这样的牺牲比您自己提出的牺牲更为严峻，为此主让您死亡两次，一次在您父亲身上，一次在您自己身上。"

112

让－乔治·韦勒（Jean-Georges Wille）：安托万·辛格林肖像画，依据菲利普·德·尚拜涅的画作。铜版画，18世纪

法国国家图书馆，版画部，N 2，本书未展示其图片

1626年，原本住在奇弗洛兹（Chevreuse）的波尔－罗雅尔隐修院的西都会（cistercien）修女们迁到了巴黎近郊的圣雅克区，因此从那时起，被人们称作"乡间的"（des Champs）波尔－罗雅尔的隐修院无人居住，直到1638年，圣西朗（展品目录16）的俗家弟子们组成的小团体，即隐遁者们（les Solitaires）入住那里，过着精神上隐遁却又同时留在世俗世界的生活。1648年，巴黎的一部分修女重新回到乡间的修道院后，

隐遁者们便搬到了隐修院下属的一个名为格朗吉（Granges）的农场里。1655 年 1 月初，正是在这里，经历了“第二次皈依”（展品目录 148）的帕斯卡尔找到了安托万·辛格林，请他做自己的精神导师。因雅克琳·帕斯卡尔在 1 月 19 日写给吉尔贝特·贝里耶的一封信，我们得以获知这件事情：“我们的新皈依者自发地觉得出于一些原因，离家退省一段时间是极其必要的。那时，辛格林先生正在乡间的波尔－罗雅尔修养身体，因此……他决定前往那里。”

辛格林（1607—1664）继承了圣西朗的精神，在后者死后成了波尔－罗雅尔的精神导师，他是修女们的忏悔神甫以及隐遁者们的指导者。他也是著名的传道者，尽管人们普遍认为他作为演说家的资质平平，不过耶稣会士拉般曾在他的《回忆录》中如此说道：“他说起话来像一名预言家。”因此他成为一种典范：他因心灵的雄辩而无须借助语言的雄辩。他首先接受了对帕斯卡尔的指导，但因为自己在帕斯卡尔退省乡间的这段时间必须留在巴黎，他又把这个任务交给了勒梅特·德·萨西。雅克琳的信中写道：“辛格林先生在这段时间得待在城里，因此给他安排了一名他完全不认识的导师，这人无与伦比并且出身高贵，这使他非常高兴。”很可能是在这一次退省波尔－罗雅尔的过程中，帕斯卡尔结识了安托万·阿尔诺，尽管我们无从得知他们第一次会面的细节。阿尔诺从 1648 年便住在乡间的波尔－罗雅尔修道院，直到 1655 年 12 月。

113

玛德莱娜·奥尔特梅尔（Madeleine Horthemels）：乡间的波尔－罗雅尔修道院之地图与景观。巴黎，Horthemels 之遗孀出版，［1710 年至 1713 年之间］

法国国家图书馆，阿瑟纳尔馆，4°H. 6101，本书未展示其图片

这组 15 幅纪念版画制作于 1710 年 1 月 22 日国王顾问委员会

（Conseil du roi）颁布判决之后。1709 年 10 月修女们被彻底解散后，这项判决命令彻底拆毁乡间的波尔 – 罗雅尔隐修院。一名詹森派信奉者，蓉谷小姐（Mlle de Joncoux）在 1710 年 2 月 21 日写给帕基埃·格奈尔（Pasquier Quesnel）的信中提到了已出版的六幅版画。我们不知道后面几幅版画的确切制作时间，但应该是在玛德莱娜·奥尔特梅尔（1686—1767）与版画家夏尔 – 尼古拉·科襄（Charles-Nicolas Cochin）结婚之前，也就是 1713 年以前。根据一条如今无法核实的传统说法，最早的几幅版画在 1710 年 5 月 13 日被警察查抄。

展出的作品来自德尼 – 弗朗索瓦·瑟古斯（Denis-François Secousse，1691–1754）的收藏。

114

［布莱斯·帕斯卡尔］：《一位外省人的朋友致他的信札，谈到现今发生在索邦的争论，1656 年 1 月 23 日寄自巴黎；第二封致外省人信札，1656 年 1 月 26 日寄自巴黎；第三封致外省人信札，作为对上一封信的回复，1656 年 2 月 9 日寄自巴黎；第四封致外省人信札，1656 年 2 月 25 日寄自巴黎》（*Lettre escritte à un provincial par un de ses amis. Sur le sujet des disputes presentes de la Sorbonne. De Paris ce 23. Janvier 1656; Seconde Lettre escrite à un provincial par un de ses amis. De paris ce 29. Janvier 1656;Troisiesme Lettre escrite un provincial pour servir de response à la precedente. De Paris ce 9. Fevrier 1656; Quatriéme Lettre escrite à un provincial par un de ses amis. De Paris, le 25. Février 1656*）

法国国家图书馆，阿瑟纳尔馆，4° H. 14168–14171

索邦针对阿尔诺采取的行动（展品目录 108）是引发帕斯卡尔参加论战的导火索。由于他自己几个月以来也对恩典的问题进行了深入的神

LETTRE
ESCRITTE A VN PROVINCIAL PAR VN DE SES AMIS.
SVR LE SVIET DES DISPVTES presentes de la Sorbonne.

De Paris ce 23. Ianuier 1656.

MONSIEVR,

Nous eſtions bien abuſez; Ie ne ſuis détrompé que d'hier, juſque-là i'ay penſé que le ſujet des diſputes de Sorbonne eſtoit bien important, & d'vne extrême conſequence pour la Religiõ. Tant d'aſſemblées d'vne Compagnie auſſi celebre qu'eſt la Faculté de Paris, & où il s'eſt paſſé tant de choſes ſi extraordinaires, & ſi hors d'exemple, en font conceuoir vne ſi haute idée, qu'on ne peut croire qu'il n'y en ait vn ſujet bien extraordinaire.

Cependant vous ſerez bien ſurpris quand vous apprendrez par ce recit, à quoy ſe termine vn ſi grand éclat; & c'eſt ce que ie vous diray en peu de mots aprés m'en eſtre parfaitement inſtruit.

On examine deux Queſtions; l'vne de Fait, l'autre de Droit.

Celle de Fait conſiſte à ſçauoir ſi Mr Arnauld eſt temeraire, pour auoir dit dans ſa ſeconde Lettre; *Qu'il a leu exactement le Liure de Ianſenius, & qu'il n'y a point trouué les Propoſitions condamnées par le feu Pape; & neantmoins que comme il condamne ces Propoſitions en quelque lieu qu'elles ſe rencontrent, il les condamne dans Ianſenius, ſi elles y ſont.*

La queſtion eſt de ſçauoir, s'il a pû ſans temerité témoigner par là qu'il doute que ces Propoſitions ſoient de Ianſenius, aprés que Meſſieurs les Eueſques ont declaré qu'elles y ſont.

On propoſe l'affaire en Sorbonne. Soixante & onze Docteurs entreprennent ſa defenſe, & ſouſtiennent qu'il n'a pû reſpondre autre choſe à ceux qui par tant d'écrits luy demandoiẽt s'il tenoit que ces Propoſitions fuſſent dans ce liure, ſinon qu'il ne les y a pas veuës, & que neantmoins il les y condamne ſi elles y ſont.

Quelques-vns meſme paſſant plus auant, ont declaré que quel-

A

(2)

图 114 第一封《致外省人信札》，1656 年发行的六版中的一版

学思考（展品目录 158），所以帕斯卡尔难以对此纷争充耳不闻，它不但涉及了波尔－罗雅尔和阿尔诺本人，也让奥古斯丁关于有效恩典的神学教义受到威胁。皮埃尔·尼科尔在他翻译成拉丁文的《致外省人信札》的第四版中，将作者称作蒙塔尔特（Montalte）——帕斯卡尔后来也采用了这个名字（展品目录 139），并讲述了在怎样的情形下作者决定帮助他的朋友们。在一场与几位波尔－罗雅尔的隐遁者的讨论中，人们提到了撰写一篇支持阿尔诺的呈文："所有人都赞成这个主张，但没有人站出来将之付诸实践。这时，从未写过什么东西——他并不知道自己在撰写此类作品时会有如此天赋——的蒙塔尔特说，他事实上已经设计了如何写作这篇呈文，但是他所能承诺的只是草拟一个计划，与此同时需找来一个能够为它润色，并使之得以发表出来的人。他便是如此简单地投入进来，当时丝毫没有想到《致外省人信札》。第二天他便着手他所承诺的计划，但是，他没有交出一份草稿，而是直接完成了我们所读到的这第一封信札。他把信札交给他的一个朋友看，后者认为应该立刻交付印刷，人们便照办了。"

第一封信的结尾处宣告了第二封信，后者几天后便发布了。于是，从 1656 年 1 月 23 日至 2 月 25 日，四封信以极快的节奏出现，它们的主题一致，构成了第一个系列的《致外省人信札》。它们以恩典的问题为核心，并且与时事结合紧密，联系了索邦的纷争和阿尔诺事件。它们作为应时写作的特点也表现在出版的形式上：它们只是简单地被印刷在一张四开，即八页的书帖上。这形式确实是尼科尔所提到的呈文形式，这使它尤为具备论战的效力：没有什么形式比它更能被快速撰写与传播了，还能避开警察的耳目（展品目录 135—136）。这种高效也使再版和加大发行量变得容易，因此可以触及很大的读者群。据我们所知，头两封信有六版，第三封和第四封信有五版。对于每封信而言，它们的每个版本都很接近，不管是从外观上还是在日期上，因此对它们进行分类并非易事。根据波尔－罗雅尔的一位隐遁者，波德利·道松·德·圣吉尔（Baudry d’Ausson de Saint-Gilles）的日记——他负责跟进詹森派书商的事务——我们至少知道头两封《致外省人信札》是巴黎书商皮埃尔·勒·佩蒂（Pierre Le Petit）印刷的，一段时间以后，3 月底，他的同人德尼·朗格莱（Denis Langlois）印刷了第五封《致外省人信札》，随后又重印了头几封信札。

115

［皮埃尔·尼科尔］：《为索邦教授阿尔诺关于权利的主张辩护》（*Defense de la proposition de Mr Arnauld docteur de Sorbonne, touchant le droit*）。［巴黎，无书商名］，1656 年

法国国家图书馆，哲学、历史和人文科学部，D. 3796（2），本书未展示其图片

《致外省人信札》的创作与大量其他维护奥古斯丁神学观点的作品密不可分。帕斯卡尔获知了很多事实与论据，并加以重新利用。其中，《为阿尔诺主张的辩护》一书——普遍认为它由皮埃尔·尼科尔（展品目录 140）所著——扮演了尤其重要的角色。虽然这篇文章发表于索邦颁布禁令（展品目录 108）之后，它的创作时间要追溯到 1655 年 12 月。由此可以解释为什么帕斯卡尔能够在他的第一封《致外省人信札》中参考它的提纲，并且借鉴了编排一系列拜访的喜剧手法——而这一手法在 1651 年已经被卡波然使用过了（展品目录 97）：《致外省人信札》也是一部集体创作的作品。

116

《一名鲁汶修士对有关教皇乌尔班八世之诏书的观点做出回应。该诏书反对伊珀尔主教詹森先生的作品。第三版，作者修订补充版》（*Response, d’un ecclesiastique de Louvain, à l’advis, qui luy a esté donné sur le sujet de la Bulle pretenduë du Pape Urbain VIII. Contre le livre de Monsieur Jansenius, evesque d'Ipre. Troisiesme edition, reveuë, corrigée, & augmentée par l'auteur*）。鲁汶，［无书商名］，1650 年

巴黎，马扎林纳图书馆，8° 61298 Rés，本书未展示其图片

帕斯卡尔借鉴了这篇文章来准备他的《致外省人信札》，上面有他的亲笔评注。除了下画线和在页边写下的个别单词，最长的注释在第 25 页上。帕斯卡尔写下了“誓言”和“签名”两个词，并且在下面写道：“并且耶稣会士要么~~让人改变意识~~让人拥抱错误，要么让人［此处有数个难以辨认的单词，其中几个被划掉了］或者在错误中，或者在伪誓中。使精神或心灵堕落。”这些评注与第十七和第十八封《致外省人信札》所展开的观点密切相关（展品目录 129）。

117

［安托万·阿尔诺］：《耶稣会士的道德神学，对他们违背普通基督徒精神之作品的忠实引用》（*Theologie morale des jesuites, extraict fidellement de leurs livres. Contre la morale chrestienne en general*）。［无出版地名，无书商名，1643 年］

法国国家图书馆，哲学、历史和人文科学部，2015—330540，本书未展示其图片

1643 年《耶稣会士的道德神学》一书的出版与《奥古斯丁》所引发的争论无关，其背景是索邦大学与耶稣会的古老矛盾。着手写作的人是安托万·阿尔诺，索邦博士弗朗索瓦·阿里耶（François Hallier）提供了大部分的资料，这本 60 页左右的小册子正是建立在这些资料的基础上，以驳斥耶稣会的教士们，尤其是埃蒂安·博尼（Étienne Bauny）神甫在《原罪大典》（*Somme des péchés*）（展品目录 123）中提出的道德主张。

帕斯卡尔从第五封《致外省人信札》（展品目录 120）开始对“新决疑论[①]者”（nouveaux casuistes）展开攻击。他最主要依靠的资料便是《耶稣会士的道德神学》。圣吉尔在 1656 年 3 月 31 日的日记中，也就是第五封信札出版不久后，将信札列入阿尔诺的作品列表，并注解道：“他协调、修改和润色后的所有的《致外省人信札》，作者在耶稣会士的道德问题上，主要借鉴了阿尔诺先生过去撰写的文章。”几年后，莱顿的艾勒泽维尔（Elzevier）于 1659 年出版的《致外省人信札》（展品目录 142）中包含了《耶稣会士的道德神学》一文——这个版本是在帕斯卡尔生前问世的最后一个版本。

118

《新决疑论者们危险主张之节选，尤其选自艾科巴尔所著、面向广大耶稣会士的新道德神学的第一卷，二开本，新近于里昂出版》（*Extrait de plusieurs dangereuses propositions tirées des nouveaux casuistes, et particulièrement du premier tome in folio de la nouvelle Theologie morale d'Escobar jesuite imprimé depuis peu à Lyon, et dedié au general des jesuites*）。［无出版地，无书商名，1652 年或 1653 年］

法国国家图书馆，阿瑟纳尔馆，4° T. 1521（25），本书未展示其图片

这 43 条主张摘抄自艾科巴尔所著《道德神学》一书（展品目录 122），采用的版本是从 1644 年开始在里昂出版的诸多版本中的某一个。每一条主张均用法语总结，后面注明它在西班牙耶稣会士艾科巴尔书中的出处以及原文，必要时还附加有对其他“新决疑论者”的引用，例如博尼、托马斯·桑歇（Thomas Sanchez）、卡拉木艾乐·德·罗

① 决疑论（casuistique）源于拉丁文 casus，指基于个案的论证，与基于原则的严格论证法相反。基督教决疑论在 16、17 世纪进入鼎盛时期。帕斯卡尔批评的耶稣会决疑论，是指吸收了或然论之后的决疑论。参见展品目录 122。——译者注

博科维茨（Caramuel de Lobkowicz）、贾斯帕·惠尔塔多（Gaspar Hurtado）。这些作者也在第五至第八封《致外省人信札》中被大量地以类似方式引用，也就是说，附有被批评的原文。第五封《致外省人信札》的目标是耶稣会士的“或然论”（probabilisme）（展品目录 122），而这个小册子已经对艾科巴尔主张的“或然原则”发起了攻击。作者写道：“对理智的人而言，以这样的方式对待基督教道德可能是非常可笑的，但是它会让所有虔诚的人感到痛苦。”

除了这些主题上的相似之外，《新决疑论者们危险主张之节选》还和《致外省人信札》的格式颇为接近：前者由两页四开的书帖构成，既没有封面，也没有标明书商地址，文本前只有一些小花构成的条形装饰，被粗暴地摆在读者面前。

展出的这一册子被保存在一个集册中，后者收录了《致外省人信札》的所有首版以及与之相关的文献。

119

[安托万·阿尔诺]：[《道德神学论文》（*Mémoire de théologie morale*）]。手写本

法国国家图书馆，手写本部，Nouv. acq. fr. 1525，本书未展示其图片

这篇论文很有可能是阿尔诺所作并亲笔书写的。它由两个部分构成，分别名为《不管判决是否公正，法官都必须归还人们给他的东西》（书帖 161—167）和《迷失的妇人》（书帖 167—171）。在文字的空白边缘，记录下了作者参考的拉丁文引文和出处。帕斯卡尔在写他的第八封信札时参考了这篇论文的第一部分，这很好地证明了《致外省人信札》的准备工作是集体进行的。

120

［布莱斯·帕斯卡尔］：《第五封致外省人信札，1656 年 3 月 20 日寄自巴黎；第六封致外省人信札，1656 年 4 月 10 日寄自巴黎；第七封致外省人信札，1656 年 4 月 25 日寄自巴黎；第八封致外省人信札，1656 年 5 月 28 日寄自巴黎；第九封致外省人信札，1656 年 7 月 3 日寄自巴黎；第十封致外省人信札，1656 年 8 月 2 日寄自巴黎》

法国国家图书馆，阿瑟纳尔馆，4° H. 14172—14177，本书未展示其图片

第四封信札发表于 1656 年 2 月的最后几天，显示出内容上的重要转变。写信人首先讲述了在一位詹森派朋友在场的情况下，他与身为“最机智的耶稣会士之一”的人的交谈。在这个新闻的末了，他就“莫利纳主义的机器”所制造出的“惊人的破坏” 提出了一种全新的见解：“当我单独和朋友在一起的时候，我对这种理论在道德层面上带来的颠覆表示了震惊。他回答说，他对我的震惊表示惊讶。您难道不知道相比于其他领域，他们在道德领域更极端么？他给我提供了一些令人惊讶的例证，并会在下一次继续。我希望我将要获知的东西会成为我们第一次谈话的主题。”一个月左右之后，也就是 3 月底，第五封信札问世了。它开辟了一个新的战场：《致外省人信札》的第二部分，即第五封至第十封的火力集中在了《新决疑论者们的懈怠道德观》上。它们发表的时间间隔相对久一些，从 3 月 20 日至 8 月 2 日。不过，印刷的数量在当时来说非常高：1656 年 8 月 18 日，圣吉尔在日记中提到，第七、第八、第九和第十封信札都分别印刷了 6000 份。由于警方的纠缠，从第七封信开始，便由圣吉尔直接负责印刷。在阿尔诺的倡议下，他还制定了一种发行策略，即既有付费的售卖也有免费的赠送，使信札可以触及更大的读者群：“阿尔诺先生想到了一个方案，我便实施了。我们并没有把所有的信都交给我们的书商萨福勒（Savreux）和德佩（Desprez），让他们出售并和我们结算；我们仍然每封信印刷 12 令，即 6000 份，我们自己留下

3000 份送人，另外的 3000 份卖给我刚提到的这两位书商，每位 1500 份，每份值一苏。他们每份卖两苏五德尼尔，甚至更多。通过这种方式，我们一共挣得 50 埃居（écu），抵消了所有的印刷费用还赚得一些，我们留下的 3000 份未花我们分文，并且每个人都得到了补偿。”

121（对侧页图）

《耶稣会之第一个世纪》（*Imago primi sæculi Societatis Jesu*）。安特卫普，Balthazar Moretus 出版，1640 年

法国国家图书馆，阿瑟纳尔馆，Fol. H. 3608

《耶稣会之第一个世纪》是弗兰德－比利时的耶稣会士们为纪念依纳爵·德·罗耀拉（Ignace de Loyola）建会 100 周年而出版的，是巴洛克式赞美修辞学的里程碑式作品。文字和图片一同激起读者的崇敬之情……或者，激起耶稣会士反对者们的斥责。例如阿尔诺，他早在 1644 年便批评该书的不庄重和过于夸张的风格。在第五封信札中，帕斯卡尔也是通过这本书来攻击耶稣会士的道德，揭露他们的虚伪和谎言：“这便是我向您承诺过的：这便是这些优秀的耶稣会士的首要道德特征，这些在解读教义上以及智慧上无比杰出之人，被比一切哲学都可靠的神之智慧所引导。您或许以为我在开玩笑，我却是认真地在说，准确地说，是他们自己在他们的《耶稣会之第一个世纪》里如是说。我只是重复他们的话而已。”

《耶稣会之第一个世纪》的卷首插图是由高尔立斯·戛勒（Cornelis Galle）刻画的，表现了一块装饰屏。它参照了菲利普·弗辉节（Philippe Fruytiers）的一幅表现耶稣会宗旨的寓意画：耶稣会由一名少女作象征，她的一只手拿着被焰火包裹的十字架，另一只手拿着一本书和一根羽毛。在她身上兼备着圣之三品：贞洁、殉道和神学。三个小天使头上所戴的三个王冠也代表了这三者。图像的两侧是两个立柱，其上各依次挂有三个绘有天文图案的徽章，表现了耶稣会的历史：左侧是刚诞生的耶稣会

图 121 →

Centum LoyoLa amplectitur annos
Doctori
Martyri
Virgini
Non nobis Domine, non nobis; sed Nomini tuo
IHS
III
C
I
II
III
IV
V
VI
IMAGO
PRIMI SAECVLI
SOCIETATIS
IESV
A
PROVINCIA
FLANDRO-BELGICA
EIVSDEM SOCIETATIS
REPRÆSENTATA.
Adhuc multiplicabuntur. Ps. 91.
Sine Labe
Sine Ære
ANTVERPIÆ
EX OFFICINA
PLANTINIANA
BALTHASARIS MORETI,
ANNO SOCIETATIS SAECVLARI
M. DC. XL.
In Senecta uberi. Psal. 91.
Et benepatientes erunt, Ps. 91.

（Societas Jesu nata），对应了作品的头三章，右侧是“遍布世界各地”的耶稣会（*Societas Jesu toto orbe diffusa*），对应了后三章。

122

安东尼奥·德·艾科巴尔：《道德神学书，来自耶稣会的二十四名博士》（*Liber theologiæ moralis, viginti quatuor Societatis Jesu doctoribus reseratus*）。巴黎，［Siméon Piget 出版］，1656 年

法国国家图书馆，阿瑟纳尔馆，8° T. 5520，本书未展示其图片

根据尼科尔所说，帕斯卡尔是在阅读了西班牙耶稣会士安东尼奥·德·艾科巴尔（1589—1669）的《道德神学》后，才决定放下恩典的教义问题而转向耶稣会士的道德问题。不过，也有可能是《新决疑论者们危险主张之节选》（展品目录 118）将帕斯卡尔引向了《道德神学》，尽管《致外省人信札》里对艾科巴尔的引用源自第一手资料，直接采用了 1651 年在布鲁塞尔出版的版本。艾科巴尔的作品获得了巨大成功，版本的数量便是最好的证明：1656 年巴黎版的封面页上写道，这是继“37 个西班牙版、三个里昂版和一个布鲁塞尔版”之后的版本。因此，帕斯卡尔以艾科巴尔为目标，进攻的是传播最广的论述道德问题的耶稣会作品，同时，这部作品作为 24 名耶稣会博士论文的合集，对它发起攻击也让帕斯卡尔能从整体上更好地打击耶稣会。并且，这部作品中有着“或然主义”最经典的解释，即在人们对所应采取的行为有怀疑时，可以根据一种可能正确的想法来行动，即使人们认为相反的想法有可能更正确。这个理论已经被阿尔诺在他的《耶稣会士的道德神学》中批判过了（展品目录 117），对于帕斯卡尔而言，它是从宽主义（laxisme）的理论基础。帕斯卡尔在他的不同宣言中不懈地揭露从宽主义，从第五封信札至第十封：第五封信札的写信者提出，不应该满足于可能的，而应该“寻找确定的”，而与他谈话的耶稣会士则引用艾科巴尔，宣扬或然主义理论，

并声称“这是我们所有道德的基础”。

就像之前的里昂版一样，巴黎版的《道德神学》的卷首插图表现了复活节羔羊，它站在一张被七把锁封印的羊皮纸上。帕斯卡尔讽刺了书本开头对这插画的评注：“什么！您不知道我们耶稣会的艾科巴尔是谁吗？是他在《道德神学》中搜集了 24 位神甫的论文。他在前言中将这本书隐喻为被七把锁封印的《启示录》。他说耶稣将这封印的书交给四个活物，苏亚雷斯（Suarez）、瓦思凯斯（Vasquez）、莫利纳（Molina）、瓦朗提亚（Valentia），在场的还有 24 名耶稣会士，象征了 24 位长老[①]。他看了这个寓意画，觉得十分恰当，通过它我了解了这部作品的伟大。”

巴黎版的《道德神学》于 1656 年春季问世，5 月 28 日的第八封《致外省人信札》在信末附言中引用了这一版：“我忘了告诉您艾科巴尔的书有不同版本……这些日子以来，巴黎的比杰（Piget）又重新印刷了一版，比其他的版本都更为精确。不过，我们从艾科巴尔伟大的《道德神学》一书中可以更好地了解他的思想，这本书已经在里昂出版了两卷二开本。它们非常值得一读，可以使人明白耶稣会士如何对教会的道德带来了惊人的破坏。”

123

埃蒂安·博尼（Étienne Bauny）：《原罪大典，在不同情况下所犯的原罪及它们的条件与性质》（*Sommes des pechez qui se commettent en tous estats, de leurs conditions et qualitez*）。巴黎，Michel Soly 出版，1639 年

法国国家图书馆，哲学、历史和人文科学部，D. 13756，本书未展示其图片

在介绍了“或然主义的理论”后，帕斯卡尔只需要再展示出它的所

① 《启示录》的第四章中记载了宝座周围有四个活物，分别像狮子、牛犊、人和飞鹰。宝座的周围又有 24 个宝座，其上坐着 24 位长老，身穿白衣，头戴金冠。——译者注

有外延，就像第十二封信札所说的，“因为或然主义总是越来越成熟”。这便是为什么他大量使用了耶稣会士埃蒂安·博尼（1564—1649）的作品。第六封信札形容他是或然主义的金银匠：“难的地方在于从那些显然是正确的观点的反面找到可能性，这样的工作只能交给杰出的人。博尼神甫在这个领域出类拔萃。”在博尼所有的作品中，帕斯卡尔尤其针对《原罪大典》：他在里面获取了大量道德从宽主义的例子，涉及偷窃、高利贷、男女关系、神甫的行为等问题，足以引起时人的愤慨。帕斯卡尔在第五至第十封信札中，都让写信人与一名耶稣会士交谈，而后者则声称博尼写下了许多“重要箴言”，是主要权威之一。这样的处理非常具有战略性，因为早在1640年罗马教廷便禁绝了《原罪大典》以及博尼的另外两部作品，而第二年法国的教士大会和神学院再度重申了禁令。

这里展出的第五版的《原罪大典》——帕斯卡尔引用的那版——来自位于巴黎圣奥诺雷街（rue Saint-Honoré）的多明我会修道院的图书馆。其页边空白处有一些评注，源自一名17世纪的读者。标题页对面的一条手写批语提及了对该书的禁查：“这本书以及博尼神甫的其他作品于1640年被罗马禁绝。”

124

皮埃尔·勒·莫阿纳（Pierre Le Moyne）：《道德图画》（*Les Peintures morales*）。巴黎，Sébastien Cramoisy出版，1640—1643年

法国国家图书馆，珍稀版馆藏，Rés. R. 1134，本书未展示其图片

耶稣会士皮埃尔·勒·莫阿纳（1602—1671）曾被勒梅特·德·萨西在《插画集》（展品目录101）中攻击，他在索邦授课时所宣扬的关于恩典的思想，后来又被第四封《致外省人信札》所批评。这一次，他再度被帕斯卡尔选为第九封信札的攻击对象。信中引用了这位多产作家的作品，尤其是他的《道德图画》一书：勒·莫阿纳“描绘了一幅极其

吸引人的关于虔信的画面”，但实际上这是对虔诚的亵渎，将世俗的气息带入到原本应该远离尘世的东西中来。同样，第十一封信札对他以“如此亵渎而谄媚的方式谈论虔信”而感到震惊：“他的整本《道德图画》，包括散文和诗歌，除了散发出世俗社会充满虚荣和疯狂的气息，还能传达出什么呢？”

《道德图画》一书针对的是上流社会的读者，想通过生动的语言和令人信服的图画来诱惑他们，引导他们走向虔诚。它含有一系列格雷古瓦·宇雷（Grégoire Huret）所创作的铜版画插图。插图的风格与勒·莫阿纳洋溢着愉悦和甜美的精神世界相吻合，与詹森派奥古斯丁式的严苛相距甚远。

展出的这一版印刷在大幅纸张上，封皮为红色摩洛哥牛皮，其上有黎塞留主教的纹章。

125

詹森派的轮盘游戏。铜版画，18 世纪上半叶

巴黎，波尔－罗雅尔协会图书馆

“詹森派的轮盘游戏”是指这些版画，其上开了一个窗户，当人们在纸张下面转动圆盘时，围绕这个圆盘印制的肖像画就会一个接一个地出现在窗户里。这些肖像画都是成对的：每个出现在窗户里的肖像画都对立了一名詹森派人士和一名耶稣会士。这里展出的版画在这类作品中属于难得一见的，上面那张纸的上侧表现了上帝，左侧是圣保罗，他的一只手指向上指着真理的太阳，右侧是圣彼得，正在祈祷，旁边是“不认的雄鸡”[①]，它让人们想起阿尔诺在《第二封信》中提出，并且帕斯

① 根据《新约》的福音书，耶稣预言，在雄鸡鸣叫之前，彼得会三次不认他。而事实上，预言被应验了：在耶稣被捕之后，彼得三次被人认出是耶稣的门徒，三次他都一口否认了。此时，鸡叫了，彼得记起了耶稣的预言，失声痛哭。——译者注

图 125 18 世纪所绘詹森派的轮盘游戏：敌对的帕斯卡尔与艾科巴尔

卡尔在第一封信札里再度讨论的问题，即试图知道“圣彼得堕落时是否没有获得恩典，因为缺少恩典人们什么也做不了”。四对肖像画出现在圣保罗和圣彼得之间的窗户中，每组分别表现了一名詹森派人士和一名耶稣会士，他们是：詹森与莫利纳、阿尔诺与拉雪兹神甫、帕斯卡尔与艾科巴尔、帕基埃·格奈尔与布乌尔神甫。窗下是用于解说的四行诗文：“您看到一位忠实的引领者，而另一位则盲目地引导您；一位带领您至永远的荣光，而另一位则引领您至永远的黑暗。”

126

［布莱斯·帕斯卡尔］：《致外省人信札作者的第十一封信，写给尊敬的耶稣会教士，1656 年 8 月 18 日；致外省人信札作者的第十二封信，写给尊敬的耶稣会教士，1656 年 9 月 9 日；致外省人信札作者的第十三封信，写给尊敬的耶稣会教士，1656 年 9 月 30 日；致外省人信札作者的第十四封信，写给尊敬的耶稣会教士，1656 年 10 月 23 日；致外省人信札作者的第十五封信，写给尊敬的耶稣会教士，1656 年 11 月 25 日；致外省人信札作者的第十六封信，写给尊敬的耶稣会教士，1656 年 12 月 4 日》

法国国家图书馆，阿瑟纳尔馆，4° H. 14178—14183，本书未展示其图片

从 1656 年 2 月，即第三封信出版不久后（展品目录 114），这些《小书信》——17 世纪通常是如此称呼《致外省人信札》的——便激起了反击。不过，直到 8 月第十一封信札发表之时，帕斯卡尔才开始予以回复。他尤其针对一篇名为《对詹森派攻击耶稣会士之信札的第一次回应》（*Première Réponse aux lettres que les jansénistes publient contre les jésuites*）的文章。后者指控“这些可憎信札的作者”的讽刺语句亵渎了神：“并且，用戏谑的方式来对待神圣的问题就是一种渎神。”帕斯卡尔的回应为战役开启了新的阶段，即相互回击的阶段。这一进展同时带来了语气的变化：帕斯卡尔从戏谑过渡到了愤怒，舍弃了讽刺小文这一文

体而采用起诉书的形式。他在第十一封信札的末尾引用了《传道书》中“哭有时，笑有时”的话。这也是为什么从第十一封信札到第十六封，收信人不再是之前的那位外省人了：为了回应耶稣会士传播的小册子，《致外省人信札》面向的是“尊敬的耶稣会教士们”。

127

［雅克·努埃（Jacques Nouet）］：《对詹森派攻击耶稣会士之信札的回应》（*Response aux lettres que les jansenistes publient contre les jesuites*）。［无出版地，无书商名，1656 年］

法国国家图书馆，哲学、历史和人文科学部，D. 4408（4），本书未展示其图片

圣吉尔在 1656 年 8 月 23 日的日记中写道：“最近几日出现了两篇耶稣会士的文字，一篇名为《对詹森派攻击耶稣会士之信札的回应》，针对的是《致外省人信札》，另一篇名为《令人扫兴的詹森派人士》（*Le Rabat-joie des jansénistes*）。第一篇抱怨信札中提到耶稣会士的六项主张是伪造的，并且编造了六条所谓詹森派的主张。它同之前的文章一样刻毒，但是更加狡猾、更加聪明。”第一篇文章的作者，耶稣会士雅克·努埃，使用了“伪造”一词，为的是表明信札中引用的耶稣会士的文字都是被篡改过的。帕斯卡尔在第十一封信札（8 月 18 日）的信末附言中提到，他将对这些指控进行回击，随后便在第十二封信札中对努埃声称的六条伪造主张中的前三条一一做了分析——它们分别涉及布施、买卖圣物和破产；至于杀人的问题，帕斯卡尔将在第十三封和第十四封信札中进行详细分析。第十五封和第十六封信札继续了对“伪造”的讨论，不过这次不是针对持有该论断的人，而是从他们非难自己的层面，也就是说，讨论了污蔑行为的问题。由此，在所有耶稣会士回应《致外省人信札》的文字中，努埃的小册子在《致外省人信札》的创作进程中扮演了最重要的角色。

展出的这一本册子保存在一部文集中，后者收录了耶稣会士对《致外省人信札》的回应。

128

弗朗索瓦·阿纳：《詹森派在引用别人时的诚实，从波尔－罗雅尔秘书自复活节以来散布的信中便可窥见一斑。增订修改版，另附回答詹森派人士对异端称呼的控诉》（*La Bonne Foy des Jansenistes en la citation des autheurs, reconnue dans les lettres que le secretaire de Port-Royal a fait courir depuis Pasques. Seconde edition. Reveuë, corrigée, et augmentée de la Response à la plainte que font les Jansenistes de ce qu'on les appelle Heretiques*）。巴黎，Florentin Lambert 出版，1657 年

巴黎，马扎林纳图书馆，4° A. 15945（19），本书未展示其图片

在努埃撰写了《回复第十五封信札》之后，阿纳神甫（展品目录 105）成了耶稣会士批判《致外省人信札》的发言人。此时的反击战获得了新的维度，小型冲突变成了猛烈攻击：阿纳出版《詹森派的诚实》，意图从总体上对帕斯卡尔进行回击，并且这次回击不再是通常采用的匿名小册子的形式，而是公开署名，意在通过他的职务——国王的忏悔神甫——的权威来保证行动的成功。而且，书上也明确标注了巴黎一名书商的正式地址，并获得了 1656 年 12 月 9 日颁发的国王特权证明书。

数月以后，第二版《回复第十五封信札》出版，增加了《回答詹森派人士对异端称呼的控诉》一文，占了全书篇幅的最后三分之一。它针对的是 1657 年 2 月出版的第十七封信札。在这封信札中，帕斯卡尔点名要与阿纳神甫对话，批判他"竟敢把我当作异端来对待，而且日益嚣张"。第十七封信札上的书商奥纳布鲁克（Osnabrück）的地址是一个假地址，因此阿纳神甫在他的《回答》的末尾针对该地址提醒信札的作者

道："如果他想再回复什么的话，他别再把他的文字寄给奥纳布鲁克了。这样看似令人愉悦，实际却是费大力气。阿姆斯特丹、莱顿和日内瓦对他来说更为方便。在这些地方，他不但能获得印刷许可，甚至还能得到赞赏。毕竟，*詹森派们都是异端*。"① 这些文字的言下之意则是：他本人书上所印刷的书商地址和国王特权证明书本身皆为论战中的有力论据。

展出的这一册子保存在一部由让－尼古拉·德·特拉吉（Jean-Nicolas de Tralage，1640？–1720？）制作的文集中，文集搜集了《致外省人信札》以及对它们的回应和批判。

129

［布莱斯·帕斯卡尔］：《致外省人信札作者的第十七封信，写给尊敬的耶稣会士阿纳神甫，1657 年 1 月 23 日；第十八封信，致尊敬的耶稣会士阿纳神甫。1657 年 3 月 24 日在科隆印刷的版本》

法国国家图书馆，阿瑟纳尔馆，4° H. 14184—14185，本书未展示其图片

《致外省人信札》的最后两篇与其他的都不同：它们的收信人再度发生变化，不再是作为集体的耶稣会教士们，因 1656 年 12 月《詹森派的诚实》一文的出版（展品目录 128），它们是单独写给阿纳神甫的。另一个独特之处在于，它们没有延续前面的 12 封有关耶稣会士道德问题的信札，而是重新回到了第一个问题，也就是恩典的问题。这个回归是因为阿纳神甫发出了异端指控，并呼吁将论战重新引回最初的教义层面。这个回归也与教士大会自 1655 年春便开始酝酿的计划有关，即要求所有的博士和教士阶级的成员都签署一张信仰誓约书，以表示他们同意诏书《借着机会》所提出的禁绝（展品目录 99）。从 1656 年 9 月开

① 阿姆斯特丹、莱顿和日内瓦均为著名的新教信仰基地，故阿纳神甫称《致外省人信札》的作者在那里能受到赏识。——译者注

始，便设计出了第一个版本的誓约书，“以表明收到并认同我们的圣教宗英诺森十世所颁布的禁绝詹森之五项主张的宪令”。而且应当证明，拒绝签名并不能构成异端的罪状。因此，除了教义问题，誓约书的签署问题也是“第十七封和第十八封信札的关键”（Shiokawa 2012）。后者的发行量很大，人们同时准备了两个版本的第十七封信札，分别有 8 页和 12 页。就这个问题，圣吉尔在 1657 年 2 月 6 日写给弗洛朗 · 贝里耶的信中说道：“现在只有 1 万册，6000 册精简版，4000 册另一版，我们还需要更多，因为我们将要打碎排好的印版。”

誓约书签署问题也解释了为什么最后一封信发行得很晚，尽管所署的日期是 1657 年 3 月 24 日，但是直到 5 月初，它才被传播。这个时间间隔源自 4 月期间鲁昂大主教弗朗索瓦 · 阿尔莱 · 德 · 尚瓦隆（François Harlay de Champvallon）和波尔 – 罗雅尔使者纪晓姆 · 杜 · 盖 · 德 · 巴涅奥（Guillaume du Gué de Bagnols）为寻求一个妥协方案而秘密进行的协商。商谈的失败让人们决定随后便出版第十八封信札。这应该是信札系列中的最后一篇：帕斯卡尔本来打算撰写第十九封信，同样致阿纳神甫，以继续前两封的话题，但是他没有实现计划，如今我们所知的只是附在《思想录》二号抄本（展品目录 177）后的一些笔记的誊抄本。有时候人们将《一名律师致高等法院的信》（*Lettre d'un avocat au Parlement*）视作《第十九封致外省人信札》。这篇波尔 – 罗雅尔派的小册子所署日期为 1657 年 6 月 1 日，它呼吁高等法院反对实施教士会议的决定。帕斯卡尔很有可能参与到了这封信的写作中，不过这篇文字并未声明其作者与前 18 封信札的作者为同一人，因此不能被归入这一系列。

130

［亚历山大七世：诏书《向神圣》（*Ad sacram*）］，《我们的圣教宗亚历山大七世所颁布之宪令，并附有他的前任英诺森十世之宪令》

（*Constitution de nostre saint pere le pape Alexandre VII, contenant aussi celle d'Innocent X, son predecesseur*）。[无出版地，无书商名，1657 年]

法国国家图书馆，哲学、历史和人文科学部，E. 473（1656/10/16），本书未展示其图片

法国教士大会所发动的信仰誓约书的计划（展品目录 129）对波尔-罗雅尔人士构成了巨大威胁。教皇亚历山大七世在 1656 年 10 月 16 日颁布了诏书《向神圣》之后，这一威胁改变了形式，变得更具压迫性。该诏书明确表示，诏书《借着机会》中禁绝的五项主张均来自《奥古斯丁》一书，其被禁绝的意思也正是詹森所想表达的意思，由此解决了“事实的问题”。1657 年 3 月 11 日，教廷大使将教皇诏书交给了法国国王，3 月 17 日，教士大会便开始着手制定新的信仰誓约书，后者如今更加明确地具备了教皇赋予的权威。正是在这样的背景下，帕斯卡尔撰写了第十八封信札。他在这篇文章中深入展开了信仰的权利问题，指出了混淆事实真相和信仰真相这两个不同秩序的危险，并重申“教皇们的诏书具备力量，因为它们依靠的是真的事实，但并不只是诏书能够证明事实的真相；恰恰相反，正如教规学者自己所言，是事实的真相使得诏书能被接受”。

这份法文版的诏书《向神圣》的末尾包含了教士大会所要求的、表示服从英诺森十世和亚历山大七世之诏书的誓约书。誓约书以这句话结尾：“我从心中以及从口头都不赞成詹森在《奥古斯丁》一书中表达的五项主张，这两位教皇和主教们都已禁绝了它们；这些观点并不源自奥古斯丁，是詹森扭曲了他的真实意义，进行了错误的解释。”

131

布莱斯·帕斯卡尔：《论那些同意宪令的签名》（*Écrit sur la signature de ceux qui souscrivent aux constitutions*）。手写抄本，17 世纪

克莱蒙-费朗，市政图书馆，Ms. 140，本书未展示其图片

巴黎高等法院在 1657 年 12 月登记了诏书《向神圣》（展品目录 130），但并未提及教士大会所要求的服从誓约书。在被遗忘了几年之后，誓约书的问题在 1661 年 2 月又重新被提上日程：教士大会重复了请求，4 月 13 日，国王顾问委员会颁布判决，要求将其付诸实践。波尔－罗雅尔人士刚开始试图服从，并申明签字所表示的同意只是针对教皇的权利，而在事实问题上它表达的则是充满尊敬的沉默。教皇拒绝了这条脱身之计，团体内部在 11 月展开了辩论以制定一个行动纲领。克莱蒙－费朗保存的手写本中记录了一部分辩论，包含了阿尔诺、尼科尔和多玛发表的意见，它们针对的是由尼科尔记录下来的帕斯卡尔的一段文字。阿尔诺和帕斯卡尔之间产生了分歧（要知道，就像多玛一样，帕斯卡尔自己不需要签名，因为他既不是神学博士也不是教会人士）。阿尔诺倾向于签字，但是在心中持保留意见，而帕斯卡尔则认为有必要明确地表示这种承诺并不涉及事实，“因为，声称人们仅需说明他们只相信信仰，声称这样已经足够表明他们并不反对詹森，想象如此事实便和权利分割开来，这些都是不切实际的幻想”。

这个手写本来自路易·贝里耶的收藏，并由他的姐姐玛格丽特于 1723 年赠送给了克莱蒙的奥拉托利会。它是唯一一份保留了帕斯卡尔意见，涉及誓约书讨论的资料。

132

［乔治·皮罗（Georges Pirot）］：《为决疑论者辩护，反对詹森派的污蔑》（*Apologie pour les Casuistes contre les calomnies des Jansenistes*）。巴黎，［无书商地址］，1657 年

巴黎，马扎林纳图书馆，Ms. 4551（1, 1），本书未展示其图片

《为决疑论者辩护》一书发表于 1657 年 12 月，意在从 54 点上回应詹森派对耶稣会士道德神学的批评。不过，由于该书采取了笨拙的辩

护方案，以至于辩护了不可辩护的东西，尤其是第十三封和第十四封《致外省人信札》（展品目录 126）详细讨论过的杀人问题。皮罗神甫的书重新点燃了从 5 月开始便已归于平静的战火：它重新启动了一场围绕着《巴黎神甫书》（*Écrits des curés de Paris*）的笔战，帕斯卡尔再度投入到论战中。

这一本《为决疑论者辩护》的书中，有皮埃尔·尼科尔的亲笔笔记（展品目录 140）。他在大量段落下画了下画线，并在页边空白处写下了多种评论，如“虚假”“错误结论”“愚蠢”“令人惊讶的愚蠢”“亵渎”。在其他一些地方，文本中的一些段落有墨水的印记标注出，页边上伴有一些字母，显然是为了在论战中重新使用这些章节。我们尤其注意到第 133 页提到了帕斯卡尔。皮罗暗示应该对撰写了信札的“波尔 – 罗雅尔那蔑视神的秘书”实施“曾经在里昂对写了大逆不道文字的人所实行的惩治，即把他们带到桥上并推下罗讷河（le Rhône）”。评注者在此处写道：“对渎神作者的辱骂。”

133

［布莱斯·帕斯卡尔］：《面向巴黎神甫的呈文。反对名为〈为决疑论者辩护〉一书》（*Factum pour les Curez de Paris. Contre un livre intitulé Apologie pour les Casuistes contre les calomnies des Jansenistes*）。

［巴黎，无书商地址，1658 年］

法国国家图书馆，珍稀版馆藏，Rés. m. D. 5（bis），本书未展示其图片

围绕着《巴黎神甫书》的笔战从 1658 年 1 月一直持续到 1659 年 10 月。帕斯卡尔被认为是《面向巴黎神甫的呈文》的作者——这是一系列论战文字中的第一篇。《呈文》的日期为 1658 年 1 月 25 日。作者以堂区的俗间神甫（pasteur séculier）的语气诉说，他们为自己被《为决疑论者辩护》（展品目录 132）一书形容为“无知者，没有资格成为看管教会羊群的牧羊犬”

而感到愤怒。这第一篇文字的结尾宣告了整个论战都将围绕道德问题来进行："五项主张只为神学家所知并且无人敢表示支持，而与此相反，决疑论者的异端为所有人耳闻，而耶稣会士则公开地予以支持。"

134

［布莱斯·帕斯卡尔］：《巴黎神甫之第五书，论异端者如何利用决疑论者和耶稣会士的道德来毁坏教会》（*Cinquieme Escrit des curez de Paris. Sur l'avantage que les heretiques prennent contre l' Eglise de la morale des Casuistes, & des Jesuites*）。［巴黎，无书商地址，1658 年］

法国国家图书馆，珍稀版馆藏，D. 4425（bis, 5），本书未展示其图片

除了《巴黎神甫书》的第一篇，帕斯卡尔也被认为是第二篇和第五篇文字的主要作者，它们的日期分别为 1658 年 4 月 1 日和 6 月 11 日。7 月 24 日的第六篇也很有可能出自他之手。詹森派的雅克·富怡乌（Jacques Fouillou，1670–1736）在 18 世纪初期建立的"关于恩典和其他主题"的目录中，记录了这样一个传统说法：根据帕斯卡尔的外甥女玛格丽特·贝里耶的证明，帕斯卡尔认为《巴黎神甫书》之五是"他所写过的最好的作品"——这是一个宗教意义上的判断，考虑的并不是文学的笔法，而是作品的内容，在这里帕斯卡尔为教会所遭受的不同的恶而感到悲痛。

从论战小册子到书

135 （见 220 页图）

［布莱斯·帕斯卡尔］：《致外省人信札作者的第十六封信，献给尊敬的

Oüy, mes Peres, il faut esperer que si vous ne changez d'esprit, il retirera de vos mains ceux que vous trompez depuis si long-temps, soit en les laissant dans leurs desordres par vostre mauuaise conduite, soit en les empoisonnant par vos médisances. Il fera conceuoir aux vns que les fausses regles de vos Casuistes ne les mettront point à couuert de sa colere; & il imprimera dans l'esprit des autres la iuste crainte de se perdre en vous écoutant, & en donnant creance à vos impostures; comme vous vous perdez vous-mesmes en les inuentant, & en les semant dans le monde. Car il ne s'y faut pas tromper: on ne se mocque point de Dieu, & on ne viole point impunément le commandement qu'il nous a fait dans l'Euangile, de ne point condamner nostre prochain, sans estre bien asseüré qu'il est coupable. Et ainsi quelque profession de pieté que fassent ceux qui se rendent faciles à receuoir vos mensonges, & souz quelque pretexte de deuotion qu'ils le fassent, ils doiuent apprehender d'estre exclus du royaume de Dieu pour ce seul crime, d'auoir imputé d'aussi grands crimes que l'heresie & le schisme à des Prestres catholiques & à des Religieuses, sans autres preuues, que des impostures aussi grossieres que les vostres. *Le Demon*, dit M. de Genéue, *est sur la langue de celuy qui médit, & dans l'oreille de celuy qui l'écoute. Et la médisance*, dit S. Bernard. Cant. 24. *est vn poison qui esteint la charité en l'vn & en l'autre. De sorte qu'vne seule calomnie peut estre mortelle à vne infinité d'ames; puisqu'elle tuë non seulement ceux qui la publient, mais encore tous ceux qui ne la rejettent pas.*

Mes Reuerends Peres, mes Lettres n'auoient pas accoustumé de se suiure de si prés, ny d'estre si estenduës. Le peu de temps que i'ay eu a esté cause de l'vn & de l'autre. Ie n'ay fait celle-cy plus longue que parce que ie n'ay pas eu le loisir de la faire plus courte. La raison qui m'a obligé de me haster, vous est mieux connuë qu'à moy. Vos Responses vous reüssissoient mal. Vous auez bien fait de changer de methode, mais ie ne sçay si vous auez bien choisi, & si le monde ne dira pas, que vous auez eu peur des Benedictins.

Ie viens d'apprendre que celuy que tout le monde faisoit Auteur de vos Apologies, les desauouë, & se fâche qu'on les luy attribuë. Il a raison, & i'ay eü tort de l'en auoir soupçonné. Car quelque asseurance qu'on m'en eust donnée, ie deuois penser qu'il auoit trop de jugement pour croire vos impostures, & trop d'honneur pour les publier sans les croire. Il y a peu de gens du monde capables de ces excez qui vous sont propres, & qui marquent trop vostre caractere, pour me rendre excusable de ne vous y auoir pas reconnus. Le bruit commun m'auoit emporté. Mais cette excuse qui seroit trop bonne pour vous, n'est pas suffisante pour moy, qui fais profession de ne rien dire sans preuue certaine, & qui n'en ay dit aucune que celle-la. Ie m'en repens, ie la desaduouë, & ie souhaite que vous profitiez de mon exemple.

耶稣会教士，1656 年 12 月 4 日》。[巴黎，Denis Langlois 出版，1656 年]
法国国家图书馆，珍稀版馆藏，Rés. D 4339

1656 年 2 月 1 日，即第一封《致外省人信札》发行后的第六天，圣吉尔（展品目录 114）在他的日记中写道："《致外省人信札》每天都在创造奇迹，它既清晰又文雅地向世人展示了莫利纳主义者的观点，准确地说他们的各种观点是多么的可笑。那些非当事人都报以微笑，而有些人却怒不可遏，尤其是掌玺大臣，我们已经预料到他会发起新一轮的压制。"头几封《致外省人信札》都是秘密印刷的，掌玺大臣塞吉埃命令警方予以镇压，他将此事件视为对公共秩序的扰乱，尤其因为他本人干涉了从 1655 年 12 月 20 日 到 24 日在神学院举行的辩论，以敦促对阿尔诺的判决（展品目录 108）。

虽然警方的搜查并不是十分高效，但是仍然让操作变得更为复杂，至少在头两个月是如此。这也让波尔 – 罗雅尔所依靠的出版界人士感到忧虑：1655 年 2 月 2 日，书商夏尔·萨福勒（Charles Savreux）被逮捕并被关押了两周；第二天，纪晓姆·德佩（Guillaume Desprez）的处所也受到了搜查，而负责印刷头两篇《致外省人信札》的皮埃尔·勒·佩蒂（Pierre Le Petit）多亏他妻子机敏地藏起了可将其定罪的印版才逃过一劫；3 月 30 日，巴黎夏特莱（Châtelet）的司法专员德勒·道布莱（Dreux d'Aubray）搜查了乡间的波尔 – 罗雅尔的格朗吉农场，企图寻找秘密的印刷机；在同一天，巴黎的印刷商德尼·朗格莱（Denis Langlois）处也遭到了搜查，在那里找到了第五封《致外省人信札》的印版。这一天，圣吉尔（展品目录 114）写道："这让我们所有的印刷商都警觉起来"——"印刷商"一词为复数形式，这表明人们有意将《致外省人信札》的印刷工作分散到不同地方——，并愤怒地补充道："真是令人惊奇，耶稣会士和其他的莫利纳主义者可以自由地制造混乱与污蔑，而保卫真理和圣神教义的作品却没有容身之地。"

← **图 135** 第十六封信札，在印刷商处查抄的一册，上有其本人、他的学徒和司法专员德勒·道布莱的画押。

警方的搜查是间歇性的：他们从6月开始便缓和下来，表现出甚至显得友好的容忍态度。自然，对波尔－罗雅尔有利的荆棘冠神迹（展品目录159）和公众的虔信运动起到了一定作用。不过，詹森派的戈德弗鲁瓦·赫尔曼（Godefroy Hermant）所作的《回忆录》证实，1656年12月，也就是第十五封和第十六封信札出版之时，警方再度开始了搜查。

1657年6月，情况急速发展：8日和9日，德佩和朗格莱的处所被搜查，二人随后被逮捕。此处展出的这本第十六封信札留下了这个搜捕事件的印记：它是6月9日从朗格莱处查抄而来的。作为物证，其上有1657年6月24日审讯时（展品目录136），朗格莱本人、他的学徒托马·比内（Thomas Pinet）和德勒·道布莱的画押。法国国家图书馆的珍稀本馆藏还保存有画过押的第十四封和第十八封信札。

136

1657年9月23日，巴黎夏特莱的司法专员安托万·德勒·道布莱审讯印刷商德尼·朗格莱时的讯问笔录。手写本

法国国家图书馆，手写本部，Français 17345, f. 9—17，本书未展示其图片

1657年6月9日德尼·朗格莱被捕，他的审讯在巴士底狱进行，先是6月24日与25日，后来在9月23日再次进行。这份讯问笔记提供了关于《致外省人信札》的出版和发行等问题的珍贵信息。朗格莱在手稿的基础上完成了第五、第九、第十一和第十三至十八封信札，以及《一名律师致高等法院的信》的印刷（展品目录126和129）：向他提供手写稿的是圣吉尔（展品目录114），除了第五封信札是由印刷商塞巴斯蒂安·克莱马西（Sébastien Cramoisy）的前伙计维塔尔（Vital）带来的，后者是波尔－罗雅尔印刷事务上的委托人，而朗格莱是通过书商纪晓姆·德佩认识他的。朗格莱还说明，有两次，身为书商但非印刷商的德佩出钱让他印刷了“从第一封到第十八封的所有信札”。并且，为

了保护自己，他专门提到，除了第五封信札以外，他在印刷这些所有基于手稿的信时，均告知了巴黎书商行会的理事罗贝尔·巴拉尔（Robert Ballard）；德佩还在 9 月 23 日补充道，巴拉尔说了这些话来抵消他的疑虑："不要担心，我支配着一些比这更高的权力。"

137

《最高行政法院的判决，〈路易·德·蒙塔尔特致外省人信札〉将由最高正义的执行人亲手撕碎并烧毁》（*Arrest du Conseil d'Estat portant que le livre intitulé : Ludovici Montaltii Litteræ Provinciales, & c. sera laceré & buslé par les mains de l'executeur de la haute justice*）。巴黎，国王御用印刷商，1660 年

法国国家图书馆，法律、经济和政治部，F. 23635（427），本书未展示其图片

从 1657 年起，《致外省人信札》便被收录在罗马教廷所列的禁书单内：亚历山大七世在 9 月 6 日颁布的一份通谕罗列了 30 多份被禁的书目，首当其冲的便是帕斯卡尔匿名创作的十八封信札，随后则是《一名律师致高等法院的信》（展品目录 129）。后面的 11 份禁书是安托万·阿尔诺的作品，排在前面的是《致一位出身高贵之人》的信和《致一位公爵兼法兰西贵族》的信（展品目录 105—106）。法国的世俗权威在不久之后也采取了镇压措施，例如 1660 年 9 月 23 日颁布的禁止《致外省人信札》拉丁文版的判决。该版本由皮埃尔·尼科尔翻译，1658 年出版，其上印刷的书商地址为一个假地址：科隆的尼古拉·舒藤（Nicoals Schouten）（展品目录 144）。这个惩罚于 10 月 14 日在巴黎举行：在宣读了宣判书之后，执行人庄严地在克罗瓦－杜－迪华尔广场（place de la Croix-du-Tiroir）烧毁了该书。还有一部版画作品以这个惩罚为主题：1660 年，版画师阿尔贝·弗拉门（Albert Flamen）修改了题为《詹森派的溃败与错误》的年历（展品目录 100），将其重新命名为《被击溃的

詹森主义》（*Le Jansénisme foudroyé*），并改动了一些内容，包括在其他詹森派的作品中加入了《致外省人信札》，它们被置于七头蛇[①]脚下。弗拉门用七头蛇代替了詹森，用它来表示詹森主义的化身。

138

赛维涅侯爵夫人（marquise de Sévigné）玛丽·德·腊布坦－尚达尔（Marie de Rabutin-Chantal）：致吉尔·梅纳日（Gilles Ménage）的信，1656 年 9 月 12 日。作者亲笔手稿

巴黎，索邦图书馆，Victor–Cousin recueil 2, f. 65 fol.，本书未展示其图片

赛维涅侯爵夫人在 1656 年 9 月 12 日给吉尔·梅纳日的信中，感谢他之前给她寄去了第十一封信札："我非常愉快地读完了詹森派的第十一封信札。我觉得它非常美。如果您不这样认为，还请写信告知我。我诚挚地感谢您将这封信连同其他美妙的东西寄给我。不管在哪儿这都让人感到得以消遣，尤其当人们在乡下的时候。"

《致外省人信札》怎样被权力机关压制，它们就怎样被上流社会的读者追捧，后者十分欣赏帕斯卡尔式讽刺的文学价值和他充满活力的文风。一些波尔－罗雅尔的敌人也确认了赛维涅侯爵夫人信中谈到的内容。例如，拉般神甫在《詹森主义的历史》一书的手稿中强调，杜·布雷西－格纳果夫人和讷韦尔宅邸的常客们大大帮助了这些"小信札"的传播和成功（展品目录 26）。《致外省人信札》本身也记录了沙龙以及身份上或精神上的贵族们给它做的担保。1656 年 2 月 2 日，第三封信札的开头便是"外省人对他朋友写的前两封信的回复"，提到了"一位贵妇"在收到第一封信后的评价："您不能想象我是多么感谢您给我寄了这封

① 七头蛇为希腊神话里的怪物，拥有七个头颅，斩去后重新生出，常常用于象征难以根绝的祸患。——译者注

信，它非常的巧妙也非常的美妙。它以一种不经意的方式讲述，捋清了最混乱的问题，优雅地嘲讽。它让那些并不清楚前因后果的人了解情况，让那些清楚事态的人会心一笑。它同时也是一篇杰出的辩辞，在某种意义上，也是一份巧妙而毫无恶意的贬责。它多么充满智慧和判断力，以至于我很想知道作者是谁。”信中并未吐露贵妇的身份（“您只需欣赏她便足够了，不必知道她是谁”，外省人如是说），不过，拉辛在他的第一封《写给构想出异端的人的信》（*Lettre à l'auteur des Hérésies imaginaires*，1666）中暗示，这位贵妇有可能不是虚构的人物，而是玛德莱娜·德·斯库德里（Madeleine de Scudéry）：“其中一篇《致外省人信札》不是赞美了她吗？作者谈到的他所欣赏却不知其姓名的人难道不就是她吗？”如此一来，在它想要维护的观念的层面，信札很快就输掉了战役，但是却获得了品位层面的胜利：在它作为文学作品的事实面前，它作为论战小册子的失败被隐去了。有效恩典的捍卫者似乎从上流社会的优雅[①]中得到了补偿。

139

［布莱斯·帕斯卡尔］：《致外省人信札，或名路易·德·蒙塔尔特写给一个外省朋友以及尊敬的耶稣会士们的信，论及耶稣会士们的道德和政治》（*Les Provinciales ou les Lettres escrites par Louis de Montalte, à un provincial de ses amis, & aux RR. PP. Jesuites: sur le sujet de la morale, & de la politique de ces peres*）。科隆，Pierre de la Vallée 出版，1657 年

法国国家图书馆，阿瑟纳尔馆，4° T. 1520

当人们开始将《致外省人信札》编辑成册时，18 封信札的出版还

① 在法文中，grâce 既可指“恩典”（宗教词汇），也可指“优雅”。——译者注

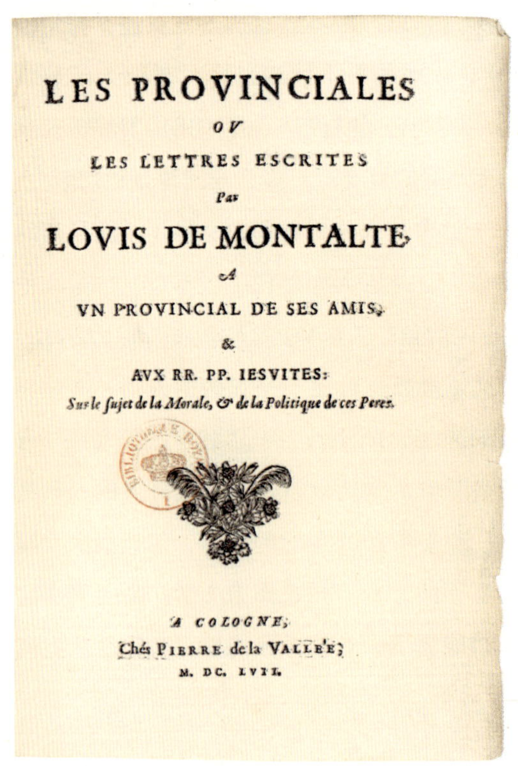

LES PROVINCIALES

OV

LES LETTRES ESCRITES

Par

LOVIS DE MONTALTE

A

VN PROVINCIAL DE SES AMIS,

&

AVX RR. PP. IESVITES:

Sur le sujet de la Morale, & de la Politique de ces Peres.

A COLOGNE,

Chés PIERRE de la VALLE'E,

M. DC. LVII.

图 139 第一个完整版《致外省人信札》的标题页

未完全结束。该集册搜集了分开出版的各封信札，将其拆装组合，一张标题页以及皮埃尔·尼科尔（展品目录 140）撰写的卷首《致读者书》表明它们是作为一个统一的集子出版的。这是一个关键时刻，《致外省人信札》不再作为一系列论战文字，而是作为一部作品被接受，它们的意义不再局限于写作时的具体背景。这个全新的物质上的统一所包含的意味，更集中地表现在标题页突出的作者名字上：路易·德·蒙塔尔特（Louis de Montalte）——帕斯卡尔后来把这个笔名的字母易位，以构成不同名字在不同情况下指称自己，在 1659 年写的关于旋轮线的信中（展品目录 90），他署名阿莫斯·德通维尔（Amos Dettonville），在《思想录》中又用了萨洛蒙·德·涂尔梯（Salomon de Tultie）。之前，只有第三封信札（展品目录 114）上有一个加密的签名。在文末的批语中，我们读到“您谦卑与忠诚的仆人，E.A.A.B.P.A.F.D.E.P.”这一系列的首字母显然指的是：“以及老朋友，奥维涅的布莱斯·帕斯卡尔，埃蒂安·帕斯卡尔的儿子（et ancien ami Blaise Pascal Auvergnat fils d'Étienne Pascal）”，但在出版的时候，它却不能让人清楚地辨认出作者的身份，事实上阿尔诺常常被人当作该信札的作者。虽然很早便有传言认为信札是帕斯卡尔所作，但是人们一直难以确定，路易·德·蒙塔尔特这个名字的出现也没能立刻结束争议。直到 1659 年，帕斯卡尔的名字才公开被耶稣会士奥诺雷·法布里（Honoré Fabri）提出，后者在《温德洛克[①]笔记之笔记》（*Notæ in Notas W. Wendrockii*）中揭发了这名“污蔑者”，这个“詹森小团体的领头人”。

在第一个版本中，卷首《致读者书》仅提到了十七封信札。不久以后改为十八封，同时，标题页也稍稍有所变化，不过虚构的地址，科隆的皮埃尔·德·拉·瓦雷仍旧保持不变。由此可以推测，这一批的最早的合集制作于 1657 年 2 月中旬之后，即第十七封信札发行后，以及 5 月初之前，即第十八封信札出版前。

展出的这一册第一版的合集——不过就像所有的这一版一样，都已添加了第十八封信札——最初属于索邦博士让 - 巴蒂斯特·夏斯布拉（Jean-Baptiste Chassebras，卒于 1691 年）。1655 年，他被枢机主教雷斯[②]任命为巴黎教区的代理主教，马扎然对此强烈反对，一方面怀疑他持有詹森主义想法，另一方面因他与投石党人雷斯的关系，因此夏斯布拉不得不放弃这一职务。很久之后，1684 年，洛阿内公爵试图让人任命他为波尔 - 罗雅尔的院长，但是没有成功。

① Wendrock，皮埃尔·尼科尔的众多笔名之一。——译者注

② Cardinal de Retz，即 Jean-François Paul de Gondi（1613–1679），为著名的投石党人。——译者注

140

皮埃尔·尼科尔画像。铜版画。巴黎，Nicolas Habert 出版，18 世纪初

法国国家图书馆，版画部，N 2

皮埃尔·尼科尔（1625—1695）从 1654 年左右开始，便成为阿尔诺的合作者，他在《致外省人信札》的写作和发行中都扮演了重要角色。他首先作为信息提供者，为帕斯卡尔带去了一部分他必需的材料，后来又致力于将论战小册子整理成书发表（展品目录 139 和 142），同时，他利用自己的拉丁语天赋将信札翻译成拉丁文，使其拥有了国际社会的读者（展品目录 144）。他还试图模仿《致外省人信札》，分两次出版了十八封同一系列的信札，它们分别名为《想象者》（*Les Imaginaires*，1664–1665）和《幻想者》（*Les Visionnaires*，1666）。不过作品不太成功。

141

［布莱斯·帕斯卡尔］：《致外省人信札，或名路易·德·蒙塔尔特写给一个外省朋友以及尊敬的耶稣会士们的信，论及耶稣会士们的道德和政治》。科隆，Pierre de la Vallée 出版［阿姆斯特丹，Louis 和 Daniel Elzevier 出版］，1657 年

法国国家图书馆，珍稀本馆藏，Rés. D. 61369，本书未展示其图片

这个首次采用了便于翻阅的 12 开本的《致外省人信札》收录了所有的信札和《巴黎神甫书》（展品目录 133）。根据其字体可以推测出，是阿姆斯特丹的艾勒泽维尔印刷的。该版本借用了四开本集册（展品目录 139）上的假地址，科隆的皮埃尔·德·拉·瓦雷。该版《致外省人信札》的文字与其首版基本相同。但是在 1657 年底，艾勒泽维尔继续使用假地址，出版了第二版的 12 开本，其中的头三篇信札被修订过，这表明

N. Habert Sc. 169
Messire Pierre Nicole
Toûjours humble, modeste, & plein de charité,
Il rechercha la Paix, aima la Verité :
Par ses doctes Ecrits la Foy fut soutenuë,
La Morale éclaircie, & l'Erreur confonduë.

图 140

在新版本的准备过程中进行了重审的工作。

展出的这一册采用了浅栗色的摩洛哥小牛皮做封皮，是卡裴（Capé）为保罗·德·拉·韦勒斯特男爵（Paul de La Villestreux，1828–1871）制作的，它于1872年在拍卖时被国家图书馆买下。

142

［布莱斯·帕斯卡尔］：《致外省人信札，或名路易·德·蒙塔尔特写给一个外省朋友以及尊敬的耶稣会士们的信，并附有耶稣会士们和新决疑论者的道德神学》。科隆，Nicolas Schoute出版［莱顿，Jean Elzevier出版］，1659年

法国国家图书馆，阿瑟纳尔馆，8° T. 4177，本书未展示其图片

这个第一版八开本的《致外省人信札》是作为尼科尔的拉丁译文版问世的（展品目录144）。其标注的书商地址为虚构的科隆的尼古拉·舒特（Nicoals Schoute）或舒藤（Schouten），但实际上它是在莱顿的让·艾勒泽维尔的作坊里制作的。该版《致外省人信札》书后附有《耶稣会士的道德神学》（展品目录117）及“反对新决疑论者的”《法国神甫书》（巴黎和鲁昂）（展品目录133）。这是帕斯卡尔去世前问世的最后一个版本，它很可能是在尼科尔的安排下进行的，并且与前面几版不同的是，在阿姆斯特丹的艾勒泽维尔发行的12开的第二版（展品目录141）中，对文稿的修订只局限于前三篇信札，而这一版则扩大到了全部作品。大部分的修订来自路易·葛兰·德·圣达姆尔（Louis Gorin de Saint-Amour）（展品目录143），不过也有一些更正来自未能识别出身份的人。

展出的这一册的装帧为其原始装帧，采用了有较短翻折部分的荷兰羊皮纸，上印有名为“瓦勒朗·德尚神甫”（Wallerand Deschamps prebstre）的藏书标签，其日期为1662年。

143

尼古拉・阿贝尔：路易・葛兰・德・圣达姆尔肖像。铜版画，［1701 年］

法国国家图书馆，版画部，N 2，本书未展示其图片

索邦博士路易・葛兰・德・圣达姆尔（1619—1687）是耶稣会公开的敌人，一方面他面对耶稣会士的操作，捍卫巴黎大学的特权；另一方面，他支持奥古斯丁主义，这使他成了波尔－罗雅尔的朋友。他因此参加了所有为《致外省人信札》战役做准备的战斗：1649 年在检验从《奥古斯丁》中提取的五项主张的问题上，他是索邦理事尼古拉・科尔内（展品目录 97）的强烈反对者；1655 年在捍卫因出版《第二封信》而被神学院攻击的阿尔诺时（展品目录 106），他的表现也仍然十分激烈。1657 年底，他在一本汇集了原版《信札》的集子——［曾经为莱昂・帕尔色（Léon Parcé）的收藏，目前为私人收藏］——上写下了很多修改意见，其中大部分都被纳入了 1659 年在莱顿出版的八开本内（展品目录 142），这证明，与人们长期所认为的不同，帕斯卡尔去世前问世的最后一版《致外省人信札》中的改动，并非出自他本人之手。

144

［布莱斯・帕斯卡尔］：《路易・德・蒙塔尔特致外省人信札，论及耶稣会士们的道德和政治》（*Ludovici Montaltii litteræ provinciales, de morali & politica Jesuitaram duciplina*）。科隆，Nicolas Schouten 出版［莱顿，Jean Elzevier 出版］，1658 年

法国国家图书馆，阿瑟纳尔馆，8° T. 419，本书未展示其图片

这本拉丁文版的《致外省人信札》出自皮埃尔・尼科尔之手——后者使用了笔名纪晓姆・温德洛克（Guillaume Wendrock）——并包含有大量注释，为我们提供了了解信札的宝贵知识。在前言中，尼科尔声称

这些文字已经经过了作者的审阅、修改和同意：这些说法显然有问题，因为尼科尔的翻译依据的法文版本有一部分来自1657年的阿姆斯特丹的艾勒泽维尔版（第二版，12开本）和1659年的莱顿的艾勒泽维尔版（八开本），而这两版内的修改并非帕斯卡尔所为（展品目录141—142）。如今的普遍共识是，在原版《信札》作为论战短文出版后，帕斯卡尔没有再动过这些稿子。

艺术的原则：令人信服与使人愉悦

145

[布莱斯·帕斯卡尔]：《论说服的艺术》（*De l'art de persuader*）。手抄本，18世纪

巴黎，索邦图书馆，Ms. 1186，本书未展示其图片

《论几何学精神》（*De l'esprit géométrique*）是帕斯卡尔在去世时没有完成的众多作品之一。从该文存留至今的内容来看，它由两个片段组成：第一个片段的题目为《对于几何学的总体思考》，可能是安托万·阿尔诺取的；第二个片段的题目是《论说服的艺术》。整篇文章都涉及帕斯卡尔关于数学表达严谨性的思考，欧几里得的《几何原本》（展品目录9）为这种严谨性提供了模板：这种严谨性既是几何演算方法的原则，同时也是保证修辞的有效性的基础，至少对于作为"说服的艺术"的这类修辞而言，而另一类修辞，即作为"使人愉悦的艺术"的修辞的规则却十分复杂，帕斯卡尔承认他无法归纳出一套理论——不过，《致外省人信札》的成功（展品目录138）证明帕斯卡尔完全掌握了这类修辞的微妙之处。

让·梅纳尔（1964）建议将《论几何学精神》的写作时间确定在

安托万·阿尔诺肖像，皮埃尔·德勒维（Pierre Drevet）根据让－巴蒂斯特·德·尚拜涅（Jean-Baptiste de Champaigne）的画作所刻的铜版画，1696年
法国国家图书馆，版画部，N2

1655 年，而不是他之前的批评家所说的 1658 年至 1659 年。这个写作年代让这部作品更加接近《致外省人信札》的创作时间，后者的辩论技巧中不止一条与他在《论几何学精神》中提到的原则重合：比如避免"那些会让听话人惊讶的野蛮词汇"，"不要使用有些晦涩的或者没有明确定义的模棱两可的词汇"；《致外省人信札》头几篇中对没有明确定义的表达——例如"临近的力量"（pouvoir prochain）——所带来的困惑的阐述，都可以参照这些原则来阅读。

《论几何学精神》的完整版如今只有一份手抄本，它被保存在称为"圣伯夫"手写本的集子中（私人收藏，曾经为莱昂·帕尔色的收藏）。索邦收藏的手写本只有第二部分，即《论说服的艺术》。它来自曾经担任过巴黎大学校长的詹森派人士，让-加布里埃尔·佩蒂·德·蒙唐佩（Jean-Gabriel Petit de Montempuys，卒于 1763 年）的藏书。

146

［安托万·阿尔诺和皮埃尔·尼科尔］：《逻辑学或思考的艺术》（*La Logique ou l'art de penser*）。巴黎，Charles Savreux 出版，1662 年

法国国家图书馆，阿瑟纳尔馆，8° S. 913，本书未展示其图片

阿尔诺和尼科尔的《逻辑学》也被称作《波尔-罗雅尔逻辑学》（*Logique de Port-Royal*），它在 1662 年 7 月 6 日，也就是帕斯卡尔逝世前几个星期完成印刷。这部作品借用了帕斯卡尔《论几何学精神》中的一些段落，更多的时候对其做了改写。尼科尔在前言中明确承认这篇文章多处借鉴了"一篇没有出版的小论文，它名为《论几何学精神》，由一位杰出的人物所著"，尤其是"讨论了名和物的定义之不同的第一部分的第十章，和第四部分解释的五项规则——相比那篇小论文，我们扩展了很多内容。"因此，首版《波尔-罗雅尔逻辑学》的第一部分的第十章和第四部分的第二章构成了《论几何学精神》的第一次出版，尽

管它是不完整的和经过改写的。

147 a 和 b（图见第 80 页、156 页）

吉尔·卢瑟莱（Gilles Rousselet）：根据格雷古瓦·宇雷（Grégoire Huret）的绘画作品所作：《几何》（*La Géométrie*），《修辞》（*La Rhétorique*）。铜版画。巴黎，Pierre Mariette 出版，1637 年左右

法国国家图书馆，版画部，Td 24 fol.

这两幅寓意画是一个系列的七幅版画中的一部分。这些版画是由吉尔·卢瑟莱（1610—1686）根据格雷古瓦·宇雷（1606—1670）的绘画作品所刻制，分别表现了七艺[①]。

① 指语法、修辞、逻辑、算术、几何、音乐和天文。——译者注

+

L'an de grace 1654

Lundy 23 novembre jour de St Clement pape et martyr et autres au martirologe.

Veille de St Chrysogone martyr et autres.

Depuis environ dix heures et demi du soir jusques environ minuict et demi.

Feu

Dieu d'Abraham, dieu d'Isaac, dieu de Jacob.

non des philosophes et scavans.

Certitude, certitude, sentiment, joye, paix.

~~Dieu de~~ Dieu de Jesus Christ.

Deum meum et Deum vestrum.

Ton Dieu sera mon dieu.

Oubly du monde et de tout, hormis Dieu.

Il ne se trouve que par les voyes enseignées dans l'Evangile.

Grandeur de l'ame humaine.

Pere juste, le monde ne t'a point connu, mais je t'ay connu.

Joye joye joye pleurs de joye.

Je m'en suis separé.

Dereliquerunt me fontem aquae vivae.

Mon dieu me quitterez vous.

Que je n'en sois pas separé eternellement.

Cette est la vie eternelle qu'ils te connoissent seul vray dieu et celuy que tu as envoyé J.C.

Jesus Christ.

Jesus Christ.

Je m'en suis separé je l'ay fuy renoncé crucifié.

Que je n'en sois jamais separé.

Il ne se conserve que par les voyes enseignées dans l'Evangile.

Renonciation totale et douce.

心灵的秩序

“火”（feu），这便是题目。《追思》（*Mémorial*）的开头便是这一个居中的单独的词。在这张纸页上，帕斯卡尔记录了他在1654年11月23日夜所经历的极其强烈的宗教体验。这个“火”字将语言压缩至最小的单位，一个单音节词，它便是帕斯卡尔的“要有光”[①]：“不是通过外部的证据，而是通过内心即刻的感知”（《思想录》，S.360）获知了上帝的启示，就像一个无可质疑的信息，将基督徒的存在扩展到了《圣经》里关于创世记和燃烧之荆棘的圣神故事的层面。火焰的燃烧既是肉体的也是精神的体验，既是光明也是灼热：上帝抓住了帕斯卡尔整个人，将他引入新秩序中，并在此耗尽他，耗尽他的语言，后者变成了咿呀之语，崇高从简单明了之中涌出——没有句法结构的交错的词之崇高，奔涌出的《圣经》文字的崇高，就像连祷的碎片，就像远远超过了个人记忆之记忆的碎片。

随后，就像“心灵新生”所需经历的一系列步骤：在波尔－罗雅尔的退省、《与萨西先生的谈话》、1656年对他身边的奇迹的见证——他的教女在触摸了耶稣受难的圣物后痊愈了。最后的这个经历让他萌生了撰写一部基督教护教论的想法，这便是创作《思想录》的缘起。不过，《思想录》的根基和它存在的原因都在这个11月夜晚的第一次震动中，其光影一直支配着后来所有的作品。从这个意义上说，《追思》是一部预言性的作品。

← 图148　《追思》作者亲笔手稿

① Fiat lux 位于《圣经·创世记》开篇，是上帝说的第一句话。——译者注

de leur condition, ou par une occupation qui les en détourne, ou par quelque passion agréable et nouvelle qui les occupe, ou par le jeu, la chasse, quelque spectacle attachant, et enfin par ce qu'on appelle divertissement.

D'où vient que le jeu et la conversation des femmes, la guerre, les grands emplois sont si recherchés. Ce n'est pas qu'il y ait en effet du bonheur, ni qu'on s'imagine que la vraie béatitude soit d'avoir l'argent qu'on peut gagner au jeu, ou dans le lièvre qu'on court, on n'en voudrait pas s'il était offert. Ce n'est pas cet usage mol et paisible

Raison pourquoi on aime mieux la chasse que la prise.

et qui nous laisse penser à notre malheureuse condition qu'on recherche, ni les dangers de la guerre, ni la peine des emplois, mais c'est le tracas qui nous détourne d'y penser et nous divertit.

De là vient que les hommes aiment tant le bruit et le remuement.

De là vient que la prison est un supplice si horrible, de là vient que le plaisir de la solitude est une chose incompréhensible. Et c'est enfin le plus grand sujet de félicité de la condition des rois de ce qu'on essaie sans cesse à les divertir et à leur procurer toutes sortes de plaisirs.

Voilà tout ce que les hommes ont pu inventer pour se rendre heureux.

Le roi est environné de gens qui ne pensent qu'à divertir le roi et l'empêcher de penser à lui. Car il est malheureux tout roi qu'il est s'il y pense.

Et ceux qui font sur cela les philosophes et qui croient que le monde est bien peu raisonnable de passer tout le jour à courir après un lièvre qu'ils ne voudraient pas avoir acheté, ne connaissent guère notre nature. Ce lièvre ne nous garantirait pas de la vue de la mort et des misères qui nous en détournent, mais la chasse nous en garantit. Et ainsi A

Le conseil qu'on donnait à Pyrrhus de prendre le repos qu'il allait chercher par tant de fatigues, recevait bien des difficultés.

Dire à un homme qu'il se repose, c'est lui dire qu'il vive heureusement ... A

《思想录》，无法找寻的著作：从亲笔手稿到波尔-罗雅尔版本

让-马克·夏特朗

“帕斯卡尔写了《思想录》一书吗？”《文学杂志》（*Littératures*）2007年的一期如此问道。这个问题颇为挑衅，它显得毫无用处，并且将我们认定为自然而然的真理颠倒了过来。长期的教学传递了这样的传统观念，即《思想录》是法国文学瑰宝的重要组成部分，它是思想性散文的最早杰作之一；因此质疑帕斯卡尔是不是《思想录》的作者甚至是对文学构建本身发起挑战：后者难道只是一种包含着任意性与虚妄性的约定，只是一种由习惯构成的事实，即第二篇《关于大人物的境遇的演说》（展品目录186）中所提到的那些“设立的伟大”？“作为《思想录》作者的帕斯卡尔”难道就仅仅是一个普遍认可的、对帕斯卡尔的描绘？一个我们的“想象”的产物——他自己也许也会这么说？我们应该用片段158所描绘的怀疑来检验它：“我们的自然准则是什么？难道不是我们习惯的准则么？”

不仅是我们的观念所形成的习惯，《文学杂志》提出的问题还颠覆了我们的常识，因为《思想录》是18世纪之前极其少有的、留下了作者亲笔原始手稿的法国文学作品（展品目录164）。还有什么比这个签名能更好地证明帕斯卡尔就是作者呢？然而，相比于我们问《随笔》是不是由蒙田所写，或者《费德拉》（*Phèdre*）是否出自拉辛之笔，这个

← **图164** 《思考为什么人们更喜欢追寻猎物而非捕获物本身》［S. 168］：关于消遣的片段的亲笔手稿［第210页，第二行边缘可见穿线的孔］

问题更加恰当，因为没有什么比《思想录》的文本更加不确定了，或者准确地说，没有什么比《思想录》这本书更加不确定了。帕斯卡尔死前没有留下任何口头或者书面的说明，因此我们无法确切地知道，对于那些遗留下来的、创作于 1656 年至 1662 年间的大量笔记和片段——由于疾病，帕斯卡尔的写作并不连贯——他打算赋予怎样的形式，针对怎样的读者，应该如何筛选整理这些众多的材料，使之得以结集成书。1670 年首版的前言形容某些思想“过于晦涩，过于不完整”，有些只是某些思考的开端却从未被展开，有些记录下了对作者而言明晰的灵光闪现，它们对其他人来说却难以理解。迎接这些思想的本应是怎样的命运？最后，被选取的片段应该依照哪种惯例来排序？

《思想录》是 18 世纪之前极其少有的、留下了作者亲笔原始手稿的法国文学作品。

对于这些问题，帕斯卡尔的沉默没有给出任何答案，他把编辑的任务交给了其他人，由他们决定如何将一堆纸张变成一部书。正是在这个意义上，《思想录》不单单是一位作者的一部作品，它也是一段充满了犹豫和艰难协商的编辑历程的最终成果。它的编辑历程自帕斯卡尔逝世便展开了。就像人们在他死后制作了面具，并以此来绘制他生前从未画过的肖像一样。人们原封不动地保留了他的手稿：在某种意义上，这是另一种印记，他的另一个身体的印记。他的外甥埃蒂安·贝里耶（Étienne Périer）记录下了这件事情，他在 1670 年版的序言中写道：“我们知道帕斯卡尔先生意图研究宗教。在他死后，我们精心地把他就这一问题写下的所有东西都收集起来。我们发现，它们被线穿成很多编（liasse），但是没有任何顺序。正如我已经注意到的那样，他把即时想到的东西都记录在小纸片上，因此它们只是他的思想的最初表达。这一切都是如此的不完整，写得如此潦草，我们很难读取这些内容。我们所做的第一件事就是把它们原封不动地抄下来，并且保留它们本来的混乱状态。”

《思想录》不单单是一位作者的一部作品，它也是一段充满了犹豫和艰难协商的编辑历程的最终成果。

这一举动开启了编辑的准备工作。一些物质的证据被保留了下来，然而对它们的解读比想象中的要难。埃蒂安·贝里耶所提到的抄本[①]，就是法国国家图书馆现在所保留的Français 9203号手写本（展品目录176）吗？路易·拉夫玛（Louis Lafuma）继承了扎夏利·图尔纳尔（Zacharie Tourneur）在20世纪30年代做出的假设，认为确实如此，而他的《思想录》版本在长期被视作权威[②]。的确，对该抄本的古文字学研究（paléographie）和手写本学研究（codicologie）——对其物质构成的研究——似乎都支持这一观点。古文字学研究发现手稿中有两个人的笔迹，一个是抄写者的，另一个是修改者的；后者根据原始文献，填补前者所留下的一些空白或修改其所犯的一些错误。手写本学研究证明，组成整个卷本的不同书帖（cahier）包含的纸页（feuillet）数量不均等[③]。我们可以这样解释这个奇特的现象：作者意图把重要性不同的文本归纳成组，放在不同的书帖里，这些文本组由或长或短的一系列片段组成，片段之间有着某种思维上的联系：有时候这些文本是帕斯卡尔连续在某一张或数张纸张（feuille）上写下的笔记，有时候他进行合并，把一部分文本从原本的纸张上剪下来，跟其他从各处剪下的纸片缝在一起，做成类似于法律界人士使用的、把与同一个事件有关的文件归置到一起的档案袋（sac de procédure）。埃蒂安·贝里耶所说的“编”（liasse），指的就是这些东西。在很多时候，针眼的印记——它们是某种联系的证据——在原始手写本中仍旧可见，尽管在18世纪初，它们被纷纷贴在了大的纸张上（238页图）。因此，Français 9203号手写本的物质结构也包含

---

① 译者将笼统的、表示与印刷书籍相区分的manuscrit译作“手写本”，将强调为作者亲笔所写的manuscrit autographe译作“手稿”，将强调为别人所誊写的copie译作“抄本”。——译者注

② 拉夫玛：《帕斯卡尔〈思想录〉的历史（1656—1952）》[*Histoire des Pensées de Pascal*（*1656–1952*）]，巴黎，Luxembourg出版社，1954年，第30—32页。

③ 此处为几个印刷上的概念。在当时，成书前会把印刷好的纸张按不同规格折叠成纸页［例如一张feuille对折一次会得到两张feuillets，即四页（page），其规格称为in-folio］；折叠后的纸张便成了一个书帖，最终数个书帖被装订成书。——译者注

了一个文本的结构，它显示出一种完全忠实，让人推断出这是对原始手稿“原封不动”的抄写，再现了手稿碎片之间的具备相关性却没有统一性的结构：这相关性来源于帕斯卡尔自己做的归类（“用线穿成很多编”），但是它们的前后相继却没有依照某个统一的结构（“没有任何顺序”）。

然而，另一份抄本撼动着这个结论。它出自同一人之手，而笔法更加精致。它现在是法国国家图书馆的 Français 12449 号手写本中的一部分（展品目录 177），通常被称为“二号抄本”，以便和 Français 9203 号手写本，也就是“一号抄本”相区分。让·梅纳尔率先细致地将两部抄本进行比较，并将成果发表在 1971 年的一篇重要文章中[①]。二号抄本与一号抄本不同的地方在于：它有着一个连贯的物质结构（抄写者把文本抄在了篇幅相同的书帖上，在更换“编”或者文件时，没有更换物质单元），它多出一项关于以斯拉[②]传说（fable d'Esdras）的文字，最后，文本组的组合顺序不止一处与一号抄本不同。除去文本物质上的差异，从语文学（philologie）的角度讲，两个抄本中的文本建立几乎完全一致。我们可以肯定这两个抄本密切相关，因为它们所犯的理解错误是一样的。不过也存在着一些地方，一个抄本誊写错误而另一个没有，有时候是一号抄本与原始手稿一致，有时候是二号抄本。如果其中一个抄本直接誊写了另一个抄本，这类问题不可能发生。因此，我们推断出原始手稿和这两个抄本之间还存在着另一个环节：Français 9203 号手写本和 Français 12449 号手写本抄写的是同一个手写本，后者是原始手稿的最初抄本，如今已经遗失，而两个抄本在各自抄写的过程中出现了一些错误。因此，我们称作“一号”和“二号”的抄本，并不是《思想录》原

① 让·梅纳尔：《〈思想录〉的版本源头：两部抄本》（Aux origines de l'édition des Pensées: les deux copies），载《帕斯卡尔〈思想录〉三百年》（*Les Pensées de Pascal ont trois cents ans*），克莱蒙－费朗、比萨克（Bussac）主编，1971 年，第 1—30 页。

② 也译作厄斯德拉，大祭司、律法家。《圣经·旧约》中的一个重要人物。公元前 5 世纪，在波斯灭亡巴比伦后，他带领被俘虏到巴比伦的一部分犹太人回到耶路撒冷。——译者注

稿的第一个和第二个抄本，而是一个抄本的抄本。而这个梅纳尔称为“最初的抄本”很有可能才是埃蒂安·贝里耶在序言中所提到的抄本。最后，需要注意的是，一号抄本中有根据原始手稿修改的痕迹，这表明这个抄本制作的时间很早，早于最初抄本被修正的时间：修改者应该在此之后，同时对最初抄本和一号抄本进行了必要的修正，而二号抄本应该是在修改过后才直接抄录最初抄本的。

对现存手写本的研究可以让我们还原最初的抄写工作的流程，它比埃蒂安·贝里耶叙述的更为详细。首先，原始文献在初步阅读后被誊写下来，书帖的顺序遵照材料内容的结构；很快又制作了该抄本的抄本：这两个抄本便分别是最初抄本和一号抄本。然后，一位修改人同时对两个抄本进行了修改，减少了初步阅读过程中的不足，例如错误或者遗漏。帕斯卡尔的潦草字迹所导致的手稿研究上的巨大困难，由此得到了解决：此时，原始文献有了一个可供研究的版本[①]。二号抄本和一号抄本出自一人之手，这不禁让人猜测，前者的誊写时间并不晚于后者。两者都应该在 1662 年至 1663 年之间完成，如果我们认可抄写者留下的这个注释：两个抄本中，在同一段旁边，都写着“这出自康斯坦先生（Constant）之手”，该批注指的是皮埃尔·尼科尔（展品目录 140），他在 1661—1662 年间，也就是波尔－罗雅尔的核心人物不得不掩藏身份的时期，使用了这一假名[②]。

首先，原始文献在初步阅读后被誊写下来，书帖的顺序遵照材料内容的结构；很快又制作了该抄本的抄本。

梅纳尔的细致探索揭示了流传至今的两个抄本所扮演的角色。二号抄本显然是用作归档的，其目的在于记录并再现帕斯卡尔去世时他的材

① 这并不意味着所有的困难都得到了解决，远非如此。关于原始文献读取上的困难和由此可能产生的阐释上的错误，参见埃马纽埃尔·马尔提诺（Emmanuel Martineau）以《虚荣》这一编中的片段《想象》（S. 78）为例而进行的说明（载帕斯卡尔：《论宗教及其他》（*Discours sur la religion et quelques autres sujets*），马尔提诺整理，巴黎，Fayard 和 Colin 出版社，1992 年，第 15—18 页）。

② 梅纳尔：前文所引文章，第 23 页。

料的状态：它是，就像菲利普·瑟里耶所说的那样，“作为参考的抄本，作为基准的抄本”[①]。瑟里耶因此在其评注的2000年和2011年的《思想录》中，依照此抄本来为文本排序。一号抄本则是用于工作的，其中的构成单元可以被拆分开，以便周转于各个编辑整理人之手。这便解释了为什么关于以斯拉的书帖会在中途丢失。这一假设的最有力证明还在于其中有多人执笔的痕迹，而二号抄本却没有这些现象，它要整洁得多。这些痕迹晚于抄写和修改的工作，出自三个人之手；我们能分辨出它们来自安托万·阿尔诺（展品目录95）、皮埃尔·尼科尔和埃蒂安·贝里耶。布里埃纳伯爵（comte de Brienne）路易－亨利·德·罗梅尼（Louis-Henri de Loménie）在1668年12月7日写给吉尔贝特·贝里耶——她此时居住在克莱蒙附近的毕安－阿西别墅（展品目录7）——的一封书信中提到了对帕斯卡尔遗留材料的编辑工作，其透露出的信息与对手写本的古文字学研究所得出的结论一致。在信中，伯爵特别提到有一小组人在准备出版工作，并列举了至少是编辑工作的主力人物，为的是为自己的立场辩护，即自己“与洛阿内先生、阿尔诺先生、尼科尔先生、杜布瓦先生和拉雪兹先生的想法一致，他们都认为帕斯卡尔先生的《思想录》比它之前的状态好多了，但是我们并不能说，出自他们之手的《思想录》与它之前的样貌不同了，因为他们并没有丝毫改变帕斯卡尔先生的意思或者他的表达方式”[②]。负责编辑《思想录》的“委员会”——我们借用圣伯夫（Sainte-Beuve）在《波尔－罗雅尔》中的用语[③]——的组成人员应该是：皈依了詹森教派的两位大贵族——洛阿内公爵和布里埃尔

① 瑟里耶：《导言》，见《思想录、作品和书信》（*Pensées, opuscules et lettres*），巴黎，Classiques Garnier出版社，2011年，第32页。

② 该书信载于拉夫玛版的《思想录》的附加材料中，巴黎，Luxembourg出版社，1951年，第三卷，第123—127页。

③ 第三卷第十九章（巴黎，R. Laffont出版社，“Bouquins”系列，2004年，第一册，第744页）。关于“comité”这一称呼的局限性，参见梅纳尔：《帕斯卡尔与洛阿内家族》（*Pascal et les Roannez*），巴黎，Desclée de Brouwer出版社，1965年，第二卷，第882页。

伯爵、波尔－罗雅尔的两位神学领袖——安托万·阿尔诺和皮埃尔·尼科尔，以及洛阿内的两名追随者，菲利普·古瓦博·杜布瓦（Philippe Goibaut du Bois）和尼古拉·菲洛·德·拉雪兹（Nicolas Filleau de La Chaise）。在此基础上显然还应该加上帕斯卡尔的家人，主要是吉尔贝特和弗洛朗·贝里耶，以及他们的长子，埃蒂安。

在另一封布里埃纳作于数周前，也就是1668年11月16日，并寄给吉尔贝特·贝里耶的信中[①]，我们能够瞥见编辑工作是如何在巴黎和克莱蒙两地之间组织的——这两个地理坐标也是帕斯卡尔死后的数年间，维系对他的记忆的主要地方，一边是朋友洛阿内公爵，一边是姐姐吉尔贝特和她的丈夫弗洛朗·贝里耶。1668年11月的这一天，埃蒂安·贝里耶在布里埃纳家，他们"这一整天都在对您那著名并幸运的弟弟的手稿做最后一步的整理，它们已经被洛阿内先生全部检查过一遍了，这可不是一桩简单的工作。……洛阿内先生非常高兴，毫无疑问，他和他的朋友们做了很多工作。我觉得您应该感谢他。您那亲爱的儿子和我，我们俩还要再看一遍，之后便没什么需要再整理的了。我认为我们的意图不会让您或者贝里耶先生有何不满——请允许我向他致以问候——，因为我们只是想把洛阿内先生舍弃的片段重新还原。……请尽快把您那里存留的、我们所缺少的那些帕斯卡尔先生的书帖寄给我们，告诉我们您最后的意愿，我们一定会认真完成。……我们还缺少不同的片段：《圣经》的不同意义、法是形象的，等等，以及人性中的矛盾和原罪的存在能够证明这是真正的宗教；这些片段应该非常精彩"[②]。可见，洛阿内公爵是《思想录》编辑工作的核心人物：他指挥的小组负责根据吉尔贝特·贝里耶寄去的材料来准备文本。吉尔贝特不但保存着原始手稿还保存了抄本（因为很明显，布里埃纳只能通过寄件来接触到帕斯卡尔的遗

---

① 见帕斯卡尔：《思想录》，拉夫玛版，巴黎，Luxembourg出版社，1951年，第三卷，第121—122页。

② 参见梅纳尔：《帕斯卡尔与洛阿内家族》（*Pascal et les Roannez*），巴黎，Desclée de Brouwer出版社，1965年，第二卷，第882页。

留文件），她随后针对这一工作发表自己的看法，以准备新一轮修订整理工作，在这之后确立下来的文本将得以出版，而布里埃纳则与负责出版的书商联系。

圣伯夫说道，通过读这两封信，我们可以获知“编辑工作的内部工程”。因为，在这些热烈的、使书得以成形的交流背后，我们也发现了一个极深的矛盾，而1670年的版本保留了它的痕迹。从克莱蒙到巴黎的漫长距离把信件和思想分割开了——我们可以如此总结帕斯卡尔的亲朋所面临的编辑工作的两大核心部分。洛阿内做出的选择是对文稿进行筛选，保留那些已经足够成形的、可以被直接出版的部分，舍弃那些由于过于不完整而无法出版的部分，修饰或者补充那些虽有残缺，却可以从中足够确定地窥见其完整样貌的部分。忠实于帕斯卡尔也就是忠实于他的思想，忠实于他离世时留下的那些手稿中所反映的思想。然而，吉尔贝特·贝里耶不能接受的正是这一点。她认为这其中含有太多阐释的部分，有太多把他弟弟的天才之处置于普通人的尺度之下的危险：帕斯卡尔将被一个关于帕斯卡尔的观念所掩盖，他的思想被阐释所取代。那些难以出版的东西固然应该舍弃，但是将要出版的东西必须严格忠实于帕斯卡尔自己留下的文字。这些观点我们可以通过1668年12月7日布里埃纳信中的辩护词看到（“我们没有增加一丝一毫。您将洛阿内先生的工作视作一大篇评论，但是您所以为的和他实际所做的事情是完全不同的”）；也可以从他在表面上让步后又对吉尔贝特的指责中看出：“您希望对您弟弟的思想不做任何改动，这当然是有一定道理的，太太……但是我们所做的并没有丝毫改变作者的意思或表达，只是让它更加明晰、更加优美。而且，可以肯定的是，如果他还在世的话，他会毫不犹豫地认可这些对他思想的修饰和说明，如果他能活得更加长久而有时间打磨他的思想，他本人也会这样写，因为我们只是加上了必须的东西，以及在第一次阅读时自然而然会产生的

忠实于帕斯卡尔也就是忠实于他的思想，忠实于他离世时留下的那些手稿中所反映的思想。

想法，我不认为您有理由伤害那个您所爱的人的荣誉，恕我斗胆直言，您的顾虑是没有道理的。……您不应该害怕我们在试图增加作者荣誉时反却损害了它，也不必担心由于我们整理了他的作品，世人便无法分辨什么地方出自作者之手，什么地方出自修改者之笔。”

他们最终找到了一个折中的办法。12 月 11 日布里埃纳给吉尔贝特的书信的附言记录了这一办法：“太太，我难以表达我在看到您 11 月 30 日写给洛阿内先生的信之后的喜悦之情。他很快便把这封信寄给了我。您的那封信提前回复了我现在正在写给您的这封信。尽管时间非常紧迫，我在收到您对我的请求的最终回复之前，是不会交付印刷的——虽然您对洛阿内先生提出的请求让我有理由认为您的回复将如同我们所期望的那样，是肯定的。我不得不说，太太，您的儿子将松一口气，他不再需要继续对我和对您的其他朋友提出请求，也不再需要固执地反对我们，尽管我们始终不理解其中的原因。”与之相呼应的，是埃蒂安·贝里耶在 1670 年版中写的序言。他说道，忠实于帕斯卡尔先生的想法并把他的文字完成是不可能的，因为“人们几乎不可能进入到一位作家，尤其是一位已经去世的作家的思想里或是他的意图中”，同时，将它们就这样公布，并出版一本可读的，亦即对公众有用的书籍，也是不可能的。因此最终选择了一个中间方案：“我们从这些数量众多的片段中选取了最清晰、最完整的部分，我们保留了它们的原貌，没有增加或改变任何东西；片段原本缺乏顺序，没有衔接过渡，模糊而混乱地散落四处，我们唯一所做的是，把它们按照一定的顺序组织起来，把讨论同一个话题的部分归到同一个题目之下；我们舍去了所有过于晦涩或者太不完整的部分。”

这个宣言需要与 1670 年版的实际状态对照来看。是否真的除了片段的顺序，任何东西都没有被“增加或改变”？被舍去的是否真的只有那些太过晦涩，因而需要很大的努力才能被理解的部分？在什么意义上，重新排序不构成对“已经去世的作家的意图”的补充和重大改变？维克多·库赞（Victor Cousin）早在 1842 年就试图回答第一个问题。他呼吁重新编辑一个新版本的《思想录》，它有别于“波尔－罗雅尔的版本”（1670年版以及1678年的增订版），而后者直到19世纪中期都是所有版本的基础[①]。通过分析亲笔书写的原稿，我们发现，1670年的版本确实不止一处更改了原文，并没有遵照埃蒂安·贝里耶的声明：“波尔－罗雅尔版本的文本表明，贝里耶家族降低了对忠实原稿的要求。[洛阿内]公爵的计划没做多少改变便被直接采用了”[②]。对原文的更改主要分两种情况。首先，减少了可能具有的歧义，去除被视为过分大胆的修辞手法，比如过于远离传统句式的省略，超出了话语准则和分寸的意象——它有可能在读者看来过于高深或低级[③]。另外一些数量略少的修改涉及神学问题。一号抄本中，部分出自阿尔诺和部分出自尼科尔的修改便是如此。这些修改主要是对一些用语的删减、增加或替换，要么是为了让帕斯卡尔的某些神学表达更加严谨——帕斯卡尔不是专职的神学家，有时表述可能不够准确——要么是为了缓和某些义理上的主张，它们有可能成为波尔－罗雅尔反对者的攻击对象[④]。这种小心谨慎与出版时的特殊背景有一定关系：从1668年秋开始，进入了所谓的教会和平（Paix de l'Église）时期，即在教皇克雷芒九世（Clemens Ⅸ）治下，“誓约书事件”（Formulaire）各方暂时休战的状态。誓约书是指詹森的五个神

① 维克多·库赞：《帕斯卡尔的〈思想录〉：致法兰西学院，关于重新编辑该作品的必要性》（*Des Pensées de Pascal: rapport à l'Académie française sur la nécessité d'une nouvelle édition de cet ouvrage*），巴黎，Ladrange出版社，1843年。该报告于1842年递交给法兰西学院，并于同年刊登于《学者日报》（*Journal des savants*）。

② 梅纳尔：《帕斯卡尔和洛阿内家族》，前揭，第二卷，第887页。

③ 关于文体的修辞深入分析，参见玛丽·佩鲁兹（Marie Pérouse）：《帕斯卡尔〈思想录〉的构建：波尔－罗雅尔的诸版本（1670—1678）》［*L'Invention des Pensées de Pascal : les éditions de Port-Royal（1670-1678）*］，巴黎，Champion出版社，2009年，第335—384页；以及让－罗贝尔·阿尔莫加特（Jean-Robert Armogathe）：《布莱斯·帕斯卡尔的〈思想录〉：比较了抄本和现代版本的首版研究和再版》（*Blaise Pascal, Pensées sur la religion et sur quelques autres sujets: étude et édition comparative de l'édition originale avec les copies et les versions modernes*），巴黎，Champion出版社，2011年，第21—25页。

④ 见佩鲁兹：引前书，第385—408页；阿尔莫加特：引前书，第26—36页。

学主张被禁绝后，法王从1661年开始要求所有神职人员签字以表明顺从裁决的文件（展品目录131）。而国王的命令却受到了抵制，这导致从1664年起加强了对詹森派运动的镇压。因此，在矛盾得以缓和之际，不应出版一部不合时宜的作品，它可能会破坏这一和平，而所有人都明白这和平其实极为脆弱。不过，这些策略上的顾虑，也许并不是对义理部分做出修改的唯一原因：在超出政治范畴之外，这也是为了缅怀帕斯卡尔，并维系他在人们心目中的圣徒的形象——布里埃纳在1668年11月16日的信中提到“我们那圣人留下的杰出残稿”——为了避免一切可能引发丑闻的内容，一切可能让人觉得和一个虔诚的作者应有的行为不符的东西。

事实上，编辑们在着意强调这部著作的宗教意义。后者毫无疑问是帕斯卡尔思考的核心。于1658年左右，他在波尔－罗雅尔修道院做了一个很长的报告，向一些亲近之人敞开心扉——1670年版的序言中将他们描述为“他的朋友中最有声望的几个人”，洛阿内公爵必然首先被包括在其中。埃蒂安·贝里耶写道：“他用只言片语便向他们说明了作品的结构；他向他们介绍了主题和内容应该是怎样的；他简略地报告了缘由和原则，并解释了他准备探讨的东西的顺序以及后续的内容……他向他们展示了怎样的证据最能够震撼人心，最能够说服他人。随后，他向他们证明，正如那些我们最确信不疑的东西，基督教也同样的显而易见并且十分确定。”因此，帕斯卡尔的目的是撰写一部基督教的护教论：不是对教义进行全面的阐释，而是证明基督教的合法性，说服那些有所怀疑的人以促使他们皈依。洛阿内公爵和他的朋友所做的取舍也不光参考了晦涩与完成的程度：他们也去掉了那些在他们看来与主旨无甚关联的部分。于是，一些秉承了《致外省人信札》的、具备论战语气的片段被删去了，它们属于对抗教廷内部的义理偏离的斗争，而不是针对信仰本身的缺失和对上帝的遗忘。同样，政治性的而非神学或道德性的片段也被舍去了。

也因此，他们决定依照主题的不同来改变文本的内部顺序：有时候把前后相连而思考不同内容的片段分开；有时候把分开的但讨论同一问题的片段汇聚起来。在全书而不是在主题的层面，他们也做了类似的工作，即采用一个分类的结构。1670 年版开头的《告读者书》，明确地指出了这结构不是帕斯卡尔所构想的结构，后者已经彻底遗失了，即使人们对 1658 年的报告还存有些许记忆："这个文集里的大部分章节都由一定数量的思考片段构成，它们之间并不连贯，被组合到一个题目之下，只是因为它们探讨的话题基本一致。"然而，一些片段暗示着它们可能包含着一个语句上的顺序，尤其是第 46 号名为"顺序"的片段："人们错误地认识了宗教。他们既恨又怕它是真实的。为了解决这个问题，首先要证明宗教并不违背理性；证明它是可敬的，让人尊敬它；然后让它变得可爱，让好人希望它是真实的，然后证明它是真实的。可敬的，因为它懂得人性。可爱的，因为它承诺了真正的善。"[①] 但是，1670 年版的编辑们忽略了这一类提示，也不知道帕斯卡尔自己把材料组织成了不同的编，他们选择了按照主题划分章节，并将之分成三个大的部分[②]。第一部分，从第一章到第二十章，是关于帕斯卡尔对基督教的辩护；第二部分，从第二十一章到第二十六章，是帕斯卡尔对人的思考（由此，对人的认识放在了真正善的承诺之后，与帕斯卡尔的意图相反）；第三部分，从第二十七章到第三十二章，汇集了关于不同问题的思考："对奇迹的思考""对基督教的思考""道德思考""关于死亡的思考"

---

① 弗朗西斯·卡普兰（Francis Kaplan）正是在这个关键性的文字基础上，并结合了原稿中涉及顺序的所有指示，重新推测与构建了帕斯卡尔所设想的大纲，并依照此大纲重新编辑了《思想录》，于 1982 年和 2005 年出版。关于这一研究所引发的争议，参见弗朗索瓦·布雷孟迪（《为卡普兰版本辩护》）（François Brémondy : Apologie de l'édition de Francis Kaplan）和菲利普·瑟里耶（《顺序的指示和帕斯卡尔研究资料》）（Philippe Sellier : Indications d'ordre et dossiers pascaliens）的文章，均载于《哲学和神学杂志》（*Revue des sciences philosophiques et théologiques*），第 93 册（2009/1），分别为第 83—144 页和第 145—154 页。

② 参见梅纳尔：《波尔 - 罗雅尔各版本》（Les éditions de Port-Royal），载于《波尔 - 罗雅尔纪年》（*Chroniques de Port-Royal*），20—21 期（1972），第 66—82 页，其中第 74—75 页。

［后者并不含在手稿和抄本里，而是来自 1651 年 10 月 17 日帕斯卡尔在其父亲去世后，写给吉尔贝特和弗洛朗·贝里耶夫妇的安慰信（展品目录 21）］，“各类思考”，最后是《祈祷上帝以询问如何正确地利用疾病》（展品目录 179）。正如玛丽·佩鲁兹（Marie Pérouse）所说：“书的最后一部分，是为了让读者欣赏到帕斯卡尔最令人赞叹的作品，而不是出于某种形式上的考虑。”① 人们显然是想展示帕斯卡尔思想的深度，但有意识地将它与一种基督教的精神运动相结合，这运动是从奇迹到疾病，从对上帝的尊敬到受造者对造物主的呼唤，或者是从作为思考对象的皈依，到皈依的实际行动，就像在祈祷活动中所完成的那样。

采用这样的结构，将本来结成编的材料重新分配组合成不同主题的章节，而这些章节的顺序与帕斯卡尔最初设想的辩证的结构不同，这一切最终掩盖了帕斯卡尔的写作计划的创新性，甚至改变了它的性质。正如安东尼·麦克肯纳说的那样：“编辑者放弃了出版一部帕斯卡尔的护教论，在《思想录》的原始材料基础上，他们构建了一部面向信徒的、关于虔诚和沉思的作品。他们不是从不信教的角度出发来叙述，而是从信仰的角度出发。”②

在如此理念的指导下，对《思想录》初版的整理工作持续到 1669 年末。人们通常认为有过一个“前首版”（édition pré-originale），问世于 1669 年，如今仅存有两册（展品目录 178）。但是这种称呼应该被舍弃了，因为在 1670 年的首版之前并没有其他的版本存在，这只是同一个版本分成了两个时间问世。在 1669 年夏天作品首次付梓，封面上标注的即是这个时间和书商纪晓姆·德佩（Guillaume Desprez）的地址，书中没有教会许可文件（该书帖本应该在前言和《思想录》正文之间），

① 佩鲁兹：《帕斯卡尔〈思想录〉的构建》，前揭，第 205 页。

② 安东尼·麦克肯纳（Antony McKenna）：《笛卡尔和卡桑迪之间：〈思想录〉的第一个版本》（*Entre Descartes et Gassendi: la première édition des Pensées de Pascal*），牛津 / 巴黎，Universitas/Voltaire Fondation 出版，1993 年，第 145 页。

也不含末尾的目录。在这种模样下，它只被交到少数人的手里，主要是一些主教，因出版需要获得他们的认可。这个小范围的传播在某种程度上扩大了“委员会”：收到的反馈，以及编辑们可能添加的后续工作，使最终问世的版本在之前的基础上又有一些改变。它们主要是以添换页（carton）的形式被插入书中，也就是说，人们没有重新将全文排版印刷，而是将需要修改的纸页重新制作，并用新的纸页替换那些旧的——用于替换的纸页在印刷术语中被称作“添换页”①。在这最后一步，也印刷了完整的目录和教会许可书，在教会许可书的后面是国王特权证明书的节选，弗洛朗·贝里耶特意在1666年就获得了国王的特权许可，以防止任何盗印本的出现②。因此，波尔－罗雅尔版本的完整版于1670年初问世，封面标注的日期为1670年，其印刷完成的日期③为1670年1月2日（展品目录181）。

作品获得了巨大成功。德佩很快在1670年和1671年分别印制了第二版（展品目录182）和第三版④。同时，为了也在图书市场上大捞一笔，而又惮于弗洛朗·贝里耶转让给德佩的特权，里昂的书商们不

---

① 存留至今的那两册1669年版的作品也包含一些添换页，因此我们不知道最初问世版本的原始模样。关于对它们的介绍，参见罗杰·拉菲（Roger Laufer）：《文本学介绍：如何验证、建立和编辑文本》（*Introduction à la textologie: vérification, établissement, édition des textes*），巴黎，Larousse出版社，1972年，第129页。

② 在当时，合法出版任何作品都需要获得国王特权证明书（privilège du roi）。通常作者将特权转让给某一书商，因此，该项文书事实上将出版某部作品的权力给予一个且仅仅一个书商（在当时，书商往往自己印刷作品）。在作为审查手段的同时，特权许可制度也有效保护了书商不受盗版之扰。出版时，要将文书的全部或者部分印刷在出版物上。——译者注

③ 印刷完成日期（achevé d’imprimer）是当时出版作品需标明的内容，里面包含书商－印刷商的姓名、地址，印刷的时间等内容。——译者注

④ 1671年面世的版本其实于1670年底印刷完毕。巴黎的大主教阿尔德万·德·佩雷菲克斯（Hardouin de Péréfixe）要求德佩在最新版本中加入一段保尔·布里耶神甫（Paul Beurrier）模棱两可的声明。布里耶是帕斯卡尔的忏悔神甫，他暗示帕斯卡尔在弥留之际曾表示不赞同波尔－罗雅尔对“誓约书签署事件”的态度。为了巧妙地躲开这个要求，德佩将新的第三版标有1671年的封面，替换为标有1670年，并带有“第二版”字样的封面。通过这个花招，他让人以为正在售卖的仍然是前一个旧版本，内容没有任何改变就再正常不过了。因此，我们碰到的大部分的1671年版，都标有1670年的日期。然而，佩雷菲克斯于1671年1月1日去世，使得这个举措在事实上失去了意义。

敢公开行事，于是出了盗版书。这些盗版书上印刷的地址都是巴黎德佩的地址，但是它们的字体暴露了它们的里昂出身。[①]另外，它们与巴黎版的很大区别还在于，它们在正文前使用的章首花饰与德佩的版本不同。后者表现的是还在修建中的巴黎四国公学（collège parisien des Quatre-Nations）的礼拜堂（也就是今天的法兰西学会的拱顶）。花饰伴随的文字是拉丁语 *Pendent opera interrupta*（“被中断的工作是被悬置的”）。这段话出自《埃涅阿斯纪》[②]，表达了编辑面对他们需进行的工作时的迷茫：因为作品的悬置也表示了它的完成之期是无法确定的。已知的三部里昂盗版书中的两部，其上的日期均为 1670 年，另一部是 1672 年，它们很有可能都出自书商亚当·德蒙（Adam Demen）之手。他在 1675 年德佩的特权到期之时，号称自己获得了官方的印刷许可，并以自己的名义出版了一个新的版本。同样，在鲁昂，书商大卫·贝尔特林（David Berthelin）趁着特权到期之日，于 1675 年印行了一个版本。

与此同时，人们仍继续修改德佩已出版的文本。《思想录》一号抄本中有大量批注不是为了 1670 年的版本而作，而是为了准备 1678 年德佩出版的新版（展品目录 184）。这一版是对 1670 年和 1671 年版的继续，它完全承继了它们的结构，只是有所修改并增补了 40 个左右的片段。新版还增加了三篇尼古拉·菲洛·德·拉雪兹的文章。第一篇是《论帕斯卡尔先生的思想录》（*Discours sur les Pensées de M. Pascal*），洛阿内公爵密切参与了该文章的撰写工作[③]。这篇文章本来是准备作为原

---

① 朱丽叶·吉尔波（Juliette Guilbaud）：《书商们的成功之“逆转”：〈思想录〉初版的里昂盗版（1670 和 1675）》［Le“revers” d'un succès de librairie: les contrefaçons lyonnaises de la première éditions des Pensées de Pascal（1670 et 1675）］，载于《书的历史和文明》（*Histoire et civilisation du livre*），第 2 册（2006），第 113—123 页。

② 《埃涅阿斯纪》，古罗马诗人维吉尔创作的史诗（公元前 1 世纪），叙述了埃涅阿斯在特洛伊陷落之后离开故土，辗转到意大利建立新的邦国的故事。——译者注

③ 梅纳尔：《帕斯卡尔和洛阿内家族》，前揭，第二卷，第 885 页。

版的序言，但是被贝里耶家族拒绝了，因此拉雪兹在 1672 年将其单独出版（展品目录 183）。另外两篇文章，《关于摩西书之证据的论文》（*Discours sur les preuves des livres de Moïse*）（最初在《论帕斯卡尔先生的思想录》之后出版于 1672 年）和更短小的《存在着同样准确，却有别于几何学的另一种论证，对于基督教也可提出如此的证明》（*Qu'il y a des démonstrations d'une autre espèce et aussi certaines que celles de la géométrie et qu'on en peut donner de telles pour la religion chrétienne*）都服务于《思想录》的护教论目的。离波尔－罗雅尔版本的最终样貌就只差最后一篇文章了：帕斯卡尔的姐姐吉尔贝特写的《帕斯卡尔先生的一生》。这篇传记，或者说是圣徒传记，最早由阿姆斯特丹的书商亚伯拉罕·沃尔夫冈（Abrahm Wolfgang）于 1684 年单独出版（展品目录 188），后来又被收录到了他在同年出版的《思想录》（展品目录 189）里。两年后，也就是 1686 年，一个荷兰的《思想录》版本——它盗用了德佩的名义——采用了同样的策略，1687 年之后的里昂版本，以及 1702 年之后巴黎出版的各版本随后也如此操作。

作品获得了巨大成功。德佩很快在 1670 年和 1671 年分别印制了第二版和第三版。

由此，在吸纳了这种种文章之后，波尔－罗雅尔版本的《思想录》最终成为一座缅怀帕斯卡尔的丰碑。它成了一座墓葬，把一个事实上活着的、永远逃离运动着的、挑战着书本固化形式的文本，凝固成了一个虔诚的形象，供众人凝视与沉思。这个文本的逃离运动，并不完全是话语不停地展开与偏离（帕斯卡尔明确地呼唤它①），它也是写作内在的冲动以及写作不停地自我中断与重拾②。就像皈依——它从未被获得，

① “耶稣基督和圣保罗拥有爱德的秩序，而不是精神的秩序，因为他们是想温暖，而不是教化。圣奥古斯丁也是如此。这个秩序主要在于把与最终目标相关的每个点都展开来，以便永远地展示着这个最终目标。”（S. 329）

② 关于《思想录》写作里中断的意义，参见路易·马兰（Louis Marin）：《帕斯卡尔和波尔－罗雅尔》（*Pascal et Port-Royal*），巴黎，PUF 出版社，1997 年，第 15 页。

没有期限也没有停息地向着终点进发，因为“存在着人们有能力通达的神，也存在着堕落的天性，它使人们失去了这资格”（S. 690）——所产生的动能的力量一样，这力量只能在不断重新开始的永恒尝试中完成自身。

~~Incapacité~~ de l'homme
Disproportion

On voit d'une première vue que l'arithmétique seule fournit des propriétés sans nombre, et chaque science de même.

Mais l'infinité en petitesse est bien moins visible. Les philosophes ont bien plutôt prétendu d'y arriver, et c'est là où tous ont achoppé. C'est ce qui a donné lieu à ces titres si ordinaires des principes des choses, des principes de la philosophie, et aux semblables aussi fastueux en effet, quoique moins en apparence, que cet autre qui crève les yeux : De omni scibili.

On se croit naturellement bien plus capable d'arriver au centre des choses que d'embrasser leur circonférence. L'étendue visible du monde nous surpasse visiblement, mais comme c'est nous qui surpassons les petites choses, nous nous croyons plus capables de les posséder.

Et cependant il n'en faut pas moins de capacité pour aller jusqu'au néant que jusqu'au tout. Il la faut infinie pour l'un et l'autre, et il me semble que qui aurait compris les derniers principes des choses pourrait aussi arriver jusqu'à connaître l'infini. L'un dépend de l'autre, et l'un conduit à l'autre. Ces extrémités se touchent et se réunissent à force de s'être éloignées, et se retrouvent en Dieu, et en Dieu seulement.

Connaissons donc notre portée. Nous sommes quelque chose et ne sommes pas tout. Ce que nous avons d'être nous dérobe la connaissance des premiers principes qui naissent du néant, et le peu que nous avons d'être nous cache la vue de l'infini.

Notre intelligence tient dans l'ordre des choses intelligibles le même rang que notre corps dans l'étendue de la nature.

Bornés en tout genre (11)

(11) Cet état qui tient le milieu entre deux extrêmes se trouve en toutes nos puissances. Nos sens n'aperçoivent rien d'extrême : trop de bruit nous assourdit, trop de lumière éblouit, trop de distance et trop de proximité empêche la vue, trop de longueur et trop de brièveté du discours l'obscurcit, trop de vérité nous étonne. J'en sais qui ne peuvent comprendre que qui de zéro ôte 4 reste zéro. Les premiers principes ont trop d'évidence pour nous, trop de plaisir incommode, trop de consonances déplaisent dans la musique, et trop de bienfaits irritent. Nous voulons avoir de quoi surpasser la dette. Beneficia eo usque laeta sunt dum videntur exsolvi posse ; ubi multum antevenere pro gratia odium redditur. Nous ne sentons ni l'extrême chaud ni l'extrême froid. Les qualités excessives nous sont ennemies et non pas sensibles, nous ne les sentons plus, nous les souffrons. Trop de jeunesse et trop de vieillesse empêche l'esprit, trop et trop peu d'instruction. Enfin les choses extrêmes sont pour nous comme si elles n'étaient point, et nous ne sommes point à leur égard : elles nous échappent ou nous à elles.

Voilà notre état véritable. C'est ce qui nous rend incapables de savoir certainement et d'ignorer absolument. Nous voguons sur un milieu vaste, toujours incertains et flottants, poussés d'un bout vers l'autre.

“火”

追思之夜

148（图见第 236 页）

布莱斯·帕斯卡尔：《追思》。作者亲笔手稿，1654 年 11 月

法国国家图书馆，手写本部，Français 9202, f. D

“帕斯卡尔先生死后不久，一位仆人偶然发现死者的紧身短上衣的衬里略厚，里面似有什么东西，他拆开了这一处，发现了一个折好的羊皮纸，上面有帕斯卡尔先生的亲笔字迹，在这张羊皮纸里还有一张写有同样字迹的纸张，一张忠实地誊抄了另一张。这两样东西很快被交到了贝里耶太太手里，她拿给了几位朋友看。所有人都一致认为，这张羊皮纸上的书写如此认真，并且具有如此明显的特征，一定是一种备忘录，他仔细地保存着它，以便保留对某种东西的记忆，他想让这种东西一直存留在他的眼前和心里，因为八年以来，他每次更换衣服的时候都会精心拆开取出，并又缝入这羊皮纸。”这便是皮埃尔·盖里耶（Pierre Guerrier）神甫在 1732 年 2 月 1 日的笔记上记录的内容，他是克莱蒙的一位奥拉托利会成员，与帕斯卡尔的外甥女玛格丽特·贝里耶相识。

← **图 164**　第 355 页，片段《人类的失衡》［S. 230］，上端左侧可见穿线的孔由于这份记录，后世人们用“追思”一词来命名这一页纸，它是帕斯卡尔于1654年11月23日夜里“约22点30分到24点30分”，在他新迁入的弗朗－布尔乔亚－圣米歇尔路（rue des Francs-Bourgeois-Saint-Michel，大概位于如今的王子路54号处）的宅邸，在精神喷涌的状态下写下的。后来的传记作者通常将写下《追思》这件事情称为帕斯卡尔的“第二次皈依”，它更新了1646年追随圣西朗的奥古斯丁主义神学的那次皈依（展品目录16）。此次皈依为帕斯卡尔的生活开启了全新的时刻，然而它却不是毫无征兆地出现的，恰恰相反，他是帕斯卡尔几个月以来经历的宗教焦虑的结果，他的妹妹雅克琳的信能够证明这一点。

《追思》的主要内容是“在喷薄时仍旧滚烫的岩浆。在这里他的词语和他内心的话语是同步的，而他内心话语所要表达的意思超越了它所言说的内容，他所留下的简短笔记，是思想在思考情感时的坐标”（Gouhier 1971）。《圣经》的引文和记录个人所经历的启示的语言交错着，表现了情感和思考间的紧密关系。帕斯卡尔文字的本质，就在这基督徒个人的语言和神的语言的融合中：《追思》不仅仅是一篇备忘录，或者巴莱斯（Barrès）所提到的“结在手帕上的结”[①]，它也是一种表达感激的行为——羊皮纸上的最后写着“阿门”。帕斯卡尔亲笔书写的纸页是文本的第一个版本，它的诞生很有可能就在事情发生的几个小时之后。不过通过笔迹，我们能辨别出几个书写阶段。初稿在“耶稣－基督”处结尾，这个名字用更大的字体写成，后面有一个句号。这第一部分共计28行（包括非文字的符号，比如第一行的十字架或者第24行和26行之间的分行符号），其中有一些修改或增添，它们很可能是疾书写就的。第二部分有六行，其左侧页边上有一个直角形的图案，将它们与前面的内容区分开来。这部分的开头重复了“耶稣－基督”之名，结尾处写着

① “在手帕上打个结”（fait un nœud à son mouchoir），是法文的一种表达方式，指提醒自己不要忘了一件事。——译者注

“彻底而温柔的放弃。及其他”，这部分重复了前文表达感激部分的一些元素，将它们转变成了希求个人永远与基督合一的愿望。

如今，帕斯卡尔亲笔手写的这篇《追思》与《思想录》的原稿（展品目录 164）得以装订在一起，位于卷首。这个操作是很晚才完成的，原稿被交付给圣日耳曼德佩修道院（Saint-Germain-des-Prés），即于 1711 年 9 月之后。虽然《追思》不属于《思想录》，然而它却是《思想录》最深的源泉：它是“帕斯卡尔的原型话语（discours-prototype），那里集结并凝结着帕斯卡尔最隐秘与最根本的思想，从 1655 年开始，这些思想便源源不断地从中涌出”（Martineau 1992）。

149 （见 260 页图）

布莱斯·帕斯卡尔：《追思》。完整抄写本，1700 年左右（？）

法国国家图书馆，手写本部，Français 9202, f. E

《追思》的原稿（展品目录 148）被帕斯卡尔自己用书法誊抄在了一张羊皮纸上，这使他能够用更为坚韧的载体来保存他的文字。誊抄中包含了一些书写上和文字上的变化，尤其是“确信、确信、情感、喜悦、和平”这一行变成了“确信、喜悦、确信、情感、视野、喜悦”。末尾加上了三行，其中一行是《诗篇》第 118 篇的一句，后面附加了“阿门”：*Non obliviscar sermones tuos*（“我不忘记你的话”）。诗句采用的是西斯笃－克莱芒版的拉丁通俗本《圣经》（展品目录 165）。

帕斯卡尔誊抄的羊皮纸已经遗失了，但是由他的外甥路易·贝里耶（1651—1713）保存的、其纸质的完整抄写本（不但抄写了文字，还照抄了原稿的样貌）让我们得以了解它的内容。就像《追思》的亲笔手稿一样，在同一时期，这个抄本被装订在了《思想录》原稿（展品目录 164）的卷首。

E.

✝

L'an de grace 1654

Lundy 23e Nov.bre jour de St. Clement

Pape et m. et autres au martirologe Romain

veille de St. Crysogone m. et autres &c.

Depuis environ dix heures et demi du soir

jusques environ minuit et demi

FEV.

Dieu d'Abraham. Dieu d'Isaac. Dieu de Jacob

non des philosophes et scavans.

certitude joye certitude sentiment veue joye

Dieu de Jesus Christ.

Deum meum et Deum vestrum.

Jeh. 20. 17.

Ton Dieu sera mon Dieu. Ruth.

oubly du monde et de Tout hormis DIEV

Il ne se trouve que par les voyes enseignées

dans l'Evangile. Grandeur de l'ame humaine.

Pere juste, le monde ne t'a point

connu, mais je t'ay connu. Jeh. 17.

Joye Joye Joye et pleurs de joye ———

Je m'en suis separé ———

Dereliquerunt me fontem ———

mon Dieu me quitterez vous ———

que je n'en sois pas separé eternellement.

Cette est la vie eternelle qu'ils te connoissent

seul vray Dieu et celuy que tu as envoyé

Jesus Christ ———

Jesus Christ ———

je m'en suis separé, je l'ay fui renoncé crucifié ———

que je n'en sois jamais separé ———

il ne se conserve que par les voyes enseignées

dans l'Evangile.

Renontiation Totale et douce ———

Soûmission totale a Jesus Christ et a mon directeur.

eternellemt. en joye pour un jour d'exercice sur la terre.

non obliviscar sermones tuos. amen.

✝

C'est icy la copie figurée d'un parchemin trouvé apres la mort de Mr. Pascal mon oncle escrit de sa main, et cousu dans la doublure de son pourpoint. / Perier Prestre, chanoine de l'Eglise Cathedrale de Clermont.

On n'a pû voir distinctement que certains mots de ces deux lignes.

150

《圣经图画，内附简短文字》(*Figures de la Saincte Bible accompagnées de briefs discours*)。巴黎，Jean Le Clerc 出版，1614 年

法国国家图书馆，珍稀本馆藏，Rés. A. 1402，本书未展示其图片

这是一系列对圣经故事的总结，每一段都伴有一幅木版画，其中第 63 页表现的是燃烧着的荆棘的画面，上帝在何烈山（Horeb）向摩西显现（《出埃及记》3：1—6）："摩西牧养他岳父米甸祭司叶忒罗的羊群，一日领羊群往野外去，到了神的山，就是何烈山。耶和华的使者从荆棘里火焰中向摩西显现。摩西观看，不料，荆棘被火烧着，却没有烧毁。摩西说，我要过去看这大异象，这荆棘为何没有烧坏呢。耶和华见他过去要看，就从荆棘里呼叫说：'摩西！摩西！'他说：'我在这里。'神说：'不要近前来，当把你脚上的鞋脱下来，因为你所站之地是圣地。'又说：'我是你父亲的神，亚伯拉罕的神，以撒的神，雅各的神。'摩西蒙上脸，因为怕看神。"（法文为鲁汶博士译本）《追思》充满了对《圣经》的引用，第一处引用便来自《出埃及记》的这一段，"亚伯拉罕的神，以撒的神，雅各的神"，通过这段引用，帕斯卡尔将 1654 年 11 月 23 日晚发生的历史性事件纳入了启示的救世时代。

此处展出的这一册是彩色的，其封皮用绿色的摩洛哥牛皮做成。它为路易十三而制作，上面布满百合花徽[①]，中间为路易十三的纹章。

151

《依据特伦托会议修订之巴黎日课经》(*Breviarium Parisiense ad formam sacrosancti Concilii Tridentini restitutum*)。巴黎，Sébastien 和

① 百合花徽（fleur de lys）为法国王室的象征，其实际表现的是鸢尾花。——译者注

← 图 149 《追思》羊皮纸版的完整抄写本

Gabriel Cramoisy 出版，1643 年

法国国家图书馆，珍稀本馆藏，Rés. B. 4620，本书未展示其图片

《追思》所体现的对《圣经》的熟知不是一个单纯的阅读问题，这首先与礼拜仪式的实践密切相关，即参与将基督徒的日间划分出节奏的祈祷——这一系列的朗诵构成了时辰礼仪（office divin）——或者自己读日课经（bréviaire）。因此，“从 1655 年至他去世，帕斯卡尔手上最常拿着的既不是蒙田的书，也不是奥古斯丁的作品，甚至不是《圣经》，而是巴黎日课经”（Sellier 1966）。帕斯卡尔尤其是在日课经的实践中培养起了对《诗篇》第 118 篇的热爱，“次要时辰日课经”（petites heures）（上午 6 时的第一时辰、9 时的第三时辰、中午的第六时辰和下午 3 时的第九时辰日课经）的大部分祷文来自其节选。

玛格丽特·贝里耶写作的《帕斯卡尔先生的一生》提供了证明：“他对所有的时辰礼仪都十分热爱，尤其是次要时辰日课经，因为它们是由《诗篇》第 118 篇构成的，他在其中感受到了无数令人倾倒的东西，在背诵时感到非常愉快。当他和朋友们聊到这首诗篇之美时，他十分激动，看起来似乎不受自己控制。”《追思》羊皮纸卷（展品目录 149）的结尾处引用了《诗篇》第 118 篇的一行诗句，这最有力地印证了这一说法。这也代表着，就像用教会礼仪年来记录文本的时间那样（“圣克莱蒙教宗殉道者及其他殉道者之日，圣克里瑟贡纳及其他人之日的前夜”），对《圣经》的引用——更多的是背诵而非引用——在文中来自基督徒的记忆，这种记忆超越了主体个人的记忆，是个人属于这记忆而不是记忆属于个人：一种在个人之外的记忆。

此处展出的是巴黎日课经的“冬天部分”，其封皮为红色摩洛哥小牛皮，制于 17 世纪中期的巴黎。上面装饰着金色的、用螺旋形金银丝制成的大型图案，在封面中间是一个大型的花束，角上有四个角饰。

《帕斯卡尔与萨西先生的谈话》

152

根据菲利普·德·尚拜涅画作所绘，路易－伊萨克·勒梅特·德·萨西1658年时的肖像。布上油画，1650年至1675年间

巴黎，卢浮宫博物馆，图画部，RF 1073

依其母系，路易－伊萨克·勒梅特·德·萨西（1613—1684）是大阿尔诺，以及昂热利克嬷嬷和阿涅斯嬷嬷这两位波尔－罗雅尔女修道院长的外甥。从17世纪50年代到他去世，他一直是波尔－罗雅尔最杰出的人物之一。圣西朗（展品目录16）和安托万·辛格林（展品目录112）先后是他的精神导师。萨西在1649年被授予神甫神品，从1654年开始，他协助辛格林，扮演了类似的角色，即领导乡间的波尔－罗雅尔。正是在这里，当帕斯卡尔经历了"第二次皈依"（展品目录148）之后，与格朗吉的隐遁者共度时光（1655年1月7日到28日），他成了帕斯卡尔的导师。他和帕斯卡尔的关系也是精神合作层面的：帕斯卡尔很有可能为萨西所主持的《新约》翻译提供了建议——这个项目从1655年夏天便开始酝酿，最终在1667年出版了称为"蒙斯版"的《新约》（Nouveau Testament de Mons）译本。尤其，帕斯卡尔很有可能同萨西、其兄弟安托万·勒梅特、其舅舅安托万·阿尔诺和皮埃尔·尼科尔一起，参加了1656年12月在吕纳公爵位于波尔－罗雅尔附近的沃缪里耶城堡举行的关于《新约》翻译的讨论会。

菲利普·德·尚拜涅（1602—1674）绘制了至少两幅他的朋友萨西的肖像画。《帕斯卡尔与萨西先生的谈话》中提到："如果他碰到尚拜涅先生，他会跟他说画的事情。"其中的一幅肖像为博梅雷（Bosmelet）家族（萨西的一位侄女的后裔）所藏，曾经常常被误以为是帕斯卡尔的肖像画。另一幅的原作现已遗失，但是留下了至少三幅早期的复制品，

图 152

分别被凡尔赛宫、卢浮宫和荷兰的阿默斯福特博物馆（Amersfoort）收藏。根据凡尔赛宫和卢浮宫的两幅画上的日期，原作应该画于 1658 年。

153

尼古拉·封丹（Nicolas Fontaine）：《回忆录，或名波尔－罗雅尔隐遁者的历史》（*Mémoires ou histoire des Solitaires de Port-Royal*），第三卷。作者亲笔手稿，1700 年左右

巴黎，法兰西学会图书馆，Ms. 666，本书未展示其图片在帕斯卡尔与萨西的这段友谊中，诞生的最具价值的作品便是《帕斯卡尔与萨西先生的谈话》。文章似乎暗示这段谈话发生在帕斯卡尔居住在乡间的波尔－罗雅尔期间，即1655年1月。对话首先把爱比克泰德的斯多葛派哲学和蒙田的怀疑主义哲学对立起来——前者过分相信人自身的力量而“迷失在自大中”，后者认识到理性的弱点而“被怯懦打败”。接下来萨西赞美了奥古斯丁，最后帕斯卡尔以精彩的结论结束了这次谈话：他肯定了基督教通过区分本性和恩典，能够化解爱比克泰德和蒙田的理论之间的“矛盾”。下面这段话已经宣告了《思想录》的到来：“没有这些关于对神的认识，人们除了因过去的伟大所遗留下的内心情感而升腾，或是因看到现在的脆弱而一蹶不振，还能干什么呢？……由此萌生了各种斯多葛式的或伊壁鸠鲁式的宗派，各类拘泥教条者或学院派，等等。唯有基督教能治愈这两种恶，不是通过世俗的智慧用一者驱赶另一者，而是用福音的简单来同时驱赶两者。”（S. 240）

《帕斯卡尔与萨西先生的谈话》清晰地表达了帕斯卡尔的声音。然而，它却不是帕斯卡尔直接撰写的，而是萨西曾经的秘书，尼古拉·封丹（1625—1709）在1695年至1698年所作的《回忆录》中的一部分。封丹没有参与帕斯卡尔和萨西的谈话，因此不可能凭借记忆来记录这些内容：他在他所拥有的资料基础上进行了拼接。对于萨西的话，他很可能借助了一本手稿集，里面抄录了一些圣奥古斯丁的节选，都与对世俗作者的阅读有关；至于帕斯卡尔说的话，其独特之处在于，它们谨慎地将笛卡尔哲学包括进了对蒙田的批评中，对它们的分析，不禁让人觉得“封丹有一篇帕斯卡尔写给萨西的原文，而不只是一些笔记或者草稿”（Thouvenin 2001）。

人们长期只知道《帕斯卡尔与萨西先生的谈话》的缩略版或修改版，不管是印刷本还是手写本。唯一真正而完整的版本在封丹亲笔书写的《回忆录》的第三卷（共五卷）中，这份手写本写于1700年左右，是为出版做准备的誊清稿子，不过出版并未能实现。

154

爱比克泰德:《语录，由他的弟子希腊的阿里安(Arrian)搜集，由 Fr. I. D. S. F. 从希腊文翻译成法文》(*Les Propos...Recueillis par Arrian auteur grec son disciple. Translatez du grec en françois par Fr. I.D.S.F.*)。巴黎，Jean de Heuqueville 出版，1609 年

法国国家图书馆，珍稀本馆藏，Rés. Smith-Lesouëf R. 495，本书未展示其图片

斐扬派(Feuillant)的隐修院院长让·古律(Jean Goulu，1576—1629)——其法文名为让·德·圣弗朗索瓦(Jean de Saint-François)——翻译的爱比克泰德的《谈话录》(彼时命名为《语录》)和《课本》属于16世纪末的后期人文主义所推崇的基督教斯多葛派思潮。该思潮影响力很大，主要代表作者有佛兰德地区的尤斯图斯·利普修斯(Justus Lipsius)和法国的纪晓姆·杜·威尔(Guillaume du Vair)。在《帕斯卡尔与萨西先生的谈话》中，帕斯卡尔所使用的爱比克泰德的引文便出自古律的版本。

此处展出该册子的封皮，是17世纪中期为瑞典女王克里斯蒂娜的收藏而在瑞典制作的，采用了红色摩洛哥小牛皮，封面中间是饰有镀金铁质花纹的镶片，背面所写的“女王所用”(Ad usum Reginæ)，是克里斯蒂娜在退居意大利以后，即于1655年后加上的。

155

米歇尔·德·蒙田:《随笔。根据真正的原版并修正其错误后的新版》(*Les Essais...Nouvelle edition exactement purgée des defauts des precedentes, selon le vray original*)。巴黎，Pierre Rocolet 出版，1652 年

法国国家图书馆，珍稀本馆藏，Fol. Z Payen 136，本书未展示其图片

关于蒙田的《随笔》，一位利昂古尔宅邸(展品目录25)的常客于

17 世纪 70 年代初，在其从未出版过的《诸事记录》（*Recueil de choses diverses*）中写道："这是帕斯卡尔先生的书。"（法国国家图书馆，手写本部，Nouv. acq. fr. 4333, f. 18）确实，《思想录》中的很多片段都表明帕斯卡尔对蒙田作品十分熟悉。在帕斯卡尔的亲笔手写稿（展品目录 164）中，一些引文附有出处，这让人们推测出他使用的是 1652 年数名巴黎书商共同出版的二开本。帕斯卡尔撰写的那篇后来为《帕斯卡尔与萨西先生的谈话》提供参考的文章，采用的可能也是这个版本。在这篇文章中，帕斯卡尔尤其参考了第二册的第十二章，即《为雷蒙·瑟本辩护》（*Apologie de Raimond Sebond*）这一章，其中对理性批评的思想，后来也为《思想录》里护教论计划中的《苦难》这一编的写作，提供了启发。"《随笔》对帕斯卡尔而言就是一个图书馆，……他从《随笔》中，尤其是从《为雷蒙·瑟本辩护》中记住的，是那些对我们而言确定的东西的不确定性，是寻找真正的善的无能为力，是过于傲慢的理性的卑微，总的来说，他吸收了蒙田世界观中能够强化反人文主义的内容，而后者正是新护教论的基石。"（Gouhier 1986）

156

尼古拉·德·波瓦里（Nicolas de Poilly）根据菲利普·德·尚拜涅的画作复制：《圣奥古斯丁》。巴黎，Nicolas de Poilly 出版，无日期，凹版版画，最初版

法国国家图书馆，版画部，Ed 48 a，本书未展示其图片

这幅由尼古拉·德·波瓦里（1627—1696）制作并出版的版画，忠实地复制了菲利普·德·尚拜涅的一幅画，后者大概创作于 1640 年，如今收藏在洛杉矶郡艺术博物馆（Los Angeles County Museum of Art）。画中奥古斯丁的形象与詹森首版的《奥古斯丁》的卷首插画（展品目录 94）密切相关：在这两幅作品中，圣奥古斯丁都被塑造成恩典的圣师，

对恩典主题的表现有两个层面：其作为神的礼物的层面及作为教义问题的层面。前者表现为一颗燃烧着火焰的心，该意象来自保罗《罗马书》中的一句话（5:5）：“所赐给我们的圣灵将神的爱浇灌在我们心里。”第二个层面由圣奥古斯丁的姿势表达出来，他的脚下踩着一个卷轴和两本书，象征着他与柏拉奇及其门徒所持的异端“恩典说”的对抗。

157

圣奥古斯丁：《忏悔录。由阿尔诺·丹蒂耶先生翻译为法语。第二版》（*Les Confessions...Traduites en françois par Monsieur Arnauld d'Andilly. Seconde edition*）。巴黎，Jean Camusat 之遗孀和 Pierre Le Petit 出版，1649 年

法国国家图书馆，哲学、历史和人文科学部，C. 3010，本书未展示其图片

在《帕斯卡尔与萨西先生的谈话》中，对奥古斯丁的引文绝大部分来自《忏悔录》，这表明在谈话的语境中，皈依的思想占据了主导地位。在波尔－罗雅尔的奥古斯丁主义中，《忏悔录》占有重要位置：安托万·阿尔诺的哥哥，罗贝尔·阿尔诺·丹蒂耶（1589—1674）翻译《忏悔录》一事最显著地表明了这点。这本译著首版于 1649 年，欣赏它的人将之形容为“清楚、柔和并体现了我们语言的纯洁性的杰作”。译本获得了巨大的成功，多次再版便是最好的证明。在再版过程中，“波尔－罗雅尔的先生们”，尤其是安托万·阿尔诺和他的外甥安托万·勒梅特以及路易 - 伊萨克·勒梅特·德·萨西，共同完善了文本。第二版在首版发行的同一年问世，卷首的插图是弗朗索瓦·波瓦里根据菲利普·德·尚拜涅的一幅画而制作的，表现了“拿起并阅读”（tolle, lege）的情节。这是第八卷第十二章记叙的奥古斯丁皈依的关键时刻，在米兰的花园中，奥古斯丁离开了他的朋友阿里皮乌斯（Alypius），来到一棵无花果树下，他在想到他的“悲惨和迷失”时，不禁泪流满面，此时他听到一个声音说，

“拿起并阅读”：“于是，我停止了哭泣，站起身，不再能想到别的东西，我意识到这是上帝要求我打开保罗书信。”波瓦里的版画修改了尚拜涅的画作，将奥古斯丁张开的双臂改为了合在一起的双手这一表示悲伤的动作。他选择了表现皈依的那一刹那，那时的奥古斯丁沉浸在忏悔的泪水中，听到了上帝的呼唤，后者将他从悲惨中解救出来。

158

布莱斯·帕斯卡尔：《论恩典》（*Écrits sur la grâce*），载克莱门赛教士（dom Clémencet）所著《波尔－罗雅尔文学史》（*Histoire littéraire de Port-Royal*）。手写本，1755 年

巴黎，马扎林纳图书馆，Ms. 4534，本书未展示其图片

人们通常用《论恩典》这一题目称呼未完成的 13 篇文本碎片，它们大概创作于 1655 年秋到 1656 年初春，与头四篇《致外省人信札》的时间部分重合（展品目录 114）。它们是帕斯卡尔作品中最具神学色彩的，支持“有效恩典”的理论：根据奥古斯丁在《论恩典与自由意志》（*De la grâce et du libre arbitre*）一文中所主张的，如果他们的意志没有被上帝的恩典驱使，那么堕落后的人无法完成上帝的指示。从总体上来说，我们可以把帕斯卡尔的写作和他的动机联系起来，即根据尼科尔（展品目录 140）在 1691 年所著的《论普遍的恩典》（*Traité de la grâce générale*）中的见证，帕斯卡尔希望使圣奥古斯丁的恩典理论“被更多的人品味和赞同”，“使这种理论更加合理，去除人们给它的野蛮气息，从而让它面对各种类型的精神时均能符合它们的口味”。

《论恩典》在形式上可区分为三个部分：信（六篇文字）、“论说”（discours）——根据相关联的四篇文章中的一篇所用的词汇——和“论文”（traité）——梅纳尔（1964）使用这个词来定义这部分的三篇文字，因为它们的论述都采用了系统性的格式。不过，这 13 篇内容并不是按

线性顺序排列的：从一篇到另一篇，我们可以看到数量众多的重复或部分重合，这证明一些文字是另一些文字的关于同一内容的不同版本。

信（梅纳尔认为是写给洛阿内公爵的）和“论说”部分都分析了特伦托公会议第六次会议中提出的一项关于恩典的主张。这项主张可以有不同阐释的可能，帕斯卡尔将它总结为“对正义之人而言，指示并非不可能”。帕斯卡尔的主旨在于展示这项主张与圣奥古斯丁的教义相符。“论文”部分则将讨论扩大到命定论（prédestination）的问题，即探讨上帝是否有“平等的、普遍的、附有条件的相同意愿来拯救所有人——只要他们愿意——并且经由耶稣之功绩，赋予所有人充分恩典，将愿意与否交给他们的自由意志来裁决”。为处理这一问题，他系统地比较了莫利纳（展品目录 93）、加尔文和奥古斯丁所主张的教义，这种形式显然借鉴了《排成三列的文字》（展品目录 98）。

就像《思想录》的亲笔手稿一样（展品目录 164），《论恩典》的原稿于 1711 年 9 月由路易·贝里耶存放在了圣日耳曼德佩修道院，但后来，可能在法国大革命期间，它们均遗失了。这些文字经由一些极为珍贵的抄本而得以为后世所知，其中最早的抄本装订在一本集子中，其卷首是《思想录》的二号抄本（展品目录 177）。本笃会修士克莱门赛所作的《波尔－罗雅尔文学史》的第三章包含了帕斯卡尔“遗失或未印刷的”各种文字，其中有三篇《论恩典》的文字，部分是誊抄的，部分是总结记录的：一篇属于“论说”部分，另外两篇属于“论文”部分。克莱门赛参考的是路易·贝里耶整合的帕斯卡尔文字抄录集，后者也在 18 世纪末遗失了。

“所有的东西都隐藏着神秘”：圣荆棘冠的奇迹

159（图见第 272 页）

小弗朗索瓦·格奈尔（？）：玛格丽特·贝里耶的还愿画。布上油画，1657 年

理纳教堂（Linas）（埃松省）

玛格丽特·贝里耶（1646—1733）是弗洛朗·贝里耶和吉尔贝特的第三个孩子，也是帕斯卡尔的教女，从 1654 年 1 月起，她在巴黎的波尔 – 罗雅尔寄宿学习。从上一年开始，她便得了很严重的眼科炎症，其病症被描述为“泪瘘”。由于她的病痛加重，医生本打算为她做一个手术，然而，1656 年 3 月 24 日，她的眼睛接触过一个盛放着耶稣荆棘冠碎片的圣物盒，孩子自称痊愈了。接下来的几个星期，数位医生在检查后认为她的眼疾治愈是一个奇迹，只有巴黎医学院的原院长居伊·帕坦（Guy Patin）对这些“认可奇迹的人”的证言表示疑问，因为他们中的一些人与波尔 – 罗雅尔交往过密而难以中立，而另一些只是普通的“可施行小型外科手术的剃须匠……披着衣衫，穿着靴子却从未上过学的仆役”［1656 年 11 月 7 日致夏尔·斯蓬（Charles Spon）的信］。

对这个被奇迹眷顾的小女孩的教父而言，这件事情给他带来了深深的震动。根据吉尔贝特在《帕斯卡尔先生的一生》中的记述，他感到了一种确定性和一种喜悦，它们重启并加强了《追思》中的情感：“我的弟弟被这恩赐深深打动，他认为这恩赐是针对他自己的，因为这一切发生在他亲近之人的身上，并且这人因洗礼之故，是他精神上的女儿；当他看到多数人心中的信仰几乎熄灭时，上帝如此清晰地显现自身，他感到十分欣慰。他无比愉悦，深受感染，他的精神完全为此所占据，他从上帝那里获得灵感，产生了无尽的关于奇迹的可敬想法，它们为他对宗教的理解带去了新的亮光，增强了他对宗教一直以来都抱有的爱和尊敬。

CHRISTO SOSPITATORI
ANC EFFIGIEM MARGVARITÆ PERIER DECENNIS PVELLÆ CVIVS
NISTER OCVLVS FOETA ET INSANABILI ÆGILOPE IAM TRIENNIV
ABORANS VIVIFICÆ SPINÆ CONTACTV MOMENTO CVRATVS EST D
ARTII 24 ANNO 1656 MEMORES TANTI BENEFICII PARENTE

图 159

这个契机让他产生了驳斥无神论者最主要和最强劲的推论的欲望。”因此，《思想录》最初的计划与圣荆棘冠奇迹有关。

对 1656 年 3 月 24 日的记忆被保留在了这幅还愿画里。画中年幼的玛格丽特·贝里耶跪在祭台边，祭台上展示的是盛放荆棘冠碎片的圣物盒。在 1657 年 2 月 6 日写给弗洛朗·贝里耶的信中，圣吉尔——监督《致外省人信札》印刷工作的人（展品目录 114）——宣布为他女儿所作的画已经完成，并“在辛格林先生的房间里展示，让所有人都为之赞叹不已。在这幅画中，圣物盒前的她，姿势虔诚却又如此自然，和她本人如此相像，不可能有更好的版本了”。这幅画作还有一个对应的版本，表现的是持同一姿势的波尔－罗雅尔的寄宿生克劳德·伯德朗（Claude Baudrand），据说 1657 年 5 月在接触圣物盒后，她的残疾也治愈了。贝尔纳·多利瓦尔（Bernard Dorival）认为这两幅画作出于小弗朗索瓦·格奈尔之手。它们本来被挂在巴黎的波尔－罗雅尔教堂的祭坛外的栏杆上。19 世纪初，它们被一名叫博尔德（Bordes）的巴黎神甫收藏，后者是信奉詹森主义的圣塞弗兰（Saint-Séverin）教堂的副本堂神甫。1840 年，它们被交给了圣奥古斯丁协会，即现在的波尔－罗雅尔协会的前身。其主席卡斯帕·卡梅·德·拉·伯纳迪爱尔（Gaspard Camet de la Bonnardière）是下属理纳市的拉胡领地（la Roue）的主人，他在 1842 年将画作赠送给了理纳教区。

160

帕斯卡尔关于圣荆棘冠奇迹的证言，1656 年 6 月 8 日。手抄本，1672 年至 1680 年间

巴黎，马扎林纳图书馆，A. 17119，本书未展示其图片

马扎林纳图书馆的 A. 17119 号文集的第一部分，包括了一系列印刷或手写的关于圣荆棘冠奇迹的材料，其中一份是巴黎大主教主持的、意

在还原奇迹真相的调查的抄本。文件包括了1656年5月30日巴黎教区代理主教安德烈·杜·索塞（André du Saussay）询问玛格丽特·贝里耶的记录，医生证明痊愈并认定其“超自然的力量”的声明，最详细的材料是被称作“关于奇迹的信息”的材料，包括了25份证言：安德烈·杜·索塞在6月8日和9日询问了10位男性，包括家人、医生和外科医生，在6月12日询问了15名女性，她们分别是波尔－罗雅尔的修女和寄宿生。在玛格丽特父亲的证言之后便是她的教父，也就是帕斯卡尔的证词。

这份抄本纸张上的水印显示了1672年这一日期，抄本很有可能是埃蒂安·贝里耶（1642—1680）制作的。它保存在称为“圣－让－当热利的系列集册”（Saint-Jean-d'Angély）的一册中。集册中主要是宗教类的文字，由弗洛朗·贝里耶和他的儿子埃蒂安和路易，根据来自帕斯卡尔藏书室的材料整理而成。1723年，贝里耶家族的最后一位在世之人，玛格丽特将这些集册交给了她表亲，时任本笃会圣－让－当热利修道院院长的让·盖里耶。1855年，它们为普罗斯佩·福热尔（Prosper Faugère）所有，后者在1902年将它们捐献给了马扎林纳图书馆。

161

《巴黎大主教即枢机主教雷斯阁下之代理主教的结论，认定1656年3月24日周五凌晨4时降临在巴黎圣雅克区的波尔－罗雅尔修道院教堂内的神迹，该修道院的寄宿生玛格丽特·贝里耶小姐触摸该处所有的、存有我主耶稣基督之圣荆棘冠的圣物盒之后，神迹发生了》（*Sentence de Monsieur le Vicaire general de monseigneur l'Eminentissime cardinal de Retz, archevesque de Paris, portant approbation du miracle arrivé en l'eglise du monastere de Port-Royal, aux Faux-bourg S. Jacques à Paris, le vendredy 24. Mars 1656. sur les quatre heures du soir, en la personne de Damoiselle Marguerite Perier, pensionnaire de cette maison, en suite de l'attouchement du reliquaire d'une Sainte Espine de la Couronne de N. Seigneur Jesus-Christ, qui est dans ledit monastere*）。巴黎，Pierre Targa 出版，1656 年

巴黎大主教主持的考察结果认定了圣荆棘冠奇迹。由于教区内部的行政问题，直到 1656 年 10 月 22 日，结论才被公布：在此之前，巴黎大主教，即枢机主教雷斯撤销了安德烈·杜·索塞作为代理主教的职务。并且，雷斯因与马扎然公然为敌，从 1654 年 11 月起便被放逐罗马，因此是索塞的后继者，亚历山大·德·霍当科（Alexandre de Hodencq）代表雷斯在宣判书上签名 。

此时正值《致外省人信札》战役的关键时刻（第十四封信札的日期为 1656 年 10 月 23 日），这一举措大力支持了波尔－罗雅尔，尤其是自 8 月以来，耶稣会士已经得知了神迹的消息并为此开辟了一个新的笔战战场，出版了阿纳神甫（展品目录 128）的《令人扫兴的詹森派人士》一书。主教的认定也深深地影响了帕斯卡尔的《思想录》，帕斯卡尔几天后写给洛阿内公爵的妹妹夏洛特的信证明了这一点。在1656年8月的一个星期五，夏洛特在盛放圣荆棘冠的圣物盒前祷告，并皈依了上帝。帕斯卡尔借着给夏洛特寄去 10 月 22 日的宣判书的机会，阐发了他关于隐蔽的上帝的观点，这个观点将在他的基督教护教论计划中扮演重要的角色："您似乎非常在意神迹事件，因此我特地告知您，教会的审查工作已经结束，您将在代理主教的宣判书中读到结论。上帝只向极其少数人展示奇迹并显现自己，因此人们需要格外珍惜；他隐藏在自然的神秘之下，他的显现只是为了激发我们的信仰，我们越是确信他的存在，就越会更加热忱地为他服务。如果上帝一直向人们显现自身，信奉他便不再有价值了；若他从不现身，信仰便会缺乏。但他通常隐藏起来，只是极少地向他希望能为自己服务的人显现……所有的东西都隐藏着神秘；所有的东西都是帘幕，上帝隐藏其后。"

162

《论对存放在波尔－罗雅尔修道院的我主之圣荆棘冠的虔信》（*Considerations sur la devotion à la Sainte Epine de la couronne de N. Seigneur, qui est au monastere de Port Royal*）。巴黎，［无书商名］，1657 年

法国国家图书馆，阿瑟纳尔馆，8° H. 35666，本书未展示其图片

玛格丽特·贝里耶治愈的奇迹很快便激起了一场集体的虔信活动。1656 年 5 月 5 日，波尔－罗雅尔修道院的女院长昂热利克·阿尔诺嬷嬷写给波兰王后路易丝－玛丽·德·孔扎阁（Louise-Marie de Gonzague）的信便证实了这一点："人们如同竞赛一般，不断地前来朝拜圣荆棘冠和看看那孩子。"10 月 22 日关于其他神迹的传闻和教会的结论更是激发了朝圣的人群。泰奥弗拉斯特·勒诺多［Théophraste Renaudot，他的女儿玛丽是波尔－罗雅尔的修女，他的儿子伊萨克和厄赛博是证实了奇迹的众多医生中的两位（展品目录 160）］主办的报纸 *Gazette*，在 1656 年 10 月 28 日那天刊出的内容，提到了"人们争相在每个周五前去［波尔－罗雅尔的教堂］，一段时间以来，又有一些人因对圣荆棘冠的朝拜而得到治愈"。一系列虔诚的文学作品也伴随着这场运动出版，以支持朝圣者的活动。《论对我主之圣荆棘冠的虔信》这本小册子是少数存留下来的证据之一。它出版于 1657 年，标题页上印着木刻版画，表现了产生奇迹的圣物盒。圣吉尔（展品目录 114）在 1657 年 1 月 12 日写给弗洛朗·贝里耶的信中预告了这本小册子的出版："人们将印刷 12 篇关于朝拜圣荆棘冠的论文，还有翻译过来作为祈祷词用的赞美歌和祷文。它们非常美。人们将尽量把它们印在 12 开或者 16 开的纸上，插入到日课经中"——也就是说插入到《带有诗体赞美歌的拉丁文和法文教堂日课和圣母小日课》（*Livre de l'office de l'Église et de la Vierge en latin et en français avec les hymnes traduites en vers*）一书中。该书首版于 1650 年，

通常被称为波尔－罗雅尔日课经。《论对我主之圣荆棘冠的虔信》的内容在1666年被收录到《关于虔诚的数篇论文》(*Divers traités de piété*)中，由波尔－罗雅尔的人出版，采用了科隆的巴尔塔扎尔·戴格蒙特(Balthazar d'Egmondt)处这一假地址（展品目录179）。在论文集中，紧挨着《论对我主之圣荆棘冠的虔信》的文章，是首次出版的、由帕斯卡尔撰写的《祈祷上帝以询问如何正确地利用疾病》（*Prière à Dieu pour demander le bon usage des maladies*）。

163

据传曾属于雅克琳·帕斯卡尔的壁式圣水盘。铜质镀银

巴黎，私人藏品，本书未展示其图片

这个小小的壁式圣水盘，有一个悬饰型的带盖的浅口盆。根据家族传统，它由上一代传至下一代，据说曾经是雅克琳·帕斯卡尔的物品。圣水盘下有小的支撑物，所以它可以被放置在家具上而不一定要挂在墙上。圣水盘上方饰有一个十字架，上面挂着荆棘冠。

基督教护教论计划

164（图见第 256 页、第 280—282 页）

布莱斯·帕斯卡尔：《思想录》。作者亲笔手稿，1656 年至 1662 年间

法国国家图书馆，手写本部，Français 9202

这份手稿被称作“《思想录》原稿集”，由 41 份书帖构成，总计 248 页大幅纸张，每份书帖有三至十页纸张。纸张上贴着帕斯卡尔从 1656 年至 1662 年，也就是从荆棘冠奇迹之后到他去世之前，为他的基督教护教论计划而积累的笔记。这 741 张贴纸中的大部分是亲笔手稿，不过有一些是帕斯卡尔口述别人记录的，或是在帕斯卡尔的监督下誊抄的。

这卷手稿尤其珍贵，不但因为它是后来整理出版的《帕斯卡尔先生关于宗教和其他主题的思想集录》一书中大部分内容的原始稿件，还因为它保留了作者实施的分类操作的痕迹：一些贴纸上方的小洞。这些小洞是将不同片段串成一册的线所留下的痕迹，这些片段是帕斯卡尔从它们本来的纸张上剪下来的，并由他本人用线穿在一起组成一编（*liasses*，见 241 页），以便将他之前记下的不同笔记归类。对于这项操作的时间仍有争议：菲利普·瑟里耶认为这是在 1658 年 6 月左右，即帕斯卡尔向波尔－罗雅尔展示他的护教论计划之时（见 150 页），根据让·梅纳尔的看法，则是在 1660 年秋季。

不过，原稿并不能确证帕斯卡尔去世时留下的工作之具体模样，因为它是在帕斯卡尔去世五十年后，由他姐姐吉尔贝特的儿子，路易·贝里耶整理而成的。吉尔贝特在 1664 年将弟弟的遗物搬到了克莱蒙附近的毕安－阿西别墅（展品目录 7），1687 年她过世之后，路易继续将这些遗物在别墅内保存了一段时间，并在 1711 年，为了使未来的存放有所保证，决定把它们交给巴黎的圣日耳曼德佩修道院。就是在那时，为了防止大小不一的纸张遗落，他把它们粘贴在同样大小的书帖纸里，并缝合在了一个集子里。不过，从 1662 年至 1711 年，一部分纸张已经遗失了，另一些也不在本来所属的那一编里了。这就解释了为什么“《思想录》原稿集”并不完整，也相对混乱。

后来，人们在帕斯卡尔的文稿上又附加了编号：它们记录了每个片段在 1662 年至 1663 年制作的抄本里所对应的页码——这个抄本如今保留在法国国家图书馆，编号为 Fr. 9203（展品目录 176）。前面三张纸页上的记号是路易·贝里耶所写，后面的工作是由圣日耳曼德佩修道院的本笃派修士在 1731 年以后，也就是在这份抄本归他们所有之后完成的。

Infini rien

201 Notre âme est jetée dans le corps où elle trouve nombre, temps, dimensions, elle raisonne là-dessus et appelle cela nature, nécessité, et ne peut croire autre chose.

201 L'unité jointe à l'infini ne l'augmente de rien, non plus qu'un pied à une mesure infinie. Le fini s'anéantit en présence de l'infini et devient un pur néant. Ainsi notre esprit devant Dieu, ainsi notre justice devant la justice divine. Il n'y a pas si grande disproportion entre notre justice et celle de Dieu qu'entre l'unité et l'infini. Il faut que la justice de Dieu soit énorme comme sa miséricorde; or la justice envers les réprouvés est moins énorme et doit moins choquer que la miséricorde envers les élus.

N'y a-t-il point une vérité substantielle, voyant tant de choses vraies qui ne sont point la vérité même.

Nous connaissons qu'il y a un infini et ignorons sa nature. Comme nous savons qu'il est faux que les nombres soient finis, donc il est vrai qu'il y a un infini en nombre, mais nous ne savons ce qu'il est. Il est faux qu'il soit pair, il est faux qu'il soit impair, car en ajoutant l'unité il ne change point de nature. Cependant c'est un nombre, et tout nombre est pair ou impair; il est vrai que cela s'entend de tout nombre fini. Ainsi on peut bien connaître qu'il y a un Dieu sans savoir ce qu'il est.

Nous connaissons donc l'existence et la nature du fini parce que nous sommes finis et étendus comme lui. Nous connaissons l'existence de l'infini et ignorons sa nature, parce qu'il a étendue comme nous, mais non pas des bornes comme nous. Mais nous ne connaissons ni l'existence ni la nature de Dieu, parce qu'il n'a ni étendue ni bornes.

Mais par la foi nous connaissons son existence, par la gloire nous connaîtrons sa nature. Or j'ai déjà montré qu'on peut bien connaître l'existence d'une chose sans connaître sa nature.

Tournez

La chose la plus importante à toute la vie est le choix du métier, le hasard en dispose.
La coutume fait les maçons, soldats, couvreurs.
C'est un excellent couvreur, dit-on, et en parlant des soldats: ils sont bien fous, dit-on; et les autres au contraire: il n'y a rien de grand que la guerre, le reste des hommes sont des coquins.
À force d'ouïr louer en l'enfance ces métiers et mépriser tous les autres on choisit; car naturellement on aime la vertu et on hait la folie; ces mots mêmes nous émouvront; on ne pèche qu'en l'application.
Tant est grande la force de la coutume que de ceux que la nature n'a fait qu'hommes on fait toutes les conditions des hommes.
Car des pays sont tout de maçons, d'autres tout de soldats, etc. Sans doute que la nature n'est pas si uniforme. C'est la coutume qui fait donc cela, car elle contraint la nature. Et quelquefois la nature la surmonte et retient l'homme dans son instinct malgré toute coutume bonne ou mauvaise.

[illegible]

Prophéties

que J. C. sera à la
droitte pendant
que Dieu luy
assujettira ses ennemis

Donc il ne les assujettira
pas luy mesme

358

[illegible]

[illegible]

357

S'il y a un Dieu il ne faut aimer que lui et non les créatures
passagères. Le raisonnement des impies dans la Sagesse n'est
fondé que sur ce qu'il n'y a point de Dieu. Cela posé, dit-il,
jouissons donc des créatures. C'est le pis aller. Mais s'il y avait
un Dieu à aimer il n'aurait pas conclu cela mais bien le contraire
Et c'est la conclusion des sages: Il y a un Dieu, ne jouissons donc
pas des créatures.

Donc tout ce qui nous incite à nous attacher aux
créatures est mauvais puisque cela nous empêche, ou de
servir Dieu si nous le connaissons, ou de le chercher
si nous l'ignorons. Or nous sommes pleins de concupiscence.
Donc nous sommes pleins de mal, donc nous devons
nous haïr nous-mêmes et tout ce qui nous excite à
autre attache que Dieu seul.

“亚伯拉罕的神，以撒的神，雅各的神，而不是哲学家和学者们的神”

165（图见第 284 页）

《教皇西斯笃五世版通俗本圣经》（*Biblia sacra vulgatæ editionis Sixti V.P.M. jussu recognita atque edita*）。罗马，梵蒂冈印刷部，1592 年

法国国家图书馆，珍稀本馆藏，Rés. A. 217（bis）

《思想录》里的引文和参考表明，帕斯卡尔至少使用了三个版本的《圣经》：特伦托公会议后修订的通俗版拉丁文《圣经》，即“西斯笃－克莱芒版拉丁通俗本《圣经》”；一个多语言的、被称作“瓦塔布尔《圣经》”的版本，包含了拉丁文、希腊文和希伯来文，并有文艺复兴时期著名的希伯来文学者弗朗索瓦·瓦塔布尔（François Vatable）的注释；最后一版是法文版《圣经》，俗称“鲁汶博士版”译本（展品目录 166）。

第一版的西斯笃－克莱芒拉丁通俗本圣经从教皇西斯笃五世时期便开始准备，于 1592 年由其继任者克莱芒八世发布。其卷首插图由马塔乌斯·格勒特（Matthäus Greuter）刻制，表现的是一个装饰屏。其图像设计综合了一种对《圣经》的理解——帕斯卡尔在《思想录》“象征的准则”这一编中对此进行了阐释——《新约》和《旧约》间的统一性表达为预言和预言的实现之间的关系：“《旧约》是一个数字”（S. 307），解读的钥匙在《新约》里面。在《旧约》中，上帝在“象征”（figure）的面纱下言说，其意义由耶稣基督和使徒们揭示，他们“打开了锁”（S. 260）。在格勒特的创作中有一系列的对称：版画上方表现了上帝通过创世来证明自身的存在，下方对应的则是上帝通过四部福音书所传递的信息；与刻画上帝造人的缘饰平行的是描绘上帝给他定下法的缘饰，而与亚当的原罪平行的是救世主基督；涡型装饰中表现了亚伯拉罕用其子以撒献祭，与之对应的装饰画表现的是十字架上的基督，从他身体中喷

← 图 164 ［第 3、4 和 7 页：《无限地微不足道》。对赌局论据的展开（S. 680）］

DEVS CVNCTA QVÆ FECERAT VIDIT
ET ERANT VALDE BONA GEN. 1.
CREAVIT DEVS HOMINE RECTVM ECCES. 7.
ET PER PECCATVM MORS ROM. 5.
SCRIBE HOC ET TRADE AVRIBVS EXO. 17.
GRATIA ET VERITAS PER IESVM CHRISTVM. Jo. 1.
BIBLIA SACRA
VVLGATAE EDITIONIS
SIXTI QVINTI
PONT. MAX.
IVSSV
recognita atque edita.
HAVRIETIS AQVAS DE FONTIBVS SALVATORIS. Isa. 12
ACCIPE ET DEVORA. APOC. 10

出的血象征了圣体圣餐。最后，中间的涡型装饰内刻着书的名字，在其两侧，《旧约》中两位预言基督降临的主要证人相互呼应，一位是拿着十诫法版之摩西，另一位是手持演奏圣诗的竖琴之大卫；在《耶稣基督的证明》这一编中，帕斯卡尔写道：摩西“教授三位一体、原罪和弥赛亚”，“大卫是伟大的证人”（S. 346）。

展出的这一册的红色摩洛哥牛皮封皮，制作于17世纪上半叶的罗马，上面装饰着镀金框饰。

166（见 286 页图）

《通俗版拉丁文圣经之法文本，由教宗西斯笃五世指挥修订，克莱芒八世颁布》（*La Sainte Bible françoise selon la vulgaire latine reveuë par le commandement du pape Sixte V et imprimée de l'authorité de Clement VIII*）。巴黎，Jean Richer 和 Pierre Chevalier 出版，1621 年

法国国家图书馆，珍稀本馆藏，Rés. A. 298（bis, 1—3）

鲁汶大学的神学家们翻译的法文版《圣经》，是对加尔文之日内瓦译本的回应，其《新约》部分于 1573 年在安特卫普第一次出版，全本则在 1578 年面世。17 世纪初在法国，很多人对该译本进行了修订，比如 1608 年皮埃尔·德·贝斯（Pierre de Besse）、1613 年让－克劳德·德威勒（Jean-Claude Deville）、1621 年兰斯（Reims）的议事司铎皮埃尔·弗里容（Pierre Frizon）。由于不断地再版和修订，“鲁汶博士译本《圣经》”成了天主教世界的权威译本。帕斯卡尔也采用了这个版本，虽然译本的语言已经过时，或者说，帕斯卡尔使用该版本正是因为其旧式文风：或许因为这种疏远给予了《圣经》文字一种庄重，并向它表达出一种礼仪式的崇敬，或许因为它产生了一种特别的效果，通过这种效果，基督徒此时对神的话语的体验，获得了一种先于它存在并使它充盈的相异性（altérité），似乎它的有限性中包含了一种无限。《思想录》中大

← 图 165（卷首插图）

LE SECOND LIVRE DE MOYSE, DICT EXODE.

ARGVMENT.

En ce liure est contenu la seruitude des Israëlites sous la tyrannie de Pharaon. Leur miraculeuse deliurance par la main & conduite de Moyse, l'Ordonnance de la Pasque, & le triomphant passage par la mer Rouge. Leur entrée & mansions au desert & murmures contre Dieu, qui les nourrit de manne. La bataille & victoire contre les Amalecites, & constitutions de Magistrats. Comment la Loy a esté baillée, promulguée & receüe. L'ordonnance & forme du Tabernacle & Arche d'alliance. L'idolatrie des Israëlites au veau d'or, & punition d'icelle. La religion & seruice de Dieu, l'ordre des Ministres, sacrifices & ceremonies d'iceluy. Or ce liure est intitulé Exode, qui est vn mot Grec, signifiant yssuë, à cause qu'en iceluy est principalement faict mention de la deliurance & yssuë miraculeuse de ce peuple hors d'Egypte.

DESCRIPTION.

Chap. II.

A Moyse encore enfant exposé aux eaux dans vn pannier de ionc au milieu d'vne rousiere, & est releué de là par la fille de Pharaon, & adopté pour son fils. verset 5.

Chap. III.

B Moyse gardant les oüailles de Iethro son beau-pere, sur le mont Horeb, Dieu luy apparoist au milieu d'vn buisson ardent. verset 2.

Chap. VII.

C Verge de Moyse conuertie en serpent miraculeusement, en la presence de Pharaon. vers. 9.

D Moyse frappant de sa mesme verge les eaux du fleuue, elles se tournent prodigieusement en sang. vers. 20.

Chap. IX.

E Pestilence & mort du bestail en Egypte, tres-horrible & espouuentable. vers. 3.

F Moyse espand les cendres du fourneau vers le Ciel, d'où arriuerent vlceres & vessies enflées sur les hommes & sur les bestes en Egypte. vers. 8.

G Pluye de gresle effroyable, entre-suiuie de tonnerres fort grands. vers. 23.

Chap. X.

H Moyse estendant ses mains vers le ciel les tenebres en Egypte furent si espaisses qu'on les pouuoit toucher. vers. 21.

Chap. XII.

I Premier commandement & la premiere ceremonie, de la celebration de la Pasque entre les Hebreux. v. 3. & suiuans.

K Occision & mort des premiers nez d'Egypte, par l'Ange exterminateur. vers. 29.

Chap. I.

量的《圣经》引文来自鲁汶版的译文，更早时候，也就是1655年，《耶稣基督简传》（展品目录174—175）里的引文也来自这个版本。这篇《耶稣基督简传》通过对四位福音书作者的叙述的整合，以时间顺序记录耶稣的生平事迹。

展出的这个册子是一个彩色版本，其封皮为红色摩洛哥牛皮，制作于17世纪的最后三十年，上面装饰着镀金丝线制作的图案，中间的图样在18世纪被改换成了路易－亨利·约瑟夫·德·波旁－孔德公爵（duc Louis-Henri Joseph de Bourbon-Condé，1756–1830）的纹章。

167

安托尼乌斯·玛利亚·希尔鲁斯·德·雷塔（Antonius Maria Schyrleus de Rheita）：《以诺和以利亚之眼，或神秘星辰之光》（*Oculus Enoch et Eliæ, sive radius sidereomysticus*）。安特卫普，Jérôme Verdussen 出版，1645年

法国国家图书馆，珍稀本馆藏，V. 1826，本书未展示其图片

蒂罗尔（Tyrol）的嘉部遣会修士，希尔鲁斯·德·雷塔（1604—1660）所著的这部天文学作品十分有名，尤其是因为它绘制了几幅最早的月球大型图之一。尽管现代科学更新了其中的研究，这部作品证明在帕斯卡尔时代，还保留着传统的、建立在“世界之书”——也就是自然——这一古老论据上的护教论：上帝通过他的造物以及《圣经》，向人类显现自身。这种解读尤其在《以诺和以利亚之眼》的第二卷中得到阐发，后者宣布自己为一种“神学—天文学，通过它，人类精神通过对天空中可见事实的观察，可以被引导至不可见的神之事实”。第一卷的卷首插图象征性地总结了这一诠释：插图上写着《诗篇》第66篇的一行，“你们来看神所行的”，其下，上帝拿着一条链子，通过链子与他相连的是四名先知（以赛亚、耶利米、以西结和但以理），七位被以诺伪经称为

← 图166

“上帝之名”的大天使，以及七名代表了人类智慧的希腊智者。由此，人类的知识不间断地最终通往对上帝的认识。《思想录》计划中的核心便是拒绝这样的护教论，而是把护教论建立在《圣经》这一唯一的证明之上。上帝通过后者，在神秘中显现自身，也就是隐蔽的上帝的神秘：“告诉［人们］他们只需要看看周围最不起眼的东西便能看见显露的上帝，对于这个伟大和重要的主题只给他们月亮和行星运行的轨道这样的证据，并且认为用这样的言论便能使证据完备，这些做法只会让人们觉得我们宗教的证据是非常薄弱的……《圣经》更懂得关于上帝的一切，但并不以这样的方式谈论它们。恰恰相反，《圣经》说上帝是隐蔽的上帝，并且从人的本性堕落之日起，他让他们一直待在昏暗中，唯有耶稣基督才能将他们拯救出来，除此之外，所有和神的交流都被夺走了……因此，上帝的事实不像自然中的事实那样。《圣经》在其他地方还告诉我们：*Vere tu es Deus absconditus*（你是将自己隐藏起来的上帝）。”（S. 644）

展出的这一册子原属于奥尔良公爵加斯东，封皮为经研光处理的金色小牛皮，封底有他的首字母图案。

168

勒内·笛卡尔：《第一哲学沉思集，其中证明了上帝的存在以及人类精神和肉体的分离》（*Les Méditations métaphysiques, touchant la première philosophie, dans lesquelles l'existence de Dieu, et la distinction réelle entre l'ame et le corps de l'homme, sont demonstrées*）。巴黎，Jean Camusat 之遗孀和 Pierre Le Petit 出版，1647 年

法国国家图书馆，珍稀本馆藏，Rés. R. 983，本书未展示其图片

用亨利·古伊尔（Henri Gouhier）的话来说，笛卡尔是帕斯卡尔“首要的同时代之人”。帕斯卡尔交际的圈子大量谈论着笛卡尔的哲学，在

波尔－罗雅尔，在利昂古尔公爵巴黎的家中（展品目录 25），或者，正如尼古拉·封丹的《回忆录》所证实的那样，在吕纳公爵的沃缪里耶城堡里（展品目录 107）——正是吕纳公爵将《哲学沉思》翻译为法文。帕斯卡尔本人对笛卡尔的哲学有直接的接触，他读过《哲学原理》（*Principes de la philosophie*）1644 年的拉丁文原版，也读过《哲学沉思》，不过很有可能读的是 1647 年的吕纳翻译版。悖谬的地方在于，“笛卡尔的概念帮助构建了一套想法，后者在用最精确与最忠实的方式保存这些观念之后，又不遗余力地去推翻它们”（Carraud 1992）。

这种颠覆与帕斯卡尔的独特护教计划有关，后者的目的不在于劝服读者相信上帝的存在，而是要引领他们皈依。然而，“关于上帝存在的形而上的证据是如此远离人类的理性又如此复杂，它们很难震撼人心，并且当它们对某些人有用的时候，只在这些人看到推理的那一刻产生效果，但是一个小时之后，那些人会害怕是自己搞错了”（S. 222）。帕斯卡尔因此可以宣布，“笛卡尔是无用与不确切的”（S. 445）：不确切，是因为人与生俱来的弱点让他们的理性永远都是颤颤巍巍的；无用，是因为笛卡尔号称用形而上学来提供“上帝存在的理性证明”——笛卡尔《哲学沉思》中“对第二组反驳的答辩”的附录原本的题目便是这句话，而不是通常称的《几何纲要》（*Abrégé géométrique*）。“他说，这一类的证据只能让我们用思辨的方式认识上帝，而用这种方法认识上帝，就是不认识他”（吉尔贝特·贝里耶，《帕斯卡尔先生的一生》，第二版）。

利昂古尔官邸的一位常客所作的《诸事记录》写道，帕斯卡尔称笛卡尔为“理性的博士”，这个称呼颇为讽刺，因它在提到这位哲学家的伟大之时，指出了相比被传统称为“恩典的博士”的奥古斯丁，笛卡尔远为逊色。帕斯卡尔深信“信仰和证据不同”（S. 41），他必然拒绝《哲学沉思》中对上帝存在的证明，并且参照保罗《哥林多前书》，将寻求证据的理性智慧与赌局的不定以及十字架的疯狂对立起来：“谁会指责基督徒不能够对信仰进行解释，宣扬他们自己也无法解释的宗教呢？他们向世人展示，宣称这是一种愚蠢，是 *stultitiam*：然后你们指责他们不能进行证明。如果他们能证明，他们则食言了。正是因为没有证据，他们的话才有意义……感受到上帝的是心灵而不是理性。这便是信仰。上帝只能被心灵感知而不能被理性感知。”（S. 680）

此处展出的这一册子原属于奥尔良公爵加斯东，封皮为经研光处理的金色小牛皮，封底有他的首字母图案。

169—170

让-弗朗索瓦·色诺（Jean-François Senault）：《有罪之人，或名，根据圣奥古斯丁的观点，本性因原罪而堕落》（*L'Homme criminel, ou la Corruption de la nature par le péché, selon les sentimens de S. Augustin*）。巴黎，Jean Camusat 之遗孀出版，1644 年。《基督徒，或名恩典拯救本性》（*L'Homme chrestien, ou la Réparation de la nature par la grâce*）。巴黎，Jean Camusat 之遗孀和 Pierre Le Petit 出版，1648 年

法国国家图书馆，珍稀本馆藏，D. 9897 和 Rés. D. 3976，本书未展示其图片

色诺神甫（1599—1672）是 17 世纪中期年轻的奥拉多尔修会的杰出成员之一。出版于 1644 年的《有罪之人》和 1648 年问世的《基督徒》构成了一组双联论文，它们有可能启发了帕斯卡尔，他本来准备的基督教护教论的大纲也是一组双联：“没有上帝的人之可悲；与上帝同在之人的至福”。这个计划可以从《思想录》的其中一编给出的指示中推断出来，这一编“没有题目，将 1658 年 6 月计划的所有主题都汇聚在了一起”（Sellier 2011）：“第一部分：没有上帝的人之可悲。第二部分：与上帝同在之人的至福。其他。第一部分：本性被本性自身腐蚀。第二部分：有一个拯救之法，通过《圣经》”（S. 40）——我们可以理解为，是通过分析人的本性来证明“人之可悲”，是《圣经》之光让人们可以

相信救赎之门为他们敞开。因此，这一双重思考对帕斯卡尔构思的护教论至关重要，它没有证明上帝的存在，但是它说明了有必要打赌他的存在："毋庸置疑的是，在这之后，经过思考什么是生命以及这是怎样的宗教，我们不能拒绝追随我们想要追随它的意愿，如果这意愿出自我们心底的话。"（S. 717）

此处展出的这一册《有罪之人》印刷在大幅纸张上，封皮为褐色小牛皮，制作于17世纪中期；展出的是《基督徒》里致奥尔良公爵加斯东的献词，印刷在大幅纸张上，该册的封皮为红色摩洛哥牛皮，上有加斯东的首字母图案。

隐蔽自己的上帝

171 （图见第292页）

伦勃朗：《安葬耶稣》（*La Mise au tombeau*）。蚀刻版画，采用铜版雕刻针与雕刻刀制作，第四版，1654年

法国国家图书馆，版画部，Rés. Cb 13a

在帕斯卡尔对耶稣的一生进行思考的文字中，名为《耶稣基督之坟墓》（S. 467）的一篇，虽然简短却十分有力，它将安葬耶稣的奥义介绍成以赛亚诗句——这诗句确认了隐蔽的上帝的真实——的终极实现："耶稣基督死去了，但这是从十字架上来看。他死了，被藏在了坟墓里。安葬耶稣基督的只有圣徒们。耶稣基督在坟墓中并没有完成什么奇迹。只有圣徒进入了坟墓。是在那里，耶稣基督获得了新生，而不是在十字架上。这是耶稣受难和救世的最后一个奥义。"路易·马兰（1995）将这篇思考与伦勃朗第四版也就是最后一版的《安葬耶稣》联系起来。从一版到另一版，伦勃朗让画面一点一点地变暗，直到几乎沉入彻底的黑

图 171

暗之中，突然，这黑暗中混入了一片亮光，它看起来像来自基督已死的身体，照亮了进入坟墓的圣徒们的脸："只剩下了从裹尸布里发出的光，它反射在圣徒的面孔上，而此时阴影已经到达了耶稣的头部。进入坟墓的黑夜中使人痛苦，伦勃朗引导着我们的目光，又将它遗弃在了这明与暗的边界之上，超过这边界便什么都看不到了。这是精神上被遗弃的彻底的绝望，除非我们认为，光亮在死亡中痛苦地熄灭，这种舍弃和毁灭是最终的担保，是重生的决定性证据。"

172 a

伦勃朗：《以马忤斯的朝圣者》（*Les disciples d'Emmaüs*）。蚀刻版画，采用铜版雕刻针，1634 年

法国国家图书馆，版画部，Rés. Cb 13（A, 12），本书未展示其图片

172 b（图见第 294 页）

伦勃朗：《以马忤斯的朝圣者》。蚀刻版画，采用铜版雕刻针，第二版，1654 年

法国国家图书馆，版画部，Rés. Cb 13（A, 12）

以马忤斯的朝圣者这一情节在帕斯卡尔和伦勃朗的《圣经》世界中占据了重要地位。这位荷兰画家在 1634 年和 1654 年制作的两幅版画中给出了两种诠释，表现了他思想的演变：第一版以室内家庭生活画的方式表现，保留了荷兰画派擅长的内部场景的温馨，耶稣是侧面像，就在两位朝圣者近旁；十二年后，伦勃朗选择了更为戏剧化的情景。耶稣展现了其正面，就像 1648 年他绘制的表现同一主题的画作一样（卢浮宫藏）。由此，最后的晚餐中的耶稣和升天后在荣耀之宝座上端坐的耶稣融合在了同一个形象中：帕斯卡尔写道（S. 767）："在最后的晚餐时，他以肉体凡胎之身授圣体，在以马忤斯的朝圣者前，他以复活者之身授

图 172 b

圣体，向整个教会，他以升天后之身授圣体。”

从1634—1654年，伦勃朗改变了他所表现的具体时刻：1654年的耶稣不是正准备擘开饼，而是刚刚擘开了饼，朝圣者们因此认出了他，因为惊讶而后退。1654年的画面所表现的时刻，按照福音书的讲述来说，是最接近他消失的那一刻："到了坐席的时候，耶稣拿起饼来，祝谢了，擘开，递给他们。他们的眼睛明亮了，这才认出他来。忽然耶稣不见了。"（《路加福音》24 : 30—31，勒梅特·德·萨西译本）神在他向人们显示为神的那一刻消失了，因此，对于坚信隐蔽的上帝的帕斯卡尔而言，以马忤斯的朝圣者这一章自然有着特殊地位，而伦勃朗的画作与之产生了不凡的共鸣。

173 （图见第296页）

菲利普·德·尚拜涅：《橄榄园中的耶稣》（*Le Christ au Jardin des oliviers*）。布上油画，1646—1650年左右（？）

雷恩，美术馆，Inv. 81.7.1

1794年时，这幅画作在巴黎的仁爱会修女所居住的圣凯瑟琳修道院里，后者与波尔－罗雅尔十分亲近。它参考了弗拉芒画家马尔腾·德·沃斯（Maarten de Vos，1532–1603）的作品。沃斯的画与尚拜涅的这幅画左右相反，作为组画《我主耶稣基督的受难与复活》（*Passio et Resurrectio D. N. Jesu Christi*）的一部分，由出版商与版画师皮埃尔·费朗斯（Pierre Firens）在17世纪初期出版。尚拜涅的作品向沃斯的作品借鉴了很多细节，例如耶稣落地时的姿势、他手的动作、背景中由犹大带领的武装人群、周边显露出大树侧影的岩石、图左侧被冰冷的月光照亮的夜空，以及与之对应的右侧那神之荣光散发的光芒。不过，沃斯的作品忠实地再现了福音书的叙述，而尚拜涅则修改了背景中沉睡的门徒，使作品更加符合路加的版本。他在耶稣面前描绘了一位天使——因为"一位天使从天上显现，加添

图 173

他的力量”（《路加福音》22 : 43）——并在他的脸上画下了伤痛时的鲜血，而这一细节只有路加提到了：“耶稣极其伤痛，祷告更加恳切。汗珠如大血点，滴在地上。”（22 : 43—44）这种忠实充满了精神上的深意：画作将沃斯的构图变得更符合《路加福音》，而在《路加福音》中，耶稣那痛苦的、被熟睡的门徒所遗忘的脸庞，已经是后来戴着荆棘冠的脸庞，橄榄园中的“耶稣并不是像亚当那样在乐园之中——在那里亚当毁了自己和所有人类——而是在剧痛的园地——在那里他拯救了自己和所有人类”（S. 749），这样的处理使“人们理解文字的含义，使精明的人让他们的精神服从于文字”（S. 252）。从这个角度看，尚拜涅的画作和帕斯卡尔对《圣经》的解读有着惊人的吻合。

并且，耶稣在橄榄园陷入痛苦的这一时刻在帕斯卡尔心中占据了重要地位：例如片段 751 参照了《路加福音》的同一段落（“我在痛苦中想到了你，我洒落了这些血滴”）；尤其是被称作“耶稣的奥义”的这一段沉思（S. 749），其中格外强调了“遗弃在夜晚的恐怖中”和“全世界的抛弃”等主题。在耶稣受难这一系列中，帕斯卡尔尤其重视橄榄园这一段，他的沉思也影响了他的行为准则。玛格丽特·贝里耶提到：“他让人看到，对于他所爱的人，他没有任何牵挂……但是他并不止步于此，因为不但他对别人没有牵挂，而且他也不想别人对他有所牵挂。”与《帕斯卡尔先生的一生》中的这一段相对应的，是“耶稣的奥义”这一片段：“为了体会痛苦，耶稣与他的门徒分开。要模仿他，就得和最亲近和最密切的人分开。”

174

［安托万·阿尔诺］：《福音的历史与和谐》（*Historia et concordia evangelica*）。巴黎，Charles Savreux 出版，1653 年

法国国家图书馆，哲学、历史和人文科学部，A. 6508，本书未展示其图片

《福音的历史与和谐》被认为是阿尔诺所作，是出自波尔－罗雅尔的第一部《圣经》注释作品，也是帕斯卡尔创作《耶稣基督简传》时的主要资料来源。《耶稣基督简传》是对耶稣一生按时间顺序进行的总结，由非常简短的片段组成。它很有可能创作于 1655 年，那时它已经宣告了耶稣的形象在《思想录》中将占据中心位置：“耶稣基督是一切的目的，是所有东西所通向的中心点。认识他便认识了一切东西的缘由。”（S. 690）《耶稣基督简传》的原稿已经遗失了：只留下了一份较晚的手抄本，由玛格丽特·贝里耶的朋友忒梅里古尔小姐（Mllede Théméricourt）制作于 1735 年至 1745 年间，如今保存在乌德勒支（Utrecht）。

阿尔诺的这部作品符合 16 世纪最后三十年流行的《圣经》注释文学类型，它包含了福音书的注释，以及对耶稣一生的完整的、按照时间

顺序的叙述。这第二个部分将四本福音书的叙述——一部福音书中的几个词，以及与之相应的其他福音书的词——加以对照，使得句子破碎成了很短的片段。帕斯卡尔在《耶稣基督简传》中重拾了阿尔诺所提供的这种碎片化片段，但是他“将阿尔诺纯粹评论性的意图改成了精神上的和美学上的目的”（Mesnard 1992）：在他的笔下，每一个片段都成了可供思索的单元，我们可以把这种原则和波尔 - 罗雅尔的一种实践相联系，即在纸片上写下需要沉思的耶稣生平的一段故事。

175

高尔内琉斯·詹森：《四福音书注解》（*Tetrateuchus, sive Commentarius in sancta Jesu Christi Evangelia*）。巴黎，1643 年

法国国家图书馆，哲学、历史和人文科学部，A. 4065，本书未展示其图片

如同《奥古斯丁》一书（展品目录 94），《四福音书注解》也是在詹森死后出版的。它首先于 1639 年在鲁汶和布鲁塞尔出版，随后在巴黎多次印行，其中最早的一版是在 1643 年。同阿尔诺的《福音的历史与和谐》一道，《四福音书注释》是《耶稣基督简传》的另一个主要的资料来源。这部对福音书注解的作品，附有《按时间顺序介绍的耶稣的一生》（*Series vitæ Christi juxta ordinem temporum*）：帕斯卡尔所著《耶稣基督简传》使用的资料就是这第二部分。

无法寻找的著作

《思想录》首版的准备工作

176（图见第 300 页）

布莱斯·帕斯卡尔：《思想录》。抄本，1662—1663 年

法国国家图书馆，手写本部，Français 9203

这份抄本被称作“《思想录》的一号抄本”（见 142 页），共有 472 页，分布在长短不一的 62 份书帖中，其中每份书帖都构成了一个确定的文本单元。抄本由两个部分组成，为首的（1—188 页）是 27 个有标题的章节，它们在卷首的目录（第一页）中被标出，目录中还有名为《本性已被腐蚀了》的一章，但它却没有在第一部分中。第二部分（189—472 页）的开头重复了第一部分的目录，随后则是 34 组片段，除了一组以外［第 23 组名为《杂集》（Miscellanea）］均没有标题，但是同第一部分一样，每组都通过末尾的标识——最常见的是两端与中间相连的 S 形（fermesse）——被区分开来。事实上，第二部分最初的开头篇章似乎就是第一部分目录里的《本性已被腐蚀了》的这一章。由此，我们能找到卷首目录里的全部 28 章，它们对应了帕斯卡尔在 1658 年或 1660

Figures.

a 8 Dieu voulant se former un peuple Sainct qu'il separeroit de toutes les autres nations qu'il delivreroit de ses Ennemis qu'il mettroit dans un lieu de repos a promis de le faire & a predit par ses Prophetes le temps & la maniere de sa venue, & cependant pour affermir l'Esperance de ses Esleus dans tous les temps il leur en a fait voir l'Image sans les laisser jamais sans des asseurances de sa puissance & de sa volonte pour leur salut, car dans la creation de l'homme, Adam en estoit le Tesmoin & le Depositaire de la promesse du Sauueur qui deuoit naistre de la femme, ~~Lorsque~~ Et quoyque les hommes ~~estoyent~~ ont encore si proches de la Creation ~~qu'ils ne pouuoyent~~ ilz n'ayent pu auoir oublie leur creation & leur chute *, lorsque ceux qui auoyent veu Adam n'ont plus este au monde Dieu a enuoye Noe & la sauue & noye toute la terre par un Miracle qui marquoit assez & le pouuoir qu'il auoit de sauuer le monde & la volonte qu'il auoit de le faire & de faire naistre de la semence de la femme celuy qu'il auoit promis.

Ce miracle suffisoit pour affermir l'Esperance des hommes la memoire du deluge estant encore si fraische parmy les hommes lorsque Noe viuoit encore Dieu fit ses promesses a Abraham. ~~lorsque Sem viuoit encore Dieu enuoya Moyse &c~~

La vraye Nature de l'homme, son vray bien la vraye vertu & la vraye Religion sont choses dont la connoissance est inseparable.

10 Au lieu de vous plaindre de ce que Dieu s'est caché vous luy rendrez grace de ce qu'il s'est tant decouuert & vous luy rendrez graces encore de ce qu'il ne s'est pas decouuert aux sages, superbes indignes de connoistre un Dieu si sainct.

Deux

图 176 《思想录》的一号抄本

年建立的“编”的数目（展品目录 164）。剩下的 33 组并不一定对应了“编”：有些抄录的内容原本在一张单独的纸张上，或者在半张纸页上，或者在内容更加丰富的书帖上。

研究过一号抄本的不同专家对其地位的判断各不相同。在 19 世纪末和 20 世纪初，居斯塔夫·米肖（Gustave Michaut）和莱昂·布伦施维格（Léon Brunschvicg）认为，它是 1670 年出版的波尔–罗雅尔版本（展品目录 181）的初稿，其中第一部分的章节是计划出版的内容。20 世纪 50 年代，拉夫马彻底推翻了这一论断，他认为这个手写本是埃蒂安·贝里耶在 1670 年版的前言中提到的、那份在帕斯卡尔死后誊下其文稿的抄本。不过，1971 年，让·梅纳尔证明这不是那一份抄本，而是它的其中一个副本，尽管里面的修改和记号证明它是波尔–罗雅尔诸版本的准备材料：包括 1670 年的那版——阿尔诺、尼科尔和埃蒂安·贝里耶写下的内容是为它服务的——也尤其包括 1678 年的那版（展品目录 184），这一次，准备工作来自埃蒂安·贝里耶独自写下的内容。其中，那些大量用红粉笔做的记号和 B、M、R 的缩写都出自他之手，都是针对 1678 年版的。对于缩写的含义并无定论：保罗–路易·古舒（Paul-Louis Couchoud）曾经给出的解释，即这些缩写分别表述“好”（Bon）、“不好”（Mauvais）和“舍弃”（Rejeter）等指令，显然并不能让人满意。

这份抄本最早由弗洛朗和吉尔贝特·贝里耶的几位孩子先后保管。1723 年，他们中的最后一位，玛格丽特将它交给了她的表亲，本笃会圣–让–当热利修道院的院长让·盖里耶。为了让这份抄本能帮助解读原稿，盖里耶将它捐赠给了存放原稿的圣日耳曼德佩修道院，因此在 1731 年盖里耶死后，抄本被该修道院保管。

177

布莱斯·帕斯卡尔：《思想录》。抄本，1662—1663 年

法国国家图书馆，手写本部，Français 12449

这份《思想录》的二号抄本与一号抄本的制作时间大致相同，但是与一号抄本不同的是，二号抄本十分整洁，上面没有任何编辑工作的记号，可能由于它是用作存档的（见 243 页）。它包含有 35 份书帖，除了两份书帖只有四张纸页以外，每份书帖均有八张纸页，也就是说书帖并非长短不一。它的组织结构也与一号抄本不同：为首的是名为“本性已被腐蚀了”的那一编，随后是其他的 27 组有标题的编，然后是有关“以斯拉传说”的片段，后者没有在一号抄本里，最后是一号抄本里也有的那 33 组没有标题的片段，但是它们的排列顺序与一号抄本不同。尽管非常不同，但是让·梅纳尔却找到了两个抄本组织结构间的相同点：如果我们不是孤立地看待每一个组，而是看那些好几个组构成的系列，我们就能注意到，两个抄本都保留了一些大的段落，比如说有标题的那 27 编是个段落，比如说三个无标题的、关于奇迹的组是一个段落。通过对两个抄本的比较，可以辨认出八个大的段落，或者说“大的卷宗”（Mesnard 1971），其结构显然对应了不同的时间层。因此，这些抄本不仅仅是《思想录》的誊抄，它们也是研究文本历史的途径。

与一号抄本不同的是，二号抄本并没有单独成册，而只是构成一本汇集了帕斯卡尔相关文本的集册的第一部分。这些文本很可能是玛格丽特·贝里耶在 1723 年捐赠给克莱蒙奥拉托利会的物品之一，后来修会又将它们交给了自己的一位成员，让·盖里耶先生的侄儿皮埃尔·盖里耶神甫（展品目录 176），后者将所有文本编辑成册。这部集册大约于 1736—1746 年间保存在皮埃尔·盖里耶的私人书房中，后来由他的侄儿，身为行政法院审查官的盖里耶·德·贝让斯继承，后者于 1779 年将它捐给了皇家图书馆。

443

J. C. est l'obiet de tout & le centre ou tout tend
Qui le connoist connoist la raison de toutes choses.

Ceux qui s'egarent ne s'egarent que manque de voir une de ces deux choses; On peut donc bien connoistre Dieu sans sa misere & sa misere sans Dieu; Mais on ne peut connoistre J. C. sans connoistre tout ensemble & Dieu & sa Misere

Et c'est pourquoy ie n'entreprendray pas icy de prouuer par des raisons naturelles ou l'existence de Dieu ou la Trinité ou l'Immortalité de l'Ame ny aucune des choses de cette Nature, non seulement parceque ie ne me sentirois pas assez fort pour trouuer dans la nature dequoy conuaincre des Athées endurcis, mais encore parceque cette connoissance sans J. C. est inutile & sterile, quand un homme seroit persuadé que les proportions des nombres sont des veritez immaterielles, Eternelles & dependantes d'une premiere verité en qui elles subsistent & qu'on appelle Dieu, ie ne le trouueray pas beaucoup auancé pour son salut.

Le Dieu des Chrestiens ne consiste pas en un Dieu simplement Autheur des veritez geometriques & de l'ordre des Elemens, c'est la part des Payens & des Epicuriens il ne consiste pas seulement en un Dieu qui exerce sa prouidence sur la vie & sur les biens des hommes pour donner une heureuse suite d'années à ceux

qui

图 177　《思想录》的二号抄本

178

布莱斯·帕斯卡尔：《帕斯卡尔先生关于宗教和其他主题的思想集录，它们在他的遗物中被发现》（*Pensées de M. Pascal sur la religion, et sur quelques autres sujets, qui ont esté trouvées après sa mort parmy ses papiers*）。巴黎，Guillaume Desprez 出版，1669 年

法国国家图书馆，珍稀本馆藏，Rés. D. 21374

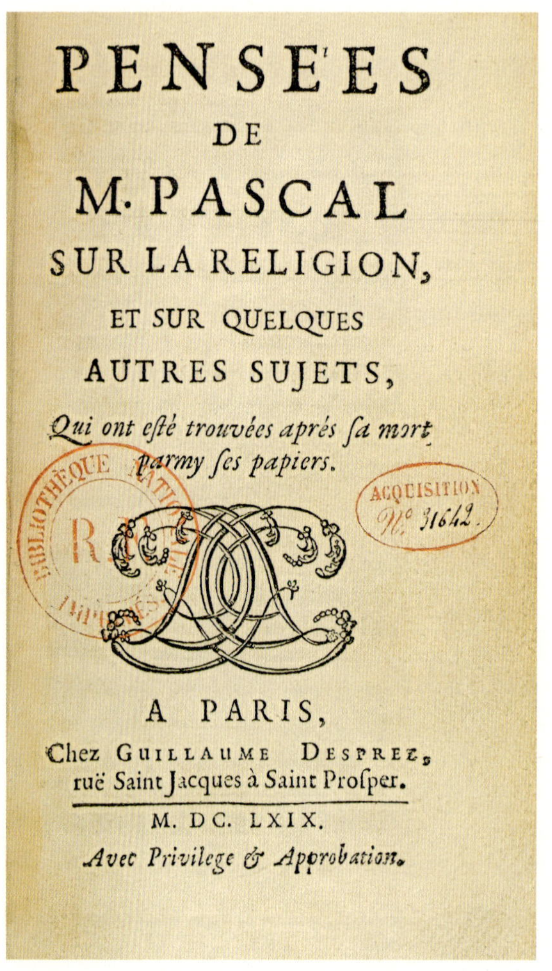

图 178　日期为 1669 年的《思想录》首版的标题页

1663 年，弗洛朗·贝里耶在《液体平衡与大气重力论》的前言中就提到，在帕斯卡尔的遗物中，人们找到了“为他酝酿的伟大著作而准备的一系列思考片段”。贝里耶在 1666 年 12 月 27 日获得的、从首版之日起为期五年的出版特权证明书，也使用的是《帕斯卡尔先生的思想录》这一题目。他在几天后将特权转让给了书商纪晓姆·德佩，这就是为什么德佩出版的作品有这样一个题目，而作品本身由于并未完成而原本没有题目。

德佩印刷的最早版本，也就是日期为 1669 年的首版，如今只留下了两册，分别保存在法国国家图书馆［由萨拉克鲁（Salacrou）博士于 1851 年获得］和特鲁瓦（Troyes）图书馆［是曾经任圣伯夫秘书的夏尔·德·盖勒瓦（Charles Des Guerrois）的藏品］。其他所有首版封面上的日期均是 1670 年，并且印刷完成时间是 1670 年 1 月 2 日，这让人们将日期为 1669 年的两册称为“前首版”，但这个称呼实际上是不妥当的。德佩要求的印刷工作最晚应该不超过 1669 年的 6 月或 7 月，但是这一版本只提供给了很小一部分人，需要他们的评价或同意才能投入最终的出版工作。1669 年的这两册的特点在于，它们既没有教会许可书，也没有末尾目录，这两者对应的书帖都是后来印刷的。尤其是，很多地方它们都保留了文本的最早状态，而这些部分于 1670 年在“添换页”中做了改正（见 252 页）。这两册中有一些部分已经被添换页修改过了，巴黎的那一册中有 11 处，特鲁瓦的有 12 处，这意味着已知的《思想录》初版的最原始状态是法国国家图书馆保存的这一册，但是刚印刷好的文本的最初状态已经无从知晓了。

179

《关于虔诚的数篇论文》（*Divers traitez de piété*）。科隆［巴黎？］，Balthazar d’Egmondt 出版，1666 年

法国国家图书馆，珍稀本馆藏，Rés. p. D. 183，本书未展示其图片

1670 年的《思想录》的第三十二章，也就是最后一章，为《祈祷上帝以询问如何正确地利用疾病》，是“帕斯卡尔的精神性对毁灭”的最高表达之一（Gouhier 1986）。帕斯卡尔在这里继续了他对耶稣在橄榄园中陷入痛苦（展品目录 173）的思考，并将痛苦的基督形象，与基督徒一生都在模仿基督的努力联系起来：“啊，我的救世主，如果我的身体和您的有相通之处，请让它因我的罪而受苦，如果我的灵魂也和您的有相通之处，请让它因我的罪而悲痛，如此，请让我在肉体上、在灵魂上，因我犯下的罪，和您一同受苦，像您一样受苦。”

这篇作品应该创作于1659年或1660年，而不是像1670年版的编辑所认为的，在他“第一次皈依”之后（展品目录16）。它与《思想录》形成对比，因它是完整的，并且文风宏大。显然，帕斯卡尔是想将它发表的，不过这一愿望在他死后才得以实现：它的第一次出版是匿名的，位于《关于虔诚的数篇论文》之首，这部文集很可能是在巴黎印刷，但封面上印的却是科隆的巴尔塔扎尔·戴格蒙特处这一假地址。文集汇编了为波尔－罗雅尔的修女们所写的一系列思考和祈祷词。使用假地址这一做法与当时的情形有关：在“誓约书签署事件”上，波尔－罗雅尔与王权以及教会间紧张的关系（展品目录130—131）在当时到达顶峰，并且导致1665年7月，拒不服从的修女们被赶出了巴黎的修道院，并被强行带到了乡间的波尔－罗雅尔修道院。帕斯卡尔所作的“祈祷词”的抄本很有可能就在那“两三箱文件中”，根据拉辛在《波尔－罗雅尔简史》中的叙述，修女们“在被遣散前”将这些箱子“交给了阿尔诺先生”，她们在随后的几年中，为波尔－罗雅尔人士偷偷出版的几部作品提供了材料。1670年，编辑整理者指出，“祈祷词已经印刷了两至三次，但是他们所参考的抄本错误百出”。今天已知的早于此日期的版本有三个：1666年的版本很可能在短时间后被再版，但是再版的封面没有标明日期，地址也仍然是科隆的巴尔塔扎尔·戴格蒙特处这一假地址，其标题上嵌入了圣奥古斯丁的话，“拿起并阅读”（展品目录157）；随后，1669年在香槟的沙隆（Châlons-en-Champagne）的詹森派主教、费利克斯·威亚拉尔·德·埃尔斯（Félix Vialart de Herse）的支持下，出版了另一个版本。这些版本与1670年版的文字有所区别，这很可能是由于后来的编辑使用的是手写抄本，不过，不同于他们在《致读者书》中所说的，他们自己也使用了1666年版，后者并没有像他们所暗示的那样，充满错误。

180

布莱斯·帕斯卡尔：思想录书帖。手抄本，1668 年左右

法国国家图书馆，手写本部，Français 17049, f. 48–57，本书未展示其图片

《瓦朗文件集》是现存于法国国家图书馆的 15 卷手写本集（Français 17044–17058），它们都是医生诺埃尔·瓦朗（Noël Vallant，1632—1685）留下的各类文件。1658 年，瓦朗开始为萨布雷侯爵夫人（展品目录 28）服务，并且追随她到巴黎的波尔－罗雅尔修道院的一处定居，因而也成了帕斯卡尔和“帕斯卡林”——17 世纪 60 年代初期聚集在洛阿内公爵周围的帕斯卡尔的朋友们——的医生。这就解释了为什么在他留下的大量文件中，在编号为 Français 17049 的那册中，有两份书帖，分别有六页和四页纸页（f. 48-53 和 f. 54-57），上面抄录着《思想录》的一些章节。

路易·拉夫玛（1952）认为其中的第一份书帖是“为波尔－罗雅尔版本所准备的一些片段的初稿”，并得出结论，这是布里埃纳伯爵在 1668 年 11 月 16 日写给吉尔贝特·贝里耶的信中提到的《帕斯卡尔先生的书帖》（见 245 页），即洛阿内公爵编辑的，随后寄给帕斯卡尔的姐姐以征求她的同意或修改意见的那些书帖中的一份。这个解读有些极端，但可以确定的是，它是 1670 年版本的准备工作的见证，其中大量的涂改用的横杠，证明了编辑们非常犹豫。第二份书帖的性质则完全不同，其抄写的片段并不系统，却几乎和道德相关，有可能是用于个人阅读。其中有一个片段（S. 786）均不见于其他手写本，不过皮埃尔·尼科尔（展品目录 140）将它略作修改，在 1671 出版的《道德随笔》（*Essais de morale*）中的《论伟大》（*De la grandeur*）这一篇中用到了它。

181

布莱斯·帕斯卡尔：《帕斯卡尔先生关于宗教和其他主题的思想集录，它们在他的遗物中被发现》（*Pensées de M. Pascal sur la religion et sur quelques autres sujets, qui ont esté trouvées aprés sa mort parmy ses papiers*）。巴黎，Guillaume Desprez 出版，1670 年

法国国家图书馆，珍稀本馆藏，Rés. D. 21375

《思想录》在首版标明的印刷完成日期为 1670 年 1 月 2 日，大约两周以后开始发行。1669 年，数位高级教士收到《思想录》并给出他们是否同意出版的意见，果芒热主教（évêque de Comminges）吉尔贝·德·苏阿舍尔·杜·布雷西－布拉斯林（Gilbert de Choiseul du Plessis-Praslin）便是其中一位。1670 年 1 月 21 日，他给弗洛朗·贝里耶写信确认收到新出版的书，并感谢编辑们接受了“［他当时］觉得有必要的修改”。这里展出的这一册的封皮上印着皮埃尔－达尼埃尔·于埃（1630—1721）的纹章，它非常宝贵，因为于埃在上面留下了阅读笔记：于埃是当时欧洲杰出的学者，具备非常丰富的文学、历史和哲学知识，他用下划线或者在页边，标记出了众多的、引起他注意的片段，并且在笔记中展开了自己的思想，这些笔记有的是指出可参见的其他作品，有的是长达数行的批语。他借助自己的博学，时而指出史实上的问题，除此之外，他直接抓住了《思想录》作为护教论计划的核心，对确定基督教信仰的方式尤其感兴趣：因此，他十分关注涉及将《圣经》预言理解为书写的证据的段落，以及讨论信仰和理性之间的关系的段落。他的阅读表现出一种坚定的信仰主义者的视角：于埃标记出了帕斯卡尔文本中所有贬低理性，并强调理性无力构建信仰领域的真相的部分。于埃对信仰和理性的彻底割裂态度使他批评打赌这一论据，因为他从中读出了理性主义的残余：他在第 48 页，针对“理性的服从和使用”这一编（S. 205）指出，帕斯卡尔的论证正确地让理性听命于信仰，但它“预设了

M. PASCAL. 47

a donc sans doute une presomption insupportable dans ces sortes de raisonnemens, quoy qu'ils paroissent fondez sur une humilité apparente qui n'est ny sincere ny raisonnable, si elle ne nous fait confesser que ne sçachant de nous mesmes qui nous sommes, nous ne pouvons l'apprendre que de Dieu.

V.

Soumission, & usage de la raison.

LA derniere démarche de la raison, c'est de connoistre qu'il y a une infinité de choses qui la surpassent. Elle est bien foible si elle ne va jusques là.

Il faut sçavoir douter où il faut, assurer où il faut, se soumettre où il faut. Qui ne fait ainsi n'entend pas la force de la raison. Il y en a qui pechent contre ces trois principes, ou en assurant tout comme démonstratif, manque de se connoistre en démonstration; ou en doutant de tout, manque de sçavoir où il faut se soûmettre; ou en se soûmettant en tout, manque de sçavoir où il faut juger.

48 PENSÉES DE

Si on soûmet tout à la raison, nostre Religion n'aura rien de mysterieux & de surnaturel. Si on choque les principes de la raison, nostre Religion sera absurde & ridicule.

La raison, dit saint Augustin, ne se soumettroit jamais si elle ne jugeoit qu'il y a des occasions où elle se doit soûmettre. Il est donc juste qu'elle se soûmette quand elle juge qu'elle se doit soumettre, & qu'elle ne se soûmette pas quand elle juge qu'elle ne le doit pas faire: mais il faut prendre garde à ne se pas tromper.

La pieté est differente de la superstition. Pousser la pieté jusqu'à la superstition c'est la détruire. Les heretiques nous reprochent cette soûmission superstitieuse. C'est faire ce qu'ils nous reprochent que d'exiger cette soûmission dans les choses qui

图 181 《思想录》首版，有皮埃尔－达尼埃尔·于埃的笔记

这种服从本身是依靠理性的，而我认为恰恰相反，让理性听命于信仰是信仰的作品，而不是理性的”。在于埃看来，一切承认理性在确认上帝存在这一事实上扮演了某种角色的说法，即使理性的作用只是因无法证明而下个赌注，都是否认了上帝的绝对超验性。

于埃在卷末写下了 1670 年 2 月 23 日这个日期。这个日期对应的是拿到书的日期而不是阅读的日期。因为从笔记写作的一致性来看，阅

读似乎是一气呵成的，而不是分阶段的，而其中一个笔记涉及了马勒布朗希（Malebranche）1675 年出版的《追寻真理》（*Recherche de la vérité*）的第二卷。于埃阅读《思想录》可能和他准备写作《福音证明》（*Demonstratio evangelica*，1679）是同时的，这部作品和《思想录》一样，是对基督教的辩护书，但它是建立在对不同宗教的历史的比较之上的，行文的方式完全不同。

182

布莱斯·帕斯卡尔：《帕斯卡尔先生关于宗教和其他主题的思想集录，它们在他的遗物中被发现。第二版》。巴黎，Guillaume Desprez 出版，1670 年

法国国家图书馆，珍稀本馆藏，Rés. p. D. 61，本书未展示其图片

《思想录》的首版获得了巨大的成功，同年 3 月，纪晓姆·德佩便出版了第二版。它与第一版的内容几乎相同，但是删去了一个片段，后来在 1678 年版（展品目录 184）中这个片段被再度恢复。从首版的印刷开始，巴黎的大主教阿尔德万·德·佩雷菲克斯（Hardouin de Péréfixe）便有所介入，根据德佩对弗洛朗·贝里耶的讲述，他与大主教在 1669 年 12 月 22 日进行了谈话，大主教要求他在书的卷首加入一张添换页，声明“帕斯卡尔先生在他离世的两年前，已经远离了［波尔－罗雅尔的］这些先生们，因为他们太过执着于支持或捍卫詹森的主张，并与教皇的权威对抗”。这张声明便是所谓的帕斯卡尔的“撤回信”，是他的忏悔神甫，圣艾蒂安杜蒙（Saint-Étienne du Mont）的本堂神甫保尔·布里耶（Paul Beurrier）记录下来的，但事实上这只是后者的误解。德佩回避了这个问题，借口称自己不能在没有弗洛朗·贝里耶许可的情况下“增添哪怕是一个笔画”，于是大主教在 1670 年 3 月 2 日的一封信中，要求贝里耶采取措施。他希望，在首版中没有加入的部分能够在后续的版本中

出现："因为第一版很快会售罄，很容易在第二版中加入声明。"弗洛朗·贝里耶在3月12日的回信中拒绝了这个要求，原因是"大家都知道帕斯卡尔先生的想法绝对地符合天主教与正统"，没有必要再印刷"关于这个问题的解释，因为它们只对那些说了或做了令人怀疑他们信仰的事情的人有用"。不过为了保险起见，阿尔诺建议德佩在新的一版的标题上明确写下"第二版"，好让巴黎大主教认为收到他的要求时，印刷工作已经完成了。他在3月23日给弗洛朗·贝里耶的信中写道："德佩先生咨询我是否应该在他现在印刷的书中加上'第二版'的字样，我跟他说，这么做非常重要，可以让巴黎大主教无法再提往里加东西的问题，因为都已经印好了。"也是因为这谨慎的态度，数月后，德佩把1671年出版的第三版的标题页替换了，上面标注的时间为1670年，并指明为"第二版"，在这一版的大部分书中，我们看到的都是这个标题页（见252页注释4）。

波尔-罗雅尔的最终版本

183

尼古拉·菲洛·德·拉雪兹：《论帕斯卡尔先生的思想录，其中试图表明他的意图，并附有一篇关于摩西书之证据的论文》（*Discours sur les Pensées de M. Pascal, où l'on essaye de faire voir quel estoit son dessein, avec un autre discours sur les preuves des livres de Moyse*）。巴黎，Guillaume Desprez 出版，1672年

法国国家图书馆，哲学、历史和人文科学部，D. 21390，本书未展示其图片

"帕斯卡林"小组中，尼古拉·菲洛·德·拉雪兹（1631—1688）是最积极帮助洛阿内公爵准备《思想录》出版的人。他的《论帕斯卡尔

先生的〈思想录〉》作为首版的序言，创作于1668年秋季。不过，贝里耶家族拒绝了这篇文章，1670年4月1日吉尔贝特·贝里耶写给萨布雷侯爵夫人的信中说明了理由：文中“完全没有包含我们想说的东西，并且……包含了一些我们并不想表达的东西。”不过，尽管给出了这样的理由，埃蒂安·贝里耶撰写的序言在很大程度上借鉴了拉雪兹的文章。拉雪兹最终决定在1672年将自己的文章单独发表，并补充了一篇《关于摩西书之证据的论文》。第一篇是在《思想录》的基础上创作的，而第二篇，按照马尔蒂诺（E. Martineau，1992）的观点，参照的是搜集来的帕斯卡尔的观点。它们在一起构成了一篇关于“事实的证据”的小论文，而这正是《思想录》护教计划的核心问题之一。帕斯卡尔坚信，关于上帝存在的超验的证据是脆弱状态下的人类无法触及的，因此他着重展开的论证，是将《圣经》见证的真实性，建立在和谐的历史证据之上，后者是在信仰领域唯一可以有效触动人类理性，并让“赌局”变得合理的元素。菲洛·德·拉雪兹的两篇论文将帕斯卡尔的护教论纳入了奥古斯丁对“事实的证据”的思考体系，将对史实证据的信赖变成了传递真理的重要基石之一，詹森在《奥古斯丁》一书第二卷开头的《前言》中，已经提出了这些观点（展品目录94）。

184

布莱斯·帕斯卡尔：《帕斯卡尔先生关于宗教和其他主题的思想集录，它们在他的遗物中被发现。增加了一些片段的新版本》。巴黎，Guillaume Desprez 出版，1678年

法国国家图书馆，珍稀本馆藏，Rés. p. D. 59，本书未展示其图片

这一版的《思想录》在1678年4月14日出刊，是书商纪晓姆·德佩出版的第四个版本，但它却是第一个对1670年的首版进行了实质性修改的版本。它增加了41个新的片段，我们如今对其中两个片段的了

解仅源于这个印刷版，其他片段来自一号抄本（展品目录 176）中的 43 个片段，这个抄本至今还保留着为这一版本的出版而做的编辑工作的痕迹。至于它们的内容，“大部分新的文字要么与基督教道德有关，要么涉及《圣经》和教会之权威的证据”（McKenna 1993）。德佩家族一直更新着他们的出版特权，直到 18 世纪中期，他们所出版的各种版本的《思想录》都不再有其他改动。

1678 年的版本还追随了阿姆斯特丹书商亚伯拉罕·沃尔夫冈的操作，在《思想录》中加入了菲洛·德·拉雪兹在 1672 年出版的两篇论文（展品目录 183）。不过，德佩还增加了第三篇拉雪兹的论文。这篇论文从未发表，也和“事实的证据”问题有关。它的题目——《存在着同样准确，却有别于几何学的另一种论证，对于基督教也可提出如此的证明》——显露出波尔－罗雅尔《逻辑学》（展品目录 146）中一个主张的痕迹：“有一些东西只能靠人的信仰才能认识，我们应该认为它们是可信的，无可置疑的，就像我们用数学证明过一样。”

185（图见第 314 页）

布莱斯·帕斯卡尔：《用于印刷的思想集录》。手抄本，1678 年以后

法国国家图书馆，手写本部，Joly de Fleury 2466

这个手写本的第 246—249 页，是一份名为《用于印刷的思想集录》的书帖，制作于 17 世纪。它包括了一小部分帕斯卡尔的思想录片段，其中 13 个片段既不在原稿集里，也不在 1662 年至 1663 年誊写的那两个抄本中。直到让·梅纳尔发现它前（1962），它从未发表过。对这些文字的抄录是为贝里耶家族所做，因为其字迹与贝里耶家族令人制作的其他帕斯卡尔文字的抄写本的字迹相似。这个手写本是对另一个如今已经遗失了的抄本的誊写，并抄下了该抄本页边的笔记。这些笔记是一些指示，如“去掉这一条”“舍弃这一条”“重新表述这一条”等，它们

Pensées à imprimer.

On rend differens devoirs à differens merites, devoir d'amour à la bonté, devoir de crainte à la force, devoir de croyance à la science. On doit rendre ces devoirs là. On est injuste de les refuser. Et il est injuste d'en demander d'autres. Ainsi ces discours sont faux et tyranniques, Je suis beau, donc on doit me craindre; Je suis fort, donc on doit m'aimer. La tyrannie est de vouloir avoir par une voye ce qu'on ne peut avoir que par une autre.

Le Respect est, incommodez-vous. Cela est vain en apparance, mais très juste; Car, c'est dire, je m'incommoderois bien si vous en aviez besoin, puis que je le fais bien sans que cela vous serve. Outre que le respect est pour distinguer les grands: Or si le respect étoit d'être en fauteüil, on respecteroit tout le monde, mais étant incommode, on distingue fort bien.

Sincères contre leur honneur, en mourant pour cela. Cela n'a point d'exemple dans le monde, ni sa racine dans la nature.

Si l'on veut dire que l'homme est trop peu pour meriter la communication avec Dieu, il faut être bien grand pour en juger.

Si tu connoissois tes pechez, tu perdrois cœur. Je le perdrai donc, Seigneur, car je crois leur malice sur votre assurance. Non; Car moy qui te l'apprens, puis t'en guerir, et ce que je te le dis, c'est un signe que je te veux guerir. A mesure que tu les expieras, tu les connoitras; Et il te sera dit, voy les pechez qui te sont remis. Fais don[illegible] penitence pour tes pechez cachez, et pour la malice occ[illegible] ceux que tu connois. Console-toy, tu ne me chercherois pa[illegible] si tu ne m'avois trouvé.

Il est juste que ce qui est juste soit suivi. Il est necessaire que ce qui est le plus fort soit suivi. La justice sans la force est impuissante. La force sans la justice est tyrannique. La justice sans la force est contredite, par ce qu'il y a toujours des méchans. La force sans la justice est accusée. Il faut donc mettre ensemble la justice et la force; Et pour cela faire que ce qui est fort soit juste, et que ce qui est juste soit fort. La justice est sujete à la dispute. La force est très reconnoissable et sans dispute. Ainsi on n'a pu donner la force à la justice, par ce que la force a contredit la justice, et a dit qu'elle étoit injuste; et que c'étoit elle qui étoit juste. Et ainsi ne pouvant faire que ce qui est juste fût fort, on a fait que ce qui est fort fût juste.

图 185 《思想录》17 世纪抄本中的一些未出版过的片段

与一项出版计划有关，该计划很可能略晚于 1678 年，因为这些片段并没有在 1678 年出版的《思想录》中出现。

186

［皮埃尔·尼科尔］:《论君主的教育》（*De l'éducation d'un Prince*）。巴黎，Charles Savreux 之遗孀出版，1670 年

法国国家图书馆，阿瑟纳尔馆，8° S. 3918，本书未展示其图片

皮埃尔·尼科尔的这部作品在《思想录》首版问世 6 个月后（它的印刷结束日期为 1670 年 7 月 15 日）匿名出版，其特权证明书颁发给了笔名为“尚特莱纳”（Chanteresne）的先生。该作品的第 269 页至第 285 页是“已故的帕斯卡尔先生关于大人物的境遇的三篇演说”。这三篇文稿是尼科尔执笔的，他将它们介绍为自己借助记忆，在“七八年后”对“［帕斯卡尔先生］针对一位出身高贵的孩子的三篇很短的演说”所做的默写。很早以前，批评家便认为这个孩子是年轻的夏尔－奥诺雷·达尔贝（Chalres-Honoré d'Albert，1646–1712），吕纳公爵（展品目录 107）的儿子，未来的奇弗洛兹公爵（duc de Chevreuse），因为他的教育工作是由波尔－罗雅尔的先生们负责的，并且阿尔诺和尼科尔编写的《波尔－罗雅尔逻辑学》（展品目录 146）也是为他所作：在这本书中，他们认为他们的学生“在与智力相关的所有领域都极其优秀”。1670 年尼科尔在他的文中也对此有所呼应，他提到一位男孩，“他的智力尤其领先同龄人，已经能领悟到最重要的真理”。他并没有说明发表演说的地点，但很可能就是从 1650 年起吕纳公爵所组织修建的，位于沃缪里耶的城堡。在那里，帕斯卡尔从 1655 年至 1661 年先后暂住了好几次。至于演说的时间，最可能的假设是在 1660 年末。尽管演说稿仅通过尼科尔后来的默写才为世人所知，但是帕斯卡尔的亲笔手稿中也有它们的记录，即《思想录》的原稿集（展品目录 164）中所剪下的两张

纸，分别贴在第 161 和 163 页上：这是一系列极其简略的片段（S. 649-650），由暗示性的句子或箴言构成，只是一种帮助记忆的笔记，其中好几个表述都被尼科尔收录并进行了阐述，比如“贪欲之王”“设立的伟大”和“设立的尊敬”。

《帕斯卡尔先生的一生》

187

吉尔贝特[①]·贝里耶：《帕斯卡尔先生的一生》（*La Vie de Monsieur Pascal*）。手抄本，1697—1700 年间

法国国家图书馆，手写本部，Français 25080, f. 178–190

吉尔贝特·贝里耶在 1682 年的一封信中提到，她在二十年前给他的弟弟写了一部《帕斯卡尔先生的一生》的书（以下简称《一生》）。确实，该书的创作应该始于帕斯卡尔去世后数月，即 1662 年 8 月后的几个月，因为在 1663 年出版的《液体平衡与大气重力论》（展品目录 63）中，已经加入了一些略有变动的《一生》的节选。在 1682 年，吉尔贝特还谈到她写《一生》只是为了一些亲密的人，亲戚或者朋友，并且是在他们的要求下创作的。因此，《一生》是一部悼念的作品，为的是纪念一位逝去的亲人，这解释了为什么它带有一些圣徒传记的色彩。不过，这本书很快便出名了，因为它的见证非常珍贵，也因为它的文风优美，因此很早便有一些手抄本在贝里耶的圈子之外传播。例如，在 1668 年 11 月，阿莱（Alet）主教尼古拉·帕维荣（Nicolas Pavillon）告知弗洛朗·贝里耶，他希望能收到“《一生》的抄本，有人告诉他是贝里耶太太创作的”。

① 法语原文为玛格丽特·贝里耶，疑误，译者更正为吉尔贝特。—译者注

178

La Vie de Mr. Pascal,

Ecrite par Mad.e Perier sa Sœur.

Mon frere nâquit à Clermont le 19. juin de l'année 1623. mon pere s'appelloit Estienne Pascal President en la Cour des Aides, et ma mere Antoinette Begon. Dès que mon frere fut en age qu'on lui pust parler, il donna des marques d'un esprit extraordinaire par les petites reparties qu'il faisoit fort à propos, mais encore plus par des questions qu'il faisoit sur la nature des choses qui surprenoient tout le monde. Ce commencem.t qui donnoit de belles esperances ne se démentit jamais; car à mesure qu'il croissoit il augmentoit toujours en force de raisonnem.t ensorte qu'il étoit beaucoup au dessus de son age.

Cependant ma mere estant morte dès l'année 1626. que mon frere n'avoit que 3. ans, mon pere se voiant seul s'appliqua plus fortement au soin de sa famille; et comme il n'avoit point d'autre fils que celui là, la qualité de fils unique, & les grandes marques d'esprit qu'il reconnut dans cet enfant, lui donnerent une si grande affection pour lui, qu'il ne se pût resoudre à commettre son éducation à un autre, et se resolut dès lors à l'instruire lui même comme il a fait; mon frere n'aïant jamais entré dans aucun college, & n'aïant point eu d'autre maître que mon pere.

图 187

如今我们知道七份《一生》的抄本：其中的六份都是誊录的原始文稿，但是第七份，如今保存在马扎林图书馆（Ms. 4546），是一个扩充后的版本，直到1908年才得以出版，菲利普·瑟里耶（2010）认为它的写作时间要晚于1690年，甚至晚于1694年，应该出自吉尔贝特的第二个儿子，路易·贝里耶之手。

法国国家图书馆的编号为Français 25080的手写本，是最晚的一份誊录了原始稿的抄本，它应该不早于1697年，因为文末的一个笔记提到了“一幅［帕斯卡尔的］肖像版画，由巴黎圣雅克街临近圣三会教士（maturin）处所的德·罗歇（Des Rochers）出版，1697年”。这份手抄本的独特之处还在于，它抄写的是第一版印刷版的《一生》（展品目录188），而其他的抄本均与这个印刷本无关。

188

吉尔贝特[①]·贝里耶：《帕斯卡尔先生的一生》。阿姆斯特丹，Abraham Wolfgang出版，1684年

法国国家图书馆，阿瑟纳尔馆，8° H. 28558，本书未展示其图片

这一册50页左右的小册子，便是帕斯卡尔的姐姐所作的帕斯卡尔传记的第一个印刷版。吉尔贝特·贝里耶早在1673年便获得了印刷特权证明书，以防止没有获得她同意的盗版问世，不过，第一个出版计划却诞生在1677年以后。那时，书商德佩本来计划在1678年出版的《思想录》（展品目录184）中加入《一生》。但是，贝里耶家族希望借1678年的版本，澄清帕斯卡尔一生中最后时刻的一些事实，指出他没有改变他在誓约书签名事件中的立场，而波尔－罗雅尔的敌人却暗示相反的情形（展品目录182）。这样的声明有可能使这书被禁，因此人们放

① 法语原文为玛格丽特·贝里耶，疑误，译者更正为吉尔贝特。—译者注

弃了加入《一生》的计划。在等待更为合适的时机的同时，德佩和吉尔贝特·贝里耶达成协议，他为能在 1678 年出版《思想录》而申请了长达二十年的特权，并将《一生》纳入了该特权证明书中。这就解释了为什么《一生》最早是在荷兰出版的，这一版本没有获得贝里耶家族的同意，但是在荷兰，德佩的特权没有任何效力。

189

布莱斯·帕斯卡尔：《帕斯卡尔先生关于宗教和其他主题的思想集录，它们在他的遗物中被发现》。阿姆斯特丹，Abraham Wolfgang 出版，1684 年

法国国家图书馆，哲学、历史和人文科学部，D. 21386（1），本书未展示其图片

这个荷兰版本是第一个在《思想录》中加入《一生》的版本。吉尔贝特·贝里耶的作品位于卷首，其后是菲洛·德·拉雪兹的三篇论文（展品目录 183—184），之后是埃蒂安·贝里耶写的前言，似乎这些是阅读帕斯卡尔作品之前的不同阶段的准备工作。后来，将《思想录》与《一生》联系在一起成为一种规则，不过，人们曾经认为纪晓姆·德佩从 1686 年开始，便追随了沃尔夫冈的样板，依据的是他名下出版的、日期为 1686 年的《思想录》，但这却是不正确的。这一版的开头确实有《一生》，但首页的地址却是假的：这一版使用的印刷材料暴露出，这是一个荷兰盗版，可能出自艾勒泽维尔之手。尽管德佩有出版特权，直到 1702 年，他出版第六版《思想录》时，才将吉尔贝特的文字纳入其中。不过，沃尔夫冈的样板从 1687 年开始，就被法国的其他书商追随［里昂的弗朗索瓦·鲁（François Roux）和克劳德·西泽（Claude Chize）］。

此处展出的这个册子为皮埃尔 – 达尼埃尔·于埃（展品目录 181）所有，封皮为染有碧玉花纹的小牛皮，上有他的纹章。

190

布莱斯·帕斯卡尔的死亡面具

巴黎，波尔 – 罗雅尔协会图书馆

我们知道，17 世纪时人们会在一些死者的脸上“涂上石膏”，以复制死者的面庞。这种复制死亡面具的操作，在波尔 – 罗雅尔十分流行。早在 1643 年，在乡间波尔 – 罗雅尔的格朗吉隐遁的最早的几人之一，克劳德·朗斯洛（Claude Lancelot）就请人制作了圣西朗（展品目录 16）的死亡面具，以便能在此基础上绘制他的肖像。菲利普·德·尚拜涅也曾在一个死亡面具的基础上创作了安托万·勒梅特（1608—1658）的肖像——他是勒梅特·德·萨西（展品目录 152）的哥哥，隐遁者运动的发起人。我们也知道，昂热利克·阿尔诺嬷嬷（1591—1661）留下过死亡面具，之后，皮埃尔·尼科尔（展品目录 140）的死亡面具则由雕塑家科瑟沃（Coysevox）制作。因此，帕斯卡尔的家人在他死后请人复制下他的脸庞，以便让画家弗朗索瓦·格奈尔为其绘制肖像（展品目录 1），便不是什么令人惊诧的事情了。人们对这张死亡面具的命运一无所知，直到 18 世纪末，它出现在了对詹森派充满好感的勋章刻制师邦雅曼·杜维维耶（Benjamin Duvivier，1819 年逝世）的收藏中。从此之后，它便一直存在于詹森派人士的手中。它先为苏克来（Soucley）神甫所藏，后来在 1836 年归诺埃尔·拉维瑟（Noël Ravisé）所有。拉维瑟是圣奥古斯丁协会的秘书，他将面具交给了协会。在 19 世纪末让这个面具为人所知的是，拉维瑟表亲的儿子，他同时也是该协会的图书管理员，奥古斯丁·盖泽耶（Augustin Gazier）。随着时间的流逝，这个面具获得了象征的维度，它不光是帕斯卡尔身体的印记，也成了他作品的象征。帕斯卡尔的作品经常没有完成，一部分是因为它未完成的状态而遗失，另一部分则通过忠实程度不一的抄本和艰难的重构而流传下来，它们本身就是仅通过象（image）而被认知的一种真实：一种“同时怀有在场和不在场的”（S. 291）肖像。

图 190

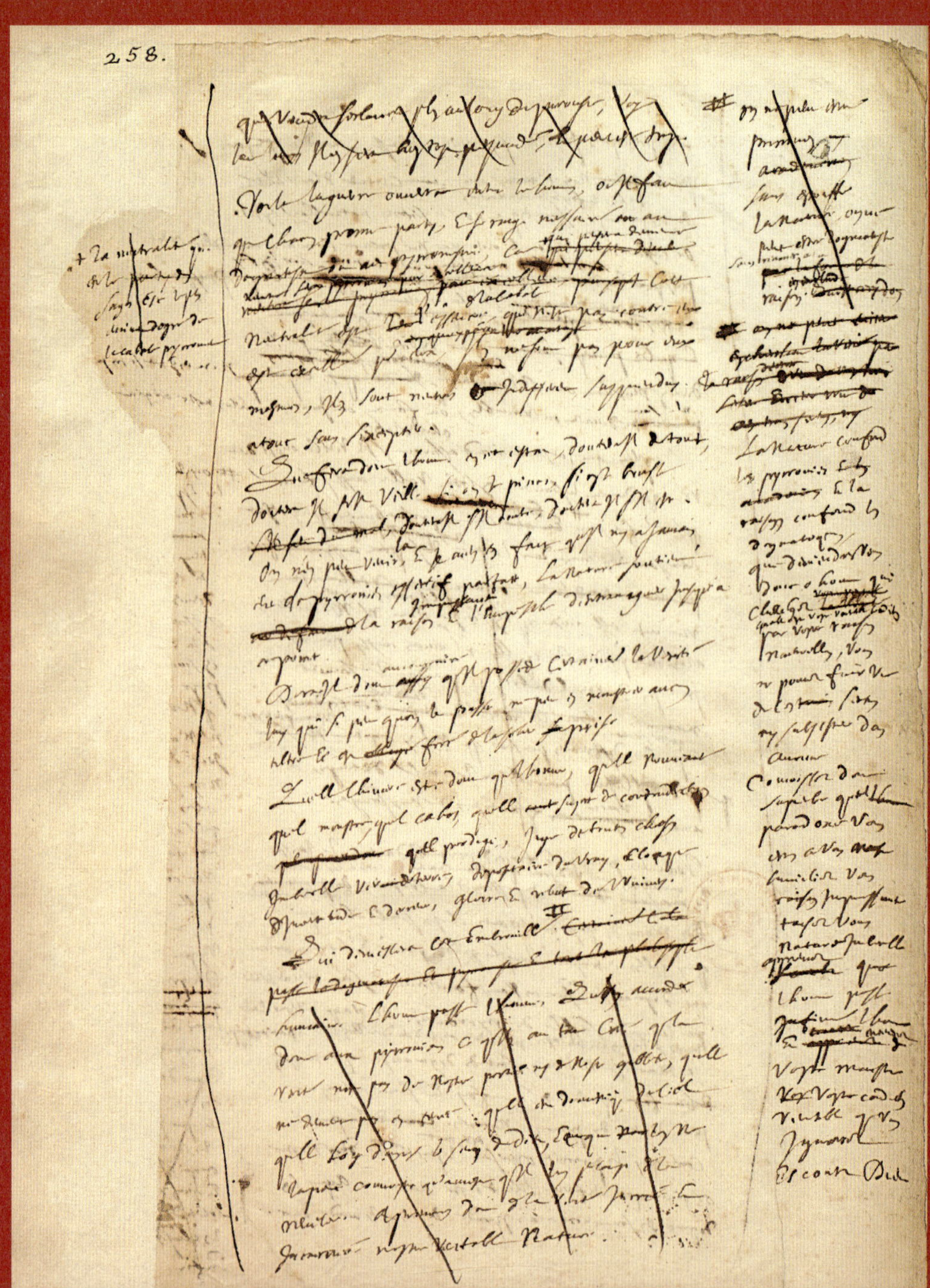

图 164 《思想录》亲笔手稿，第 258 页

“人是怎样的怪物、是怎样的新事物、怎样的怪兽、怎样的混沌、怎样充满矛盾的主体、怎样的奇物、所有事物的裁判、虚弱的蠕虫，真理的掌控者、掩藏着犹豫和错误的污秽之地、宇宙的荣光和渣滓！谁能厘清这纷繁复杂？［……］

骄傲的人啊，认识你自己是如何的矛盾啊！［……］

要知道人能无限地超越人……”（S. 164）

帕斯卡尔，存在主义的预言家

菲利普·瑟里耶

1947年，也就是萨特出版了他著名的《存在主义是一种人道主义》（*L'existentialisme est un humanisme*）的演说稿的那一年，一部小论文问世了，即埃马纽埃尔·穆尼埃的（Emmanuel Mounier）《存在主义导论》（*Introduction aux existentialismes*）。文中大量地提到了克尔凯郭尔（Kierkegaard）、海德格尔（Heidegger）、萨特、雅斯贝尔斯（Jaspers）、加布里埃尔·马塞尔（Gabriel Marcel）。作者在文中描绘了一幅"存在主义之树"。树干的底端，在类似于底座的地方，写着帕斯卡尔的名字，并附有题词"帕斯卡尔已经开启了现代存在主义。他已经画出了道路，他已经涉及了几乎所有的主题"[①]。为什么说"已经"呢？因为在《思想录》的作者这里，所有前辈哲人那里的预兆——苏格拉底呼吁摆脱物质而回归人类自身生活的呼唤，斯多葛学派对自由的预感，圣奥古斯丁和圣贝尔纳的种种直觉——统统成为了乐队的乐谱。为什么说"几乎"呢？因为穆尼埃总结的12个主题中，有一条没有出现在帕斯卡尔的作品当中，这便是针对和他者之间的关系的深入思考。从更宽泛的视角来看，这个主题几乎

① 穆尼埃：《存在主义导论》，雷恩，雷恩大学出版社，2010年，第16页。对《思想录》的引文均出自瑟里耶的版本：《思想录、作品和书信》，巴黎，Classiques Garnier出版社，2011年（均采用字母S加该版本中的片段编号的形式）。

在所有的古典主义哲学家那里都是缺失的，直到在海德格尔、萨特、梅洛－庞蒂（Merleau-Ponty）或列维纳斯（Levinas）那里才得到了真正阐发。在《思想录》中寻找关于目光或者面孔的思考都是徒劳的，但这显然并不意味着帕斯卡尔在人类之间的关系问题上完全沉默：他强调统治权的贪欲（*libido dominandi*）和肉体的贪欲（*libido sentiendi*）[①]——对控制的欲望和对肉体愉悦的无节制的追求——是人类之间关系的堕落，但他认为人与人之间有着一种社交的基础——这是他们原始本质的遗迹——这解释了他为什么有节制地赞美关于上流雅士的理论，也就是在任何生存环境下都力图使他人满意的艺术（S. 494，681）。此外，上帝的恩典（grâce）促成一种普遍的善意（S. 408）。

帕斯卡尔已经开启了现代存在主义。他已经画出了道路，他已经涉及了几乎所有的主题。

除了对与他人关系的深入分析，《思想录》研究了穆尼埃总结的所有其他主题。有时，这些思考十分直接，以至于20世纪的存在主义哲学家只能在其基础之上做些润色和提炼，比如“消遣”（divertissement）的主题。《存在主义导论》一书中提到的好几个主题都互相关联，能够被集中到一起：比如偶然性、有限性、孤独和空虚感。也可以仅仅通过三条平阔的大道进入帕斯卡尔的世界：回归存在、理性的局限和“人能无限超越人”。[②]

回归存在

圣奥古斯丁让这对相反的词组广为人知：背离上帝（*aversio a Deo*）/面向造物（*conversio ad creaturas*）。迷失的人、游荡在黑暗中的人的特

① 这两个概念均是对奥古斯丁的继承。奥古斯丁在《忏悔录》中，强调大部分恶行源于三种贪欲，其中第三种为眼目的贪欲（libido sciendi），后引申为对知识的贪欲。——译者注

② 参见 S. 164。

点，便是对上帝的aversion——这里指的是其词源上的意义，即“背离”[①]——和对转瞬即逝的造物的信赖[②]。帕斯卡尔常常重新阐发这组对立，但是较之他的前辈，他更加强调非宗教层面的意思，呼吁远离与造物间那虚幻不实的关系，以实现被穆尼埃精准地称作“回归存在”的目标。我们需要远离物质世界的东西，并且把知识追求——无数人为之迷醉、因之迷失——放到它应有的位置，也就是不值一提的位置上。对我们来说，真正重要的是，知道我们的生命是否有意义，我们是否有一个宿命。因此，那个时代最有名的学者会写下：

> 我认为不应该深究哥白尼的观点，而是这样的东西
>
> ----------
>
> 一生中最重要的是弄清楚灵魂是会消失的，还是会不灭的[③]。

这段笔记是帕斯卡尔为一份材料做的准备，他将其命名为“开端”。帕斯卡尔在《促使追寻上帝的信》（*Lettre pour porter à rechercher Dieu*）——该文应该是护教论的开篇词——中深入地展开了这段笔记：

> 灵魂是否不灭的问题对我们来说是无比重要的，与我们的关系极大。因此，唯有失去了所有情感的人，才会无所谓真相到底是什么。根据是否可以盼望永恒，我们的一切行动和思想会追随不同的道路，因此唯有根据对这一点的认识——这应当是我们的终极目标——我们才可能有意义地、有判断地采取行动。[④]

“虚荣”这组材料受到了《圣经》中《传道书》的深刻影响。其中的一篇文字名为“知识的虚荣”：

---

① Aversion，在现代法语中的意思为“厌恶”。——译者注

② 圣奥古斯丁：《忏悔录》，Ⅳ，10—11.

③ S. 196.

④ S. 681（《促使追寻上帝的信》）。

> 对于外界事物的知识并不能补尝我在艰难时代对道德的无知；而对于道德的知识永远都能够补尝我对外在知识的无知。[①]

哲学不能展现事实那无法理解的复杂性（S. 230，562）。笛卡尔是“无用并且不确定的”（S. 118，445）。因此：“（……我们不认为哲学值得我们花上哪怕一小时的时间[②]）。”帕斯卡尔在这里批判的似乎是整个自然系统。但需要指出的是，“哲学”这个词，即使是在针对道德的时候（不管是针对斯多葛派还是伊壁鸠鲁主义者），也总是带有贬义：哲学的构建永远都是片面的，只会让相信它的人偏离轨道。帕斯卡尔不需要在一些重要的历史系统中（比如黑格尔的系统）构建自己的位置。克尔凯郭尔将重拾帕斯卡尔对膨胀的哲学理性所提出的异议，以及存在主义的主导主题（leitmotiv）：既然我们是如此令人绝望的孤单，既然我们必然走向死亡，所有的这些为我们带来了什么？“我们将独自死去。”（S. 184）

这个对孤单如此直白的提醒，不停地出现在《思想录》中：

> 看到人类的盲目和悲惨，看到整个宇宙寂静无声，而人类在黑暗中被抛弃，迷失在宇宙的一隅，不知道谁将他放置在那儿，不知道他来是为了做什么，不知道他死后将变成什么。我对这一切无从知晓，我带着恐惧走进这里，就像一个熟睡的人被丢弃在了一座可怕的荒岛上。他醒来之后什么都不知道，也没有办法走出去。[③]

帕斯卡尔展示了精神那彻底的无可依靠（déréliction），我们在海德格尔那里，在撰写了《存在与虚无》（*L'Être et le Néant*）的萨特那里也能找

---

① S. 57（《知识的虚荣》）。

② S. 118：这段文字采用斜体并且在括号之内，因为这是一段话的末尾，帕斯卡尔自己把它划掉了，在他去世后所抄录的抄本中，这段话以它被划掉的形态记录下来。

③ S. 229.

到它。人就在那儿，没有理由，就是一个简单的事实［海德格尔所谓的“事实性”（facticité）］；他被抛置在那儿［海德格尔在杰作《存在与时间》（*Être et temps*）中提到的“被抛置状态”（Geworfenheit）］。萨特继续道，人是多余的。对于无神论者或者不可知论者而言，这就是对荒诞的认识。对于帕斯卡尔，他在上一个片段的后续中说，这个令人焦虑的认识，让所有清醒的人摆脱对物的依赖，摆脱它能为我们带来帮助这样一个幻觉：

> 我看到我的身边存在着类似的人，我问他们是否比我知道得更多。他们告诉我说，没有。于是，这些可悲的迷路者巡视周围，并且在看到一些可喜的东西之后，便投入其中，依附在了上面。①

我们能辨认出帕斯卡尔经常提及的“消遣”主题。在护教书计划的第一部分，即“对人的认识”中，数个材料从不同角度都提到了它，它也是以它命名的那份材料的核心：

> 人们不能战胜死亡、悲惨、无知，为了使自己幸福，他们竟不再去想这些东西。②

人类的大部分活动都被告发了：赌博、打猎、妇人间的交谈、舞蹈，以及对知识和艺术的狂热追求，它们让我们背离了最主要的东西：我们的命运。护教者并不是想绝对否定所有的这类活动。这样做是不明智的，因为“有必要稍微放松一下精神”（S. 458）。困难在于合理地控制消遣的范围，而人类总是倾向于增加它。让我们重温一下这本关于我们的娱乐社会的书的美丽标题：《娱乐至死》③。真正的存在者敢于直面他

---

① S. 229.

② S. 166.

③ *Se distraire à en mourir*. 巴黎，Nova 出版社，2010 年，法文译本（Neil Postman, *Amusing ourselves to Death*, Penguin books, 1985）。

孤独的本质，直面这一事实，即一切外物甚至是我们的同类也不能带来持久的安慰。

存在者不单能意识到他的孤独（solitude），还能意识到他的有限性（finitude）和偶然性（contingence）：

> 我审视我这短暂的一生时光，它被湮没在于它之前并继它之后的永恒之中，*memoria hospitis unius diei prætereuntis*[①]，我审视我填充的，甚至说我能见到的这小小空间，它深陷在那无限的、巨大的空间——我对这空间一无所知，它对我毫不在意——之中，我对我存在于此处而不是其他地方感到害怕和惊奇，因为没有理由解释为什么在这里而不是在那里，为什么是现在而不是过去。谁把我安放在此？是谁的命令和行动让这个地点和这个时间面向我？[②]

让我们回顾一下那首关于两个无限的著名散文诗：

> 我们在一个宽广的空间内航行，永远不确定地漂泊，从一端被推到另一端。不管我们以为把自己拴附或依靠在哪个终点，它会挣脱并离开我们。如果我们追随而去，它也会从我们的手里逃脱，会溜走，会永远地躲闪。……在两个无限之间，没有什么能固定有限，无限监禁着有限，并躲避着它。[③]

我不吝惜引用这些精彩的文字，通过这样一个夺目的集锦来展现帕斯卡尔的存在主义。

在社会中，在宇宙中，存在者不停地发现他身上的虚空：

---

① 《所罗门智训》，5：15，鲁汶译本："恶人的希望……就如入住一夜后匆匆离去的过客所留下的记忆那样。"

② S. 102.

③ S. 230.

看不到这个世界之虚妄的人，他自身便是脆弱的。

谁看不见它呢？除了那些年轻人，他们沉浸在靡靡之音中、在消遣中以及对未来的思虑中。

如果剥夺了他们的消遣，你会看到他们因为无聊而憔悴不堪。

他们所感受到的正是他们的虚空，却不能认出它来，因为这是怎样的不幸啊：一旦被迫审视自己，并且不能从中解脱出来，便陷入了无法承受的悲哀。[①]

每个人都陷入眩晕和焦虑，他们发现自己脆弱、无常，在微粒层面的无限小和天体物理学层面的无限大之间摇摆：

这些无限空间的永恒寂静让我心生恐惧。[②]

或者这段迅速写下的题为《人的境遇》的笔记：

无常、无聊、忧虑。[③]

帕斯卡尔在施农古尔[④]、叔本华和波德莱尔之前，便将无聊作为人类境遇的一个类型，一种“存在的状况”（existential[⑤]）[⑥]。

这样一组与存在主义相关的主题，通常会激起一种幻想破灭的悲剧情感。但是，作为傀儡的人类会遗忘事实，在消遣和自负中迷失自己。因此，帕斯卡尔笔下带有一丝喜剧色彩，这解释了为什么护教论计划的

① S. 70.

② S. 233.

③ S. 58.

④ Étienne Pivert de Senancour（1770–1846），法国早期浪漫主义作家。——译者注

⑤ existantial 与 existentiel 为两个不同的概念。后者是指存在者感受到其存在的方式，而前者则指人类的存在的内在境况。——译者注

⑥ 参见让 – 吕克 · 马里雍（Jean-Luc Marion）：《还原与赠予。关于胡塞尔、海德格尔和现象学的研究》（*Réduction et donation: recherches sur Husserl, Heidegger et la phénoménologie*），巴黎，PUF 出版社，1989 年，第 280—305 页。

第一份材料，即“虚妄”（Vanité），带有些许戏谑的语气。比如说，这份摘抄自意大利喜剧的结论：

> 这便是令人愉悦的神！噢，ridicolosissimo heroe（极其可笑的英雄）！[①]

但是，在总体上，依然是灰暗的色彩主导着，正如这篇杰出的《劝勉词》（Protreptique）——它本应作为护教论的开篇词。为了给第一部分做结，我在此引用一段较长的文字，因为这篇《劝勉词》集中讨论了我们前面提到的大部分主题：

> 我不知道谁把我带到了这个世界，也不知道这个世界是什么，也不知道我是什么。我对一切都一无所知。我不了解我的身体、我的感官、我的灵魂，甚至我的这个部分——它令我思考我所说的话，它思考着一切以及它自身，像其他部分一样，它并不为我所知。我看到这些将我禁闭起来的可怕的宇宙空间，我发现自己被束缚在这个广阔绵延的一个角落里，我不知道为什么我被放置在这里而不是另一个地方，也不知道为什么我可以经历的这短暂的时间被分配在了这个点，而不是在我生前身后的永恒之上的另一个点。
>
> 我目之所及都是无限，它把我包裹起来，我就像一个原子，一个影子，它只能经历一瞬，并且一去不回。
>
> 我所知道的一切便是我即将死去，但我最无从知道的，却是这个我无法避免的死亡本身。
>
> 就像我不知道我从哪里来一样，我也不知道我将往哪里去。[②]

---

① S. 81.

② S. 681（《劝勉词》）。

理性的局限

存在者并不信任理性思考的人。埃马纽埃尔·列维纳斯在评论列夫·塞斯托夫（Lev Šestov）的《克尔凯郭尔和存在主义哲学》（1936）一书时特意强调了这一点：[1]

> 在一个由理性照亮和解释的世界，唯有普遍性是重要的：我的命运无足轻重，我的痛苦并不特别，我的绝望并非唯一；如果我内心深处隐藏着悲伤或羞耻，这对宇宙秩序没有任何影响。我的思辨为这些现象在总体（Tout）中找到了一个位置，我的智慧只能让我臣服于它的法律之下。但是在思辨之前，我存在着。我的存在恰恰在这个痛苦中，在这个绝望中完成了自身。它们并不被归置在包含它们的总体中，它们是我的全部。

就像对消遣的把握一样，穆尼埃准确地指出，这段对理性的批评是“帕斯卡尔式的典型主题”[2]。但是，他把对主题的阐发命名为“理性的无能为力”，却有些牵强。因为帕斯卡尔认可一种理性的荣耀，但是这个理性仅限于数学理性、纯粹科学和技术的理性。尽管它们作为基石的最初原则并没有支撑点，也就是说并没有理性的根据，但是理性在科学领域创造了奇迹，这个领域与我们的命运无关，它常常有用，却并不是根本性的。因此，有一种“理性的虚幻”（S. 57）。这个世界上最伟大的智者，作为存在者而言，是赤裸的、孤独的，被抛置在那儿，就像所有的同类一样。

在这个科学和技术的领域之外，理性很快就发现了自身的局限。宇宙的复杂性超出了它的理解范围，就像那段名为《人类的失衡》——它

---

① 后收录于《无限的计谋》（*L'Intrigue de l'infini*）一书中，列维纳斯文，M.-A. Lescourret 介绍，巴黎，Champs Flammarion 系列，1994 年，第 88 页。

② 穆尼埃，前揭，第 35 页。

错误的名称，即《两个无限》，更为人所知——的片段所写下的那样：

> 人在自然中是什么？在无限面前他就是虚无，在虚无面前他是全部，他在虚无和全部之间，远远不能理解何为极限。事物的目的和原则对他来说，被彻底隐藏在永远无法穿透的秘密之下，他既无法看清虚无——他诞生于其中——也无法认识无限——他被吞噬在这之内。
>
> 他能做的是什么呢？难道不是察觉到事物的些微表皮？伴随着他的是永恒的绝望，因他对事物的原则和目的无从知晓……[①]

我们“对知识的无能为力”[②]全面爆发。然而：

> 所有无法理解的东西却仍然存在着。[③]

思考的前进只能依靠理性的悖论（S. 656），依靠视角的转换，依靠同意与反对的互调（S. 124，127）。这样的认识不断地提醒每个人他的可悲境遇：

> 我们希望找到真理，却只在我们身上发现了不确定。[④]

从此，不再能进入任何一个教理的睡梦中。

人类，他在黄昏的世界中迷失，被堕落与永远的游荡威胁着，他走出噩梦时等待着他的却是死神无情的刀斧、铲中的土壤和腐烂物（S. 197–198），他能够做什么呢？显然，理性并不能建立一个坚实的、普遍而稳定的道德支撑：

---

① S. 230.

② 同上。

③ S. 262.

④ S. 20.

没有什么正义或是非正义的东西在改变环境之后并不改变性质……一条经线决定了真理……一条河流阻隔了令人愉悦的正义！在比利牛斯山这边的真理到了那边便成了谬误。①

这种道德相对主义比启蒙时代的相对主义更加极端，后者是暂时性的，因为人们认为社会会一点点地走出愚昧野蛮，从此之后，理性会引导人类通往道德的新阶段，通向一种普世的、被所有人践行的伦理。帕斯卡尔完全不是如此。② 他认为，“人们相互怨恨是自然的状态”（S. 243）。从这个角度讲，他宣告了弗洛伊德和他那可怕的《文明的苦恼》（*Malaise dans la civilisation*，1929）的第五章的到来，或者美国人类学家贾瑞德·戴蒙德（Jared Diamond）的到来，后者在《第三种黑猩猩》（*Le Troisième Chimpanzé*③，1992）一书中，将人类描述为唯一“会进行种族屠杀的物种”。

因此，帕斯卡尔不断地提醒人们，“获取知识的”人充满妄想和局限性。这种警惕在宗教领域尤为突出：

在远离对上帝的认识之时才能爱他。④

所有对上帝的哲学意义上的认识都是“无用且贫瘠的”（S. 690）。就像让-吕克·马里翁（Jean-Luc Marion）所指出的，帕斯卡尔进行着一场真正的“对形而上学的革除”：不是说他对形而上学的存在提出质疑，它可以在它自身的“秩序”中存在，这是一种有限的秩序。但是应该防止一切蔓延，防止一切将现实世界包含其中的企图。“形而上学应当从此承认，

① S. 94.

② 关于这个问题，可参见两篇文章：《〈思想录〉的道德世界》（L'univers moral des Pensées）和《理性的嘲弄》（La dérision de la raison），收录于瑟里耶：《波尔－罗雅尔和文学》（Port-Royal et la littérature），第一卷；《帕斯卡尔》，巴黎，Champion 出版社，2010 年（第二版）。

③ 《第三种黑猩猩：人类的身世和未来》，法译本，巴黎，Gallimard 出版社，2000 年。

④ S. 409.

确确实实存在着一个它看不见的秩序，但是这个秩序能够看到它、理解它，并评价它，这便是爱德（charité）的秩序……精神认为显然的东西比不上爱德的一点点运动”[①]。对他人的接纳、对上帝的爱，让我们从自己的身上走出来，同时也从存在和形而上学中走出来。爱是不能被某种观念所把握的，它对存在和知识毫无所谓。[②]

形而上学应当从此承认，确确实实存在着一个它看不见的秩序，但是这个秩序能够看到它、理解它，并评价它，这便是爱德的秩序。

“人能无限超越人”

人对其自身来说是一个谜。他“不知道自己应该处于哪个位置”（S. 19）。在他身上，不可思议地融合着一个物质的躯体和一个在物质和时间之上的、思考着的原则，即灵魂，这一切让他迷惑（S. 230）。他是“无尽的深渊”（S. 181），在他身上涌动着无法抑制的对幸福的渴望、对真理的追求和疯狂的梦想，但这些梦想总是很快就被现实世界和生灵的贫瘠所浇灭——这些生灵是如此短暂而变化多端：“噢！我幻想了多么壮丽的爱恋！”兰波[③]在“我的波西米亚人”中如此感叹。世界的转瞬即逝让人惊慌（S. 626），“我们迫切地想获得一个坚实的基础、一个稳定的后盾，以在此之上修筑一座直达无限的塔楼，但是我们的地

---

① 马里雍：《论笛卡尔的形而上学棱镜：笛卡尔思想中的本体－神学－逻辑的构造和局限》（*Sur le prisme métaphysique de Descartes : constitution et limites de l'onto-théo-logie dans la pensée cartésienne*），巴黎，PUF 出版社，1986 年，第 358—360 页。亦可参见列维纳斯：“知识从本质上即是一种关系——与我们能包容的并与我们平等的东西之间的关系、与我们悬置了其相异性的东西之间的关系、与已经成为了内在性的东西之间的关系——因为它是我所能及的，在我的层面上的……在知识之中，不管我们说了什么，即使是在天体物理学领域，我们也不可能从自己中走出来。”（《伦理与无限》（*Éthique et infini*），巴黎，Fayard 出版社，1982 年，第 52 页。）

② 马里雍：《失去存在的神》（*Dieu sans l'être*），巴黎，PUF 出版社，2002 年（第三版）。参见斯特凡·维诺罗（Stéphane Vinolo）：《神只需要把存在如此：马里雍作品导论》（*Dieu n'a que faire de l'être: une introduction à l'œuvre de Jean-Luc Marion*），莫城（Meaux），Germina 出版社，2012 年。

③ Arthur Rimbaud（1854–1891），法国著名象征主义诗人。——译者注

基全部坍塌了，地面裂开，成了深渊”（S. 230）。

人，“不是天使也不是野兽”（S. 154，557），是幻影和奇迹，“所有事物的裁判、虚弱的蠕虫、真理的掌控者、掩藏着犹豫和错误的污秽之地、宇宙的荣光和渣滓”，他给思想带去的是“无法厘清的纷繁复杂”（S. 164）。这便是为什么所有对人的思考都注定在失望、蔑视和虚幻的颂扬中游移，有些人因“人的悲惨”震惊，而另一些人则意识到他的伟大（S. 146–151）。因此，才有了护教论计划的第一部分——其名称为“对人的认识”——的策略。帕斯卡尔将它用奇数音步表达出来，这种文体能制造不确定和眩晕感：

如果他吹嘘，我贬低之
如果他自贬，我褒扬之
永远与他相对立
直到他能够明白
他是一个不可理解的怪物。①

但是，尽管到此为止所展示的图画都被灰暗的色调所笼罩，“人类灵魂的伟大”毋庸置疑地存在着。这种“伟大”正是在 1654 年 11 月 23 日那“火之夜”中向帕斯卡尔展现出来，它占据着帕斯卡尔那著名的《追思》的核心（S. 742）。它解释着他所有“关于皈依的文字”。它让帕斯卡尔在《思想录》中写道：

尽管满眼所见都是我们的悲惨，它击中了我们，它握住我们的命脉，但是我们仍然有着不可压制的、使我们向上的本能。②

这种不可抗拒的、勃然涌出的力量让我们把自己从世界那充满恶意的

① S. 163.

② S. 526.

麻木中拉扯出来，摆脱自我封闭的永恒诱惑（S. 681）。这预言了存在主义的重要主题：人类的跳跃（*Aufsprung*，*Absprung*）、人类向前的投射（海德格尔）或是面向超出存在之物的投射（雅斯贝尔斯）。这个充满活力、向前瞻视的观念，与传统的、缺乏变化的物质观念相对立。“在存在之中有一个高于存在的存在。”① 由此，《思想录》强调忧虑（S. 19，58）、强调永远的追寻（S. 184，192，195，在 S. 681 中汇总）。在帕斯卡尔的作品中，圣奥古斯丁留下最深印记的文字是《忏悔录》那夺目的开头：“噢，我的上帝，……你为自己创造了我们，……我们的内心总是充满迷茫和忧虑，直到它在你身上找到依托。”（阿尔诺·丹蒂耶译，他是波尔－罗雅尔的隐遁者之一。）

我们看到了存在主义思想的特征：首先是对人类生存状况的灰暗的甚至是悲剧性的看法，随后代替它的却是一种振作和挑战的态度：应该与消遣抗衡，挣脱胶着的状态（萨特）和众人致命的喧嚣（海德格尔），从而选择自己的生活。在一种基督徒看待世界的态度中，皈依的声音传了出来：在克尔凯郭尔那儿，是美学或伦理学层面向宗教层面的转换，在帕斯卡尔这里，是坚定地进入第三种秩序，即爱德的秩序（S. 339）。帕斯卡尔总是赞美上帝全能的恩典，出乎意料的是，在他身上，我们能看到虽然少却仍在场的人的意志：这个常常带着铁腰带的苦行者，也为自己浇铸了钢制的箴言，他的姐姐在《帕斯卡尔先生的一生》中有所提及。②

这个真正的存在者的活力促使他接纳他人，鼓励着被20世纪称为“介入”（engagement）的行为。在浪漫主义者眼中，帕斯卡尔是一个孤独者，

① 穆尼埃，前揭，第 38 页。

② 参见《思想录》，瑟里耶 2011 年版中收录的《帕斯卡尔先生的一生》，以及安东尼·麦克肯纳在《圣徒传的诗意：〈帕斯卡尔先生的一生〉》（Pour une poétique de la légende: la Vie de Monsieur Pascal）一文后附上的精彩评论［参见瑟里耶 2010 年版，第一卷，以及《波尔－罗雅尔纪年》，第 31 期，1982 年，第 51—68 页（第 65 页以后为麦克肯纳的评论）］。

是“天主教的哈姆莱特”（巴尔贝·多尔维利），而事实上，他是一个极其活跃的基督徒，发明了加法器和公共城市交通，积极参与当时的论辩，他人生的最后几年致力于颂扬天主教的世界观。他并没有自我封闭，而是永远向他人敞开。这是这位年轻的智者与波尔－罗雅尔某些倾向的不同之处，后者还以中世纪的方式，呼吁“对世界的逃离”，对世界的蔑视（*contemptus mundi*）。正是这个独特之处，解释了为什么他从来都不在“波尔－罗雅尔的隐遁者”之列。

这篇探索只是证明了穆尼埃对帕斯卡尔的解读是正确的。由于篇幅所限，这位人格主义（personnalisme）哲学家只能有所提示，引用极少量的文本，但是，在此启示下，仅仅将聚光灯照在《思想录》之上，便已使学者们整合思想，产出一系列优秀的作品。帕斯卡尔遵照耶稣的例子，希望“振奋”（S. 329）与撼动读者的心灵：他通过指出理性知识的局限和人类灵魂中隐秘的超验性，呼唤他们皈依真正的存在。

帕斯卡尔希望“振奋”（S. 329）与撼动读者的心灵：他通过指出理性知识的局限和人类灵魂中隐秘的超验性，呼唤他们皈依真正的存在。

我用一段肺腑之言来总结全文。这篇研究对我来说，意味着向“我们的青春”朝圣。在20世纪50年代初期，我们刚走出历史上最惨烈的屠杀，作为学生的我，在萨特存在主义盛行的背景下，思考了一系列问题。正是在那时，我读了穆尼埃的论文，在我孜孜不倦地伴随帕斯卡尔的这整整半个世纪里，它扮演了非常重要的角色。

参考书目

Armogathe 1992 : Jean-Robert Armogathe, « Le groupe de Mersenne et la vie académique parisienne », *XVIIe siècle*, 175 (1992), p. 131-139.

Armogathe 2011 : Blaise Pascal, *Pensées sur la religion et sur quelques autres sujets*, étude et édition comparative de l'édition originale avec les copies et les versions modernes par Jean-Robert Armogathe et Daniel Blot, Paris, Honoré Champion, 2011.

Béguin 1952 : Albert Béguin, *Pascal par lui-même*, Paris, Éd. du Seuil, 1952.

Blaise Pascal 1623-1662 [catalogue de l'exposition, Paris, Bibliothèque nationale, 1962], Paris, Bibliothèque nationale, 1962.

Bouchilloux 1995 : Hélène Bouchilloux, *Apologétique et raison dans les* Pensées *de Pascal*, Paris, Klincksieck, 1995.

Bouchilloux 2004 : Hélène Bouchilloux, *Pascal : la force de la raison*, Paris, Vrin, 2004.

Bras et Cléro 1994 : Gérard Bras et Jean-Pierre Cléro, *Pascal. Figures de l'imagination*, Paris, PUF, 1994.

Carraud 1992 : Vincent Carraud, *Pascal et la philosophie*, Paris, PUF, 1992.

Chédozeau 1991 : Bernard Chédozeau, « La chapelle de Port-Royal de Paris », *Chroniques de Port-Royal*, 40 (1991), p. 73-88.

Chevalley 1995 : Catherine Chevalley, *Pascal. Contingence et probabilités*. Paris, PUF, 1995.

Chevalley 2005 : Catherine Chevalley, « Ce que Pascal doit à la physique des *Principia* », *Revue d'histoire des sciences*, 58 (2005), p. 9-27.

Cognet 2010 : Blaise Pascal, *Les Provinciales*, éd. établie et annotée par Louis Cognet, mise à jour par Gérard Ferreyrolles, Paris, Classiques Garnier, 2010.

Costabel 1962 : Pierre Costabel, « Essai sur les secrets des *Traités de la roulette* », *Revue d'histoire des sciences et de leurs applications*, 15 (1962), p. 321-350.

Crépin 2015-2016 : Daniel Crépin, « Les tourniquets jansénistes », *Le Vieux Papier*, 40 (2015) et 41 (2016), n° 418-419, p. 553-561 et p. 25-34.

Descotes 1993 : Dominique Descotes, *L'Argumentation chez Pascal*, Paris, PUF, 1993.

Descotes 2001 : Dominique Descotes, *Blaise Pascal : littérature et géométrie*, Clermont-Ferrand, Presses universitaires Blaise Pascal, 2001.

Dictionnaire de Port-Royal, sous la direction de Jean Lesaulnier et Anthony McKenna, Paris, Honoré Champion, 2004.

Dictionnaire des philosophes français du XVIIe siècle : acteurs et réseaux du savoir, sous la direction de Luc Foisneau, Paris, Classiques Garnier, 2015.

Dorival 1962 : Bernard Dorival, « L'iconographie de Pascal au XVIIe siècle », dans *Pascal et Port-Royal*, Paris, A. Fayard, 1962, p. 91-98.

Dorival 1978 : *Album Pascal*, iconographie réunie et commentée par Bernard Dorival, Paris, Gallimard, 1978 (album de la Pléiade).

Ernst 1996 : Pol Ernst, *Les* Pensées *de Pascal : géologie et stratigraphie*, Paris-Oxford, Universitas-Voltaire Foundation, 1996.

Ferreyrolles 1984 : Gérard Ferreyrolles, *Pascal et la raison du politique*, Paris, PUF, 1984.

Ferreyrolles 1995 : Gérard Ferreyrolles, *Les Reines du monde : l'imagination et la coutume chez Pascal*. Paris, Honoré Champion, 1995.

Force 1989 : Pierre Force, *Le Problème herméneutique chez Pascal*, Paris, Vrin, 1989.

Goldmann 1959 : Lucien Goldmann, *Le Dieu caché : étude sur la vision tragique dans les* Pensées *de Pascal et dans le théâtre de Racine*, Paris, Gallimard, 1959.

Gouhier 1971 : Henri Gouhier, *Blaise Pascal : commentaires*, Paris, Vrin, 1971.

Gouhier 1974 : Henri Gouhier, *Pascal et les humanistes chrétiens : l'affaire Saint-Ange*, Paris, Vrin, 1974.

Gouhier 1986 : Henri Gouhier, *Blaise Pascal, conversion et apologétique*, Paris, Vrin, 1986.

Guilbaud 2006 : Juliette Guilbaud, « Le "revers" d'un succès de librairie : les contrefaçons lyonnaises de la première édition des *Pensées* de Pascal (1670 et 1675) », *Histoire et civilisation du livre*, 2 (2006), p. 113-123.

Jardillier 1962 : Armand Jardillier, *Les « Carrosses à cinq solz » de Monsieur Blaise Pascal*, Paris, RATP, 1962.

Lafond 1984 : Jean Lafond, « Madame de Sablé et son salon », dans *Images de La Rochefoucauld. Actes du tricentenaire 1680-1980*, Paris, PUF, 1984, p. 201-216.

Lafuma 1952 : Louis Lafuma, *Controverses pascaliennes*. Paris, Éd. du Luxembourg, 1952.

Lafuma 1954 : Louis Lafuma, *Histoire des* Pensées *de Pascal (1656-1952)*. Paris, Éd. du Luxembourg, 1954.

Laufer 1972 : Roger Laufer, *Introduction à la textologie : vérification, établissement, édition des textes*, Paris, Larousse, 1972.

Le Guern 1966 : Michel Le Guern, « Sur la bataille des *Provinciales*. Documents inédits », *Revue d'histoire littéraire de la France*, 66 (1966), p. 293-296.

Le Guern 1971 : Michel Le Guern, *Pascal et Descartes*, Paris, Nizet, 1971.

Le Guern 2008 : Michel Le Guern, « Les réactions de la police aux *Provinciales* », *Chroniques de Port-Royal*, 58 (2008), p. 51-58.

Le Guern 2015 : Michel Le Guern, *Études sur la vie et les* Pensées *de Pascal*, Paris, Honoré Champion, 2015.

Lenoble 1943 : Robert Lenoble, *Mersenne ou la naissance du mécanisme*, Paris, Vrin, 1943.

Lesaulnier 1984 : Jean Lesaulnier, « Les Liancourt, leur hôtel et leurs hôtes (1631-1674) », dans *Images de La Rochefoucauld. Actes du tricentenaire 1680-1980*, Paris, PUF, 1984, p. 167-200.

Magnard 2007 : Pierre Magnard, *Pascal : la clé du chiffre*, Paris, La Table Ronde, 2007.

Marin 1995 : Louis Marin, *Philippe de Champaigne ou la présence cachée*, Paris, Hazan, 1995.

Marin 1997 : Louis Marin, *Pascal et Port-Royal*, Paris, PUF, 1997.

Martineau 1992 : Blaise Pascal, *Discours sur la religion et sur quelques autres sujets*, restitués et publiés par Emmanuel Martineau, Paris, Fayard-Armand Colin, 1992.

McKenna 1993 : Antony McKenna, *Entre Descartes et Gassendi : la première édition des* Pensées *de Pascal*, Paris-Oxford, Universitas-Voltaire Foundation, 1993.

Merker 2001 : Claude Merker, *Le Chant du cygne des indivisibles : le calcul intégral dans la dernière œuvre scientifique de Pascal*, Besançon, Presses universitaires franc-comtoises, 2001.

Mesnard 1962 : Blaise Pascal, *Textes inédits*, recueillis et présentés par Jean Mesnard, Paris, Desclée de Brouwer, 1962.

Mesnard 1963 : Jean Mesnard, « Pascal à l'Académie Le Pailleur », *Revue d'histoire des sciences et de leurs applications*, 16 (1963), p. 1-10.

Mesnard 1964 : Blaise Pascal, *Œuvres complètes*, texte établi, présenté et annoté par Jean Mesnard, t. I-IV, Paris, Desclée de Brouwer, 1964-1992.

Mesnard 1965 : Jean Mesnard, *Pascal et les Roannez*, Paris, Desclée de Brouwer, 1965.

Mesnard 1967 : Jean Mesnard, *Pascal, l'homme et l'œuvre*, éd. révisée, Paris, Hatier, 1967.

Mesnard 1971 : Jean Mesnard, « Aux origines de l'édition des *Pensées* : les deux copies », dans *Les* Pensées *de Pascal ont trois cents ans*, Clermont-Ferrand, Éd. G. de Bussac, 1971.

Mesnard 1972 : Jean Mesnard, « Les éditions de Port-Royal », *Chroniques de Port-Royal*, 20-21 (1972), p. 66-82.

Mesnard 1976 : Jean Mesnard, *Les* Pensées *de Pascal*, Paris, SEDES, 1976.

Mesnard 1991 : Jean Mesnard, « Sur le chemin de l'Académie des sciences : le cercle du mathématicien Claude Mylon (1654-1660) », *Revue d'histoire des sciences*, 44 (1991), p. 241-251.

Mesnard 1992 a : Blaise Pascal, *Abrégé de la vie de Jésus-Christ*, texte établi et présenté par Jean Mesnard, Paris, Desclée de Brouwer, 1992.

Mesnard 1992 b : Jean Mesnard, *La Culture du XVIIe siècle : enquête et synthèses*, Paris, PUF, 1992.

Mesnard 1996 : Jean Mesnard, « Prélude à l'édition des *Provinciales* », *Courrier du CIBP*, 18 (1996), repris dans *Treize études sur Blaise Pascal*, éd. Dominique Descotes, Clermont-Ferrand, Presses universitaires Blaise Pascal, 2004, p. 95-104.

Méthodes 1979 : *Méthodes chez Pascal : actes du colloque tenu à Clermond-Ferrand, 10-13 juin 1977*, Paris, PUF, 1979.

Michon 1996 : Hélène Michon, *L'Ordre du cœur : philosophie, théologie et mystique dans les* Pensées *de Pascal*, Paris, Honoré Champion, 1996.

Mourlevat 1988 : Guy Mourlevat, *Les Machines arithmétiques de Pascal*, Clermont-Ferrand, Académie des sciences, belles-lettres et arts de Clermont-Ferrand, 1988.

Nadaï 2008 : Jean-Christophe de Nadaï, *Jésus selon Pascal*, Paris, Mame-Desclée, 2008.

Nagase 2013 : Haruo Nagase, « La machine arithmétique et les *ordres* pascaliens », *XVIIe siècle*, 261 (2013), p. 677-694.

Neto & Popkin 1995 : José R. Maia Neto, Richard H. Popkin, « Bishop Pierre-Daniel Huet's Remarks on Pascal », *British Journal for the History of Philosophy*, 3 (1995), p. 147-160.

L'Œuvre scientifique de Pascal, Paris, PUF, 1964.

Parcé 1959 : Léon Parcé, « Un correcteur inattendu des *Lettres Provinciales* », dans *Écrits sur Pascal*, Paris, Éd. du Luxembourg, 1959, p. 21-58.

Parcé 1963 : Léon Parcé, « Les réimpressions des premières *Provinciales* », dans *Pascal. Textes du Tricentenaire*, Paris, Fayard, 1963, p. 142-159.

Pascal, auteur spirituel, textes réunis par Dominique Descotes, Paris, Honoré Champion, 2006.

Pérouse 2009 : Marie Pérouse, *L'Invention des* Pensées *de Pascal : les éditions de Port-Royal (1670-1678)*, Paris, Champion, 2009.

Pouzet 2001 : Régine Pouzet, *Chronique des Pascal : « les affaires du monde » d'Étienne Pascal à Marguerite Périer (1588-1733)*, Paris, Honoré Champion, 2001.

Sellier 1966 : Philippe Sellier, *Pascal et la liturgie*, Paris, PUF, 1966.

Sellier 1970 : Philippe Sellier, *Pascal et saint Augustin*, Paris, Armand Colin, 1970.

Sellier 2010 : Philippe Sellier, *Port-Royal et la littérature : Pascal*, 2e éd. Paris, Honoré Champion, 2010.

Sellier 2011 : Blaise Pascal, *Pensées*, éditées par Philippe Sellier selon la copie de référence de Gilberte Pascal, Paris, Classiques Garnier, 2011.

Shiokawa 2012 : Tetsuya Shiokawa, *Entre foi et raison : l'autorité. Études pascaliennes*, Paris, Honoré Champion, 2012.

Suire 2003 : Yannis Suire, « L'œuvre de dessèchement du Marais poitevin », *XVIIe siècle*, 221 (2003), p. 611-636.

Susini 2008 : Laurent Susini, *L'Écriture de Pascal : la lumière et le feu. La « vraie éloquence » à l'œuvre dans les* Pensées, Paris, Honoré Champion, 2008.

Taton 1955 : René Taton, « L'*Essay pour les coniques* de Pascal », *Revue d'histoire des sciences et de leurs applications*, 8 (1955), p. 1-18.

Taton 1963 : René Taton, « L'annonce de l'expérience barométrique en France », *Revue d'histoire des sciences et de leurs applications*, 16 (1963), p. 77-83.

Taton 1988 : René Taton, *L'Œuvre géométrique de G. Desargues*. 2e éd. mise à jour, Paris, Vrin, 1988.

Thirouin 1991 : Laurent Thirouin, *Le Hasard et les Règles : le modèle du jeu dans la pensée de Pascal*, Paris, Vrin, 1991.

Thouvenin 2001 : Nicolas Fontaine, *Mémoires ou histoire des Solitaires de Port-Royal*, éd. critique par Pascale Thouvenin, Paris, Honoré Champion, 2001.

Vidal & Vogt 2013 : Nathalie Vidal et Dominique Vogt, *Les Machines arithmétiques de Blaise Pascal*, Clermont-Ferrand, muséum Henri-Lecoq, 2013.

译后记

帕斯卡尔的名字对中国读者来说并不陌生。作为17世纪法国著名的科学家和思想家，帕斯卡尔留下了不少论著，对法国乃至世界的数学、物理学、文学、宗教学和哲学等领域影响深远。

任何作品的创作都是在独特的历史和社会背景下进行的，这一点在帕斯卡尔身上尤为突出：一方面，17世纪的法国上流社会发展出了一套完整的行为和道德准则，并且受到宗教价值的强烈影响，帕斯卡尔浸染于此，即使在后期他逐渐远离了社交活动，但是他语言艺术的形成，他对人的境遇的思考，都与他所往来的圈子密切相关；另一方面，帕斯卡尔的很多文字都是当时的科学或神学论战的直接产物。因此，想要深入理解帕斯卡尔，充分了解17世纪法国的物质和精神生活的样貌非常重要。然而，三百年多前的西方社会是如此遥远，这种探索对于中国读者来说，甚至对于法国民众而言，都有一定困难。

将本书介绍给中国读者的意义正在于此。它不同于传记文学或是分析性专著，而是从另一个角度，即从帕斯卡尔所处的世界和他的思考得以萌生与发展的环境，来介绍这一位伟大的作者。

本书的形式非常独特。它借着法国国家图书馆举办的“帕斯卡尔：

心灵与理性”这一展览的契机出版，其主要部分是展品的说明文字。这一特殊的出版背景使得该书的内容异常丰富，同时，它的结构与一般的专著或文集不同，需要稍加解说。

整本书由三个部分组成：身体的秩序、精神的秩序和心灵的秩序。在《引言》部分中，编者详细介绍了如此布局，也就是展览如此布置的思路，此处不再赘言。每个部分包含了一至两篇由研究帕斯卡尔的专家撰写的文章，随后是展品的介绍文字，包括展品目录号、展品信息（作者、出版信息或制作材质、收藏地点和编号等）和展品描述。文章既是面向普通读者的，也具备较强的专业性，涉及了社会历史（帕斯卡尔生平）、科学（帕斯卡尔的几何学与物理学研究）、文体学（作家与论战家帕斯卡尔）、版本学（《思想录》的编辑史）和哲学（存在主义预言家帕斯卡尔）等各个方面。展品除了帕斯卡尔本人的作品和与他相关的物件之外，有很大一部分是为帕斯卡尔的写作奠定了基础或与之对话的作品，他的友人或“敌人”的肖像画乃至所有物等。展品介绍文字除了对展品本身的说明，往往更加关注物品背后的事件，由物及人，通过书册、画作、图纸、手稿，等等，让参观者（读者）能够实实在在地触碰到17世纪欧洲人的生活，了解帕斯卡尔的圈子，梳理他的思考与他的教育背景，以及当时的科学研究或神学争论的关系，全面勾勒出帕斯卡尔的一生和他思想发展的脉络。

三个部分既相对独立又互相呼应。每个部分内部基本遵照了时间顺序，但这个时间顺序并非所展出物品的制作先后顺序，而是物品所反映出的，或与其相关联的事件在历史上的顺序。各个部分之间的关系不是时间性的，它们分属三个范畴，即分别从家庭背景与社交生活（身体的秩序）、科学研究与论战（精神的秩序）以及神学与哲学思考（心灵的秩序）这三个角度，介绍帕斯卡尔经历的重要事件和主要成就。这种结构的优点十分明显，它突破了传统传记式介绍方法的局限，不再以年代和人物生命轨迹为唯一叙述主线，而是以帕斯卡尔参与过的不同类型的活动为中心，有效地组织各种素材，涵盖多个学科，把视角扩大到了非常广阔的领域。这个框架服务于本书的主要出发点，即还原帕斯卡尔思想诞生的历史背景。不过其“不足”也在于此，即该书需要读者充分调动自主性，独立描绘出围绕在帕斯卡尔周围的各种事件的全景，梳理出其关系。尤其是，分属不同部分（秩序）的事件在时间上可能是重合交织的。例如，第一部分中第 33 至 37 号展品涉及的“五苏马车”的筹划（1661—1662）与第三部分第 164 号展品介绍的《思想录》手稿的写作（1656—1662）在时间上有所重合，而它们皆晚于第二部分展品讲述的《致外省人信札》的论战（1656）。为此，本书的编者十分注重展品之间的呼应，读者所看到的括号中的“展品目录 ××”，即编者为了便于读者充分理解事件的上下文，而提醒读者可以去参考阅读 ×× 号展品的说明文字。

另外，本书涉及了大量的历史人物。由于爵位、封地等原因，17 世纪欧洲贵族的全称往往很长，而非简单的“名・姓”结构，并且如今的人指称他们的方式与当时人称呼他们的方式也有所不同。面对这些冗长并且不统一的称谓，读者可能会产生疑惑，故在此做一个简短的介绍。比如，帕斯卡尔的好友洛阿内公爵（duc de Roannez）的姓名实际为阿尔蒂斯・古费耶（Artus Gouffier），其中，Artus 是他的名字，Gouffier 为其家族姓氏，Roannez 为其从祖父处所继承的领地的名字，de 在法文中表示所属，类似于英文中的 of。如今学者常常用爵位名称呼他，或者同时提到其家族名和领地名，称之为阿尔蒂斯・古费耶・德・洛阿内（Artus Gouffier de Roannez），而帕斯卡尔的姐姐在谈及他时，一般称其为洛阿内先生（Monsieur de Roannez）。家族名和领地名的混用，使得有时候难以辨认出同一家族的人的血缘关系。以与帕斯卡尔往来密切的阿尔诺家族为例，被尊称为“大阿尔诺”（le Grand Arnauld）（此处的“大”指伟大而非排行老大）的神学家安托万・阿尔诺（Antoine Arnauld，1612—1694）的哥哥叫作罗贝尔・阿尔诺・丹蒂耶（Robert

Arnauld d'Andilly，1589–1674），他的家族名后还有因婚姻而获得的原属其妻子的Andilly这一领地的名字。而阿尔诺·丹蒂耶的二儿子西蒙·阿尔诺·丹蒂耶（1618—1699）在更多时候被称作奔本纳侯爵（marquis de Pomponne），奔本纳先生，或者西蒙·阿尔诺·德·奔本纳（Simon Arnauld de Pomponne），因他继承了舅舅的领地 Pomponne，并且该领地后来上升为侯爵领地。读者可能也容易混淆书中出现的另外两个阿尔诺家族的人物：大阿尔诺的姐姐，波尔–罗雅尔修道院的女院长昂热利克·阿尔诺嬷嬷（Angélique Arnauld，1591–1661）与她的侄女，也就是奔本纳的妹妹，后来也成了波尔–罗雅尔修道院女院长的昂热利克·德·圣让嬷嬷（1624—1684）。后者通常被学者称为昂热利克·德·圣让·阿尔诺·丹蒂耶（Angélique de Saint-Jean Arnauld d'Andilly），在她的名字中，Saint-Jean 是其发下誓愿后取的名字——根据天主教传统，该名字一般是一名圣徒的名字，发愿的修士或修女将他（她）视作自己的榜样。尽管这些称呼非常复杂，不过读者无须担心，本书的编者通常会提示不同人物间的亲属关系，即便对他们名字的由来不甚清楚，也不会影响理解。

对于翻译工作本身，我想做以下几点说明。考虑到中国的读者对 17 世纪欧洲的历史事件、人物和社会生活比较陌生，我在翻译时增加了不少注释，也尽量对科学、神学、文体学和版本学术语进行了解释。加之原文里已经有一些注释，这可能在一定程度上会影响阅读的流畅性，希望读者能够理解。

我对人名、地名、部分书名和历史事件名称的翻译，采用了读者较为熟悉的普遍译法，尤其当法文名称与读者所熟知的名称相差较大时。我在关键概念、人名、地名、书名、机构或职务名，以及历史事件的名称之后都注明了外文原文，其中绝大部分原文是法文（17 世纪的法语拼写与现代法语略有不同，书中均保留了原始拼写），但也有一部分是拉丁文、意大利文和英文等。需要特别说明的是，对于外文人名和地名，法文有将外文按照法文拼写习惯转写的传统，有时甚至差距颇大。为了方便不懂法文的读者识别，我在括号或注释中标注的非法语人名或地名均为外文原文的拼写（或其对应的罗马字母转写），而不是法语转化后的名称。对于非常重要的世界性历史事件，注释中也给出了事件的英文名称。书中唯一没有翻译的是展品信息和注释中出现的出版商或出版社的名字：这些名称无关紧要，一味音译只会显得文字拗口而冗长。

全书对《圣经》的几处引用，我均采用了和合本的译文。书中也有一些《思想录》的片段，虽然《思想录》已有几个中译本，但考虑到节选部分的译文与上下文衔接的流畅性等问题，这些节选为我自己所译。

最后，我想借此机会感谢三联书店张艳华老师一直以来的支持和指导，以及出版社其他工作人员的悉心付出。本书涉及的物理学和数学问题都较为专业，我能完成其翻译离不开陈林晓博士和 Antoine Bourget 博士所提供的帮助。书中拉丁文的翻译多亏了胡文婷副教授的指点与校正。同时，由于部分法文原文较为晦涩，我非常感谢 Gautier Vansteene 先生对理解这些文本所提出的宝贵参考意见。译文必然还有很多不足之处，恳请各位读者指正。

丁若汀
2020 年 7 月于成都